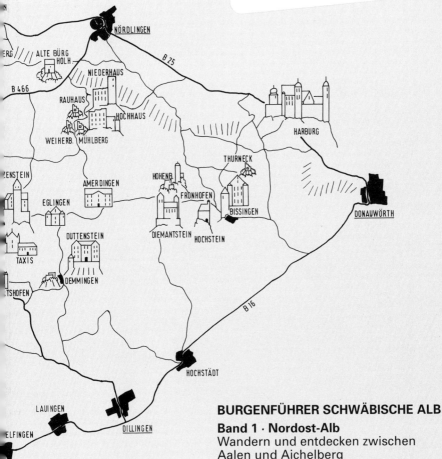

BURGENFÜHRER SCHWÄBISCHE ALB

Band 1 · Nordost-Alb
Wandern und entdecken zwischen
Aalen und Aichelberg

Band 2 · Alb Mitte-Süd
Wandern und entdecken zwischen
Ulm und Sigmaringen

Band 3 · Donautal
Wandern und entdecken zwischen
Sigmaringen und Tuttlingen

Band 4 · Alb Mitte-Nord
Wandern und entdecken zwischen
Aichelberg und Reutlingen

Band 5 · Westalb
Wandern und entdecken zwischen
Reutlingen und Spaichingen

Band 6 · Ostalb
Wandern und entdecken zwischen
Ulm, Aalen und Donauwörth

Verlag Biberacher Verlagsdruckerei

BURGENFÜHRER SCHWÄBISCHE ALB
Band 6 · Ostalb

GÜNTER SCHMITT

Burgenführer
Schwäbische Alb

BAND 6 · OSTALB

Wandern und entdecken
zwischen Ulm, Aalen und Donauwörth

Biberacher Verlagsdruckerei

Die Deutsche Bibliothek · CIP-Einheitsaufnahme

Schmitt, Günter:
Burgenführer Schwäbische Alb / Günter Schmitt. –
Biberach: Biberacher Verl.-Dr.
NE: HST

Bd. 6. Ostalb: wandern und entdecken zwischen
Ulm, Aalen und Donauwörth. – 1. Aufl. – 1995
ISBN 3-924489-74-2

Günter Schmitt · Burgenführer Schwäbische Alb
Band 6 · Ostalb

© 1995 by Biberacher Verlagsdruckerei GmbH & Co.
D-88400 Biberach – Herstellung und Verlag

Fotografie, Zeichnungen und Lagepläne: G. Schmitt
Buchgestaltung: Georg Janke
Lithos: R + P Reprogesellschaft mbh, Neu-Ulm
Satz und Druck:
Biberacher Verlagsdruckerei GmbH & Co., Biberach
Bindearbeiten:
Großbuchbinderei Moser GmbH & Co. KG, Schmalegg
Printed in Germany
Erste Auflage · ISBN 3-924489-74-2

Inhalt

Vorwort

Ein gewaltiger Meteoriteneinschlag ließ bei Nördlingen vor etwa 15 Millionen Jahren den Rieskessel entstehen. Er trennt geographisch die Schwäbische von der nach Nordosten folgenden Fränkischen Alb. Dieser dadurch begrenzte Teilbereich ist kulturgeschichtlich von besonderer Bedeutung. Eine Vielzahl erhaltener Burgen und Schlösser sowie Ruinen und Burgstellen prägen die Landschaft. Einsame Waldgebiete und Hochflächen wechseln mit touristisch bekannten Höhepunkten. Sie stehen jedoch unbegründeterweise im Schatten der klassischen Reisegebiete der Alb. Um so mehr überrascht der Reiz unbekannter Entdeckungstouren zu verträumt abgeschiedenen Schlössern und Herkunftsorten bedeutender Adelsfamilien. Die Wiege der Hohenstaufen liegt am Ries der Ostalb. Vorfahren von Friedrich I. Barbarossa und Friedrich II. stupor mundi, das Staunen der Welt, gründen Harburg und Flochberg. Kapfenburg, eine weithin sichtbare Landmarke, Sitz des deutschen Ritterordens, ist ursprünglich staufisches Reichsgut. Die Grafen von Oettingen profitieren vom Niedergang der Staufer. Harburg wird ihre Residenz und Zentrum umfangreicher Besitzungen. Auch die Edelfreien von Hürnheim erbauen sich stattliche Burgen auf Niederhaus, Hochhaus und Rauhaus. Die Hohenburger bilden mit Diemantstein und Fronhofen zusätzliche Linien. In Amerdingen sitzen die Grafen von Stauffenberg und ein Zweig der Westerstetten bewohnt Syrgenstein. Bei Hermaringen gründen die Güssen Stronburg und Güssenberg. Über Heidenheim entsteht neben der ehemals stauferzeitlichen Burg Hellenstein das landschaftsbestimmende Residenzschloß der Grafen von Württemberg. Fürsten von Thurn und Taxis übernehmen Eglingen, Duttenstein und Trugenhofen, das sie zur herrschaftlichen Residenz ausbauen und in Schloß Taxis umbenennen. Kunst- und baugeschichtlich von Bedeutung ist die romanisch-gotische Burg Katzenstein im Zentrum der Ostalb. In ihr spiegelt sich noch heute – auch in verändertem Zustand – ein herausragendes Beispiel einer staufischen Dienstmannenburg.

Dieser Burgenführer der Schwäbischen Alb schließt an die Burgenführer Band 1 Nordostalb und Band 2 Alb Mitte-Süd an. Er beschreibt 80 Burgen, Ruinen, Burgstellen und Schlösser im Bereich zwischen Ulm, Aalen und Donauwörth, zwischen Donau, Rieskessel und nördlichem Albtrauf.

Mit diesem Band findet die sechs Bände zählende Buchreihe ihren Abschluß. Zum ersten Mal werden 357 Adelssitze im Bereich der Schwäbischen Alb einschließlich des bayerischen Landesteiles flächendeckend dargestellt und beschrieben. Bereichsübergreifende Randgebiete wie der westliche Teil bei Tuttlingen oder der nördliche um Baldern mußten, um den Rahmen der Buchreihe nicht zu sprengen, ausgegrenzt werden.

Dank und Widmung

Dank gebührt all denjenigen, deren hilfreiche Unterstützung zum Gelingen des 6. Bandes beigetragen haben. Den Mitarbeitern der Landesdenkmalämter, den Archivaren, Bürgermeistern, Ortsvorstehern, den Bediensteten der Verwaltungen, den Eignern und Pächtern der beschriebenen Anlagen. Besonderer Dank gilt Frau Angelika Reiff vom Landesdenkmalamt in Stuttgart, Herrn Stadtoberarchivrat Bauer in Aalen, Herrn Kreisarchivar Hildebrand in Aalen, Herrn Kreisarchivar Baudisch in Heidenheim und Herrn Stadtarchivar Dr. Usler in Giengen, Herrn Bürgermeister Ott in Bernstadt, Herrn Ortsvorsteher Bernhard in Ballmertshofen, Herrn Alfred Graf von Stauffenberg von Amerdingen, den Kollegen Herrn Architekt Burr in Syrgenstein und Herrn Architekt Kupke der Thurn-und-Taxisschen Verwaltung in Regensburg, Herrn Max Hummel in Giengen, Herrn Kranz im Schloßhotel Oberstotzingen, Herrn Dr. Herb auf Schloß Duttenstein, Herrn Grupp aus Ellwangen, den Familien Badmann auf Burgberg und Kümmerle auf Falkenstein.

Darüber hinaus danke ich Herrn Dr. von Volkhammer für die freundliche Aufnahme auf Harburg und Herrn Dr. Wilfried Sponsel für die Durchsicht der umfangreichen Manuskripte sowie Herrn Poh aus Dornstadt für die hilfreiche Unterstützung.

Dank auch für die vielen Briefe mit ergänzenden Hinweisen zu den bisher erschienenen Bänden.

Für die redaktionellen, organisatorischen und technischen Dinge in bewährter Weise danke ich den Mitarbeiterinnen und Mitarbeitern der Biberacher Verlagsdruckerei.

Widmen möchte ich diesen Band auch wieder meiner Frau und meinen Töchtern als Dank für die aufgebrachte Geduld während der 12 Jahre dauernden Bearbeitung der Burgenführer Schwäbischen Alb.

Günter Schmitt

Altenberg

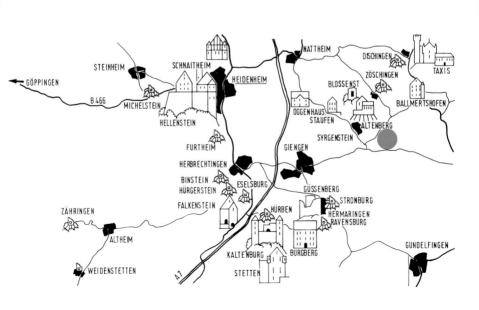

Altenberg

Lage

Nordöstliche Nachbargemeinde der Stadt Giengen an der Brenz ist Syrgenstein. Sie besteht aus mehreren Ortsteilen. Kernpunkt bildet Altenberg mit seinem weithin sichtbaren, schmucken Schloß.

Von Giengen (Autobahnausfahrt A 7) in Richtung Dischingen führt nach 7 km eine beschilderte Straße in nördlicher Richtung direkt nach Syrgenstein-Altenberg. Auch aus Richtung Heidenheim–Dischingen (Autobahnausfahrt A 7) ist Altenberg von Nattheim über Oggenhausen und Staufen aus erreichbar.

Im Ort führen die Straßen „Am Schloßberg" und die „Vordere Bergstraße" bei der Kirche zum Friedhof auf die Nordseite des Schlosses. Am Friedhof besteht Parkmöglichkeit.

Wandervorschlag siehe Staufen.

Gemeinde

Syrgenstein, Landkreis Dillingen an der Donau

Meereshöhe

Schloß 450 m, Bachtal 490 m

Besichtigung

Privatbesitz, nicht zugänglich

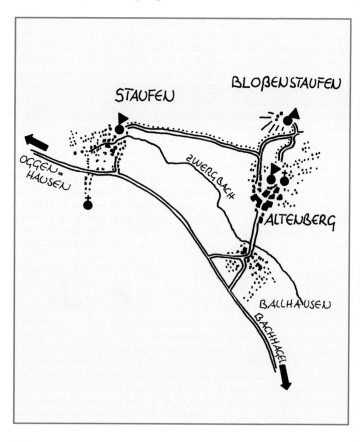

Altenberg

Inhaber der Herrschaften Altenberg und Staufen sind vom 14. Jahrhundert bis zu ihrem Aussterben die Herren von Westerstetten (siehe Burg Westerstetten). Die Sürgen von Syrgenstein als Folgebesitzer sind Dienstmannen des Reichsklosters St. Gallen. Ihre Stammburg liegt in der Gemeinde Heimenkirch bei Lindau.

1361 Rudolf von Westerstetten zu Altenberg erwirbt für 600 Pfund Heller von Johann von Münster eine Sölde und den Kirchensatz zu Staufen.

1374 Heinz von Westerstetten, „gesessen zu Altenberg", urkundet mit einem Edlen von Thürheim.

1390 Rudolf von Westerstetten erwirbt Staufen.

1391–1409 Hans von Westerstetten, Sohn des Rudolf, wird als Besitzer von Altenberg nachgewiesen.

1421 Wolf von Westerstetten zu Altenberg erhält vom Hochstift Augsburg den Laienzehnten zu Staufen.

1431 Nach dem Tod von Wolf wird Hans von Westerstetten Vormund für Wolfgang und Rudolf, die minderjährigen Söhne seines Bruders.

1449 Die Giengener Bürger unter Führung von Stephan Hangenor aus Augsburg und Walter Ehinger aus Ulm führen einen Beutezug durch das Bachtal und zerstören Burg Altenberg. Soldaten des Grafen von Württemberg stellen die Giengener auf deren Rückzug vor dem Kirchhof von Staufen. Die Beute geht verloren, und einige Männer werden getötet.

1451 Rudolf von Westerstetten zu Altenberg ist Bürge und Siegler anläßlich des Verkaufs von Dattenhausen an Ulrich von Rammingen.

1511 Wolfgang von Westerstetten übergibt seiner Gemahlin Katharina von Freiberg den Laienzehnten zu Staufen.

1549 Wolf Rudolf von Westerstetten zu Altenberg, Sohn des Wolfgang, erwirbt Schloß und Dorf Staufen mit dem Burgstall Bloßenstaufen. Aus seiner zweiten Ehe stammt Johann Christoph, Bischof von Eichstätt. Sein Bruder Wolf erbt die Burg Altenberg und Dunstelkingen.

Juli 1637 Schloß Altenberg „ist durch Verwahrlosung zweier Weiber ganz ausgebrannt".

September 1637 Die Westerstetten zu Altenberg sterben im Mannesstamme aus.

1666 Dietrich von Freyberg, Erbe des westerstettenschen Besitzes Altenberg, verkauft den Besitz mit dem abgebrannten Schloß an Johann Gottfried Freiherr von Syrgenstein.

1693 Franz Johann Ferdinand Freiherr von Syrgenstein-Altenberg läßt das neue Schloß erbauen.

1694 Beginn der Besiedlung des Altenberger Schloßbergs durch die Familie des Maurers Mang Kramer aus Füssen. Die folgenden Ansiedler sind vor allem Handwerkerfamilien.

1704 Franz Johann Ferdinand übernimmt das Konstanzer Erbmarschallamt und wird Vermittler zwischen den verfeindeten Parteien im Spanischen Erbfolgekrieg.

1719 Johann Gotthard Freiherr von Syrgenstein-Altenberg erbaut eine neue Schloßkapelle.

1747 Johann Gotthard legt den Grundstein zum Neubau der Pfarrkirche St. Johannes in Altenberg.

1798 Johann Marquard Freiherr von Syrgenstein-Altenberg verkauft völlig verarmt die Herrschaft Altenberg für 133 450 fl. an Fürst Kraft Ernst zu Oettingen-Wallerstein. Schloß Altenberg umfaßt 18 Tagwerk Wiesen, 48 Jauchert Äcker, 160 Jauchert Wald.

1806 Übergang der Landeshoheit an Bayern.

1807 Oettingen-Wallerstein löst das Pflegamt Altenberg auf.

1851 Einbau einer Benefiziaten- und Försterwohnung im Schloß.

1855 Einbau der neuen Schloßkapelle und Anbau einer Apsis.

1860 In Altenberg bricht eine Seuche aus. Dillinger Franziskanerinnen bewohnen das Schloß zur Betreuung der Ortsbewohner.

1862 Beseitigung des Eingangs auf der Südseite der Schloßanlage.

1891 Abbruch der westlichen Schloßhälfte.

1981 Verkauf an Privat. Neuerrichtung der Toranlage und -mauer in Ziegelbauweise.

1982 Eigentum des Freistaates Bayern.

1986 Erwerb von Altenberg durch Prinzessin Clotilde von Liechtenstein.

1990–1993 Grundlegende Sanierung und Modernisierung unter Leitung der Architekten Martin und Thomas Burr.

Die Freiherren von Syrgenstein zu Altenberg

Johann Gottfried * 1636, † 1684	Kaiserlicher Rat, Sohn des Hans Jakob, Herr zu Achberg, Ballhausen, Dunstelkingen, Zöschingen, Staufen, erwirbt den Besitz Altenberg Gemahlin: Maria Pulcheria Freiin von Puech Kinder: Franz Johann Ferdinand, Maria Margaretha
Franz Johann Ferdinand * 1667, † 1708	Erbmarschall des Bistums Konstanz, Sohn des Johann Gottfried, Herr zu Achberg, Altenberg, Ballhausen, Zöschingen, Staufen, Dunstelkingen Gemahlinnen: 1. Johanna Charlotte von Pieszewsky 2. Maria Anna Franziska Freiin von Bemmelberg Kinder: Maria Catharina Juliane, Johann Adam Ernst Gotthard, Maria Adelheid

Altenberg

Zierde des Schloßhofs ist der Arkadengang

Johann Adam Ernst Gotthard
* 1704, † 1784

Hofrat und Hofkavalier in Fürstlich Augsburger und Kemptner Diensten, Kurtrierer und Kölner Geheimer Rat, Ellwanger Geheimrat, Stadtvogt zu Ellwangen, Sohn des Franz Johann Ferdinand, Herr zu Altenberg, Ballhausen, Zöschingen, Dunstelkingen, Staufen
Gemahlin: Maria Theodora Freiin Reichlin von Meldegg
Kinder: Maria Anna Eva, Maria Johanna, Maria Josefa, Franz Anselm, Maria Sophia, Johann German Prosper Nepomuk Wolfgang, Elisabeth, Maria Elisabeth, Maria Hildegard, Maria Anna, Maria Catharina

Johann German Prosper Nepomuk Wolfgang
* 1741, † 1821

Geheimer Rat der Kurfürsten von Trier und Köln, Ellwanger Geheimrat, Erbmarschall des Bistums Konstanz, Sohn des Johann Adam, Herr zu Syrgenstein, Achberg, Altenberg, Ballhausen, Dunstelkingen, Zöschingen, Staufen

13

Gesamtübersicht der Anlage aus östlicher Richtung

Gemahlinnen:
1. Maria Walburga Freiin Vöhlin von Frickenhausen
2. Maria Anna Roth
Kinder: Maria Ludovika, Maria Antonie, Johann Ludwig
Joachim, Johann Marquard Josef Demetrius Xaver
Aloysius Gottfried, Maria Anselmine, Johann Gandolf
Ernst, Johann Bernhard Desiderius, Maria Wallburga,
Maria Maximiliane, Wolfgang Nepomuk

| Johann Marquard Josef Demetrius Xaver Aloysius Gottfried * 1768, † 1812 | Fürstlicher Kemptener Hofrat, Fürstlich Oettingen-Wallersteiner Hofrat, Sohn des Johann German, verkauft den Besitz Altenberg Gemahlin: Maria Adelheid Freiin von Eptingen Kind: Caroline Adelheid Theresia |

14

Altenberg

1 Schloßbau
2 Nebengebäude,
   ehemaliger
   Wirtschaftsbau
3 Zwischenbau
4 Kapellenapsis
5 Schloßhof
6 Scheune
7 Ringmauer
8 Abgebrochene Garage
9 Ehemaliger
   Halsgraben
10 Tor
11 Damm, Lage der
   Brücke
12 Friedhof
13 Kriegermahnmal
14 Zwinger
15 Schuttkegel
16 Ehemaliger
   Schloßgarten
27 Abgebrochener
   Westtrakt

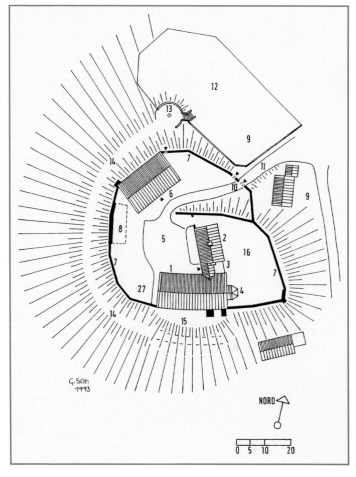

Anlage

Schloß Altenberg liegt auf einer nach Westen gerichteten, das Bachtal beherrschenden Spornkuppe. Die Zugangsseite von Osten trennt ein breiter Halsgraben (9), der zur Anlage von Friedhof (12) und Kriegermahnmal (13) in wesentlichen Teilen verändert wurde. Ein breiter, rampenartig ansteigender Damm steht anstelle der ehemaligen Brücke (11). Eine polygonale Ringmauer (7) umschließt das Plateau der ovalen Kuppe; ihr folgt parallel dazu am Berghang ein zwingerartiger Absatz (14), der an den Seiten zum Halsgraben führt. Zwinger, Halsgraben und Ringmauer entstammen der mittelalterlichen Anlage. Hinter dem 1981 angelegten neuen Tor (10) in der Ringmauer führt der ansteigende Burgweg zum Schloßhof (5). Innerhalb der Ringmauer stehen noch der Schloßbau (1), die Schloßscheune (6) und das Nebengebäude (2), abgebrochen sind der Westteil des Schloßbaus (27) und ein Garagenbau (8).

15

Festsaal im Schloßbau mit Wessobrunner Stuck

Schloßscheune Rechts am Aufgang steht die satteldachgedeckte Scheune (6) mit hochgezogenen Giebelscheiben und geputzten Eckquadern. In der nordwestlichen Außenmauer steckt noch der Rest des Wehrgangs. Der Einbau von zwei Wohnungen ist vorgesehen.

Nebengebäude Schloßbau (1) und Nebengebäude (2) begrenzen winkelförmig zugeordnet die Südseite des Hofs (5). Das mit einem Dachreiter gezierte, zweigeschossige Nebengebäude diente zuerst als Wirtschaftsbau und ab 1855 kurze Zeit als Klostertrakt. Die Geschosse wurden während der Baumaßnahmen von 1990 bis 1993 neu strukturiert. Ein zum Hof gerichteter, an der Außenwand verlaufender Flur (22) erschließt mehrere Kleinwohnungen (20).

Schloßbau Auf der südlichen Ringmauer steht der zweigeschossige, einfache Schloßbau mit hochgezogenen Giebelscheiben.

Altenberg

1 Schloßbau
2 Nebengebäude,
ehemaliger
Wirtschaftsbau
3 Zwischenbau
4 Kapellenapsis
5 Schloßhof
17 Arkade
18 Kapelle
19 Eingangshalle
20 Zimmer
21 Küche
22 Flur
23 Heizung
24 Treppenhalle
25 Festsaal
26 Gewölbekeller

Grundrisse nach Plänen
der Freien Architekten
Martin und Thomas Burr

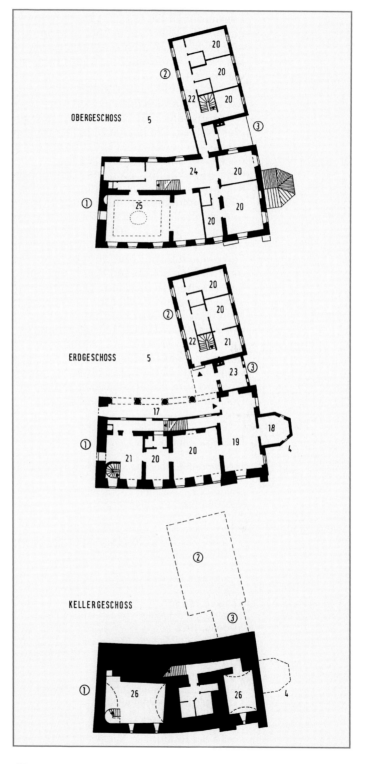

Altenberg

Zierde der Hofseite bildet der wieder freigelegte Arkadengang (17). Vier flache Arkadenbogen ruhen auf gedrückten, kräftigen Säulen mit Kämpferplatten und Blockbasen, die fünfte Arkadenöffnung ist durch den Zwischenbau (3) vermauert. Vier unterschiedliche, ursprünglich mit Gewölbe gedeckte Räume bilden die Erdgeschoßzone. Östlich angelegt ist die Eingangshalle (19), die mit der 1855 eingebauten Kapelle identisch ist. Die jetzige Kapelle (18) war die ursprüngliche Apsis. Sie besitzt zwei spitzbogige Fenster und eine Flachdecke mit Bemalung um 1950. Eine Holztreppe führt ins Obergeschoß. Während der Restaurierungs- und Sanierungsarbeiten von 1990 bis 1993 konnte außer notwendigen Ergänzungsarbeiten auch der ehemalige Festsaal (25) durch den Stuckrestaurator Thomas Salveter in seinen ursprünglichen Zustand gebracht werden. Nachträgliche Einbauten und zahlreiche Farbschichten mußten entfernt und Bauteile ergänzt werden, um den schönsten Raum des Schlosses wieder erlebbar machen zu können. Die Decke ziert ein prächtig in Weiß gehaltener Wessobrunner Stuck, um ein leeres Medaillon gliedern geometrisch reich stuckierte Rahmen mit Akanthusblattwerk unterschiedlich thematisierte Felder. Pfeilervorlagen mit stuckiertem Sturz gliedern den Raum in zwei ungleiche Teile. An der westlichen Außenwand zeigt der Ansatz einer Rundbogennische auf den Abgang zum abgebrochenen Westteil (27). Das Mobiliar entstammt der Ausstattung anderer Schlösser.

Kapelle

Festsaal

Besitzer Prinzessin Clotilde von Liechtenstein

Pläne Teilgrundriß Erdgeschoß, in: „Die Kunstdenkmäler von Bayern, VII", 1972
Grundrisse, Ansichten und Schnitte der Freien Architekten Martin und Thomas Burr, Altenberg

Literaturhinweise – Burr, Thomas
Schloß Altenberg. Dokumentation anläßlich der Eröffnung am 26. September 1993
– Dehio, Georg
Handbuch der deutschen Kunstdenkmäler, Bayern, III, Schwaben, 1989
– Meyer, Werner
Die Kunstdenkmäler von Schwaben, VII, Landkreis Dillingen an der Donau, 1972
– Seitz, Anton Michael
Die Herren von Westerstetten und Syrgenstein, in: „Der Heimatfreund", Nr. 1, 1966
– Seitz, Reinhard H.
Historisches Ortsnamenbuch von Bayern, Land- und Stadtkreis Dillingen an der Donau, 1966
– Zenetti, Ludwig
Die Sürgen, Geschichte der Freiherren von Syrgenstein, Schriftenreihe des Historischen Vereins für Schwaben, 1. Band, 1965

18

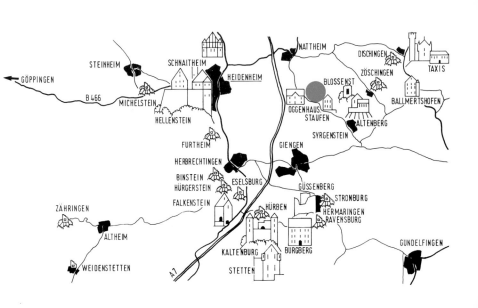

Bloßenstaufen und Staufen

Lage

In nordöstlicher Richtung von Giengen an der Brenz erstreckt sich das Bachtal mit der aus mehreren Ortsteilen bestehenden Gemeinde Syrgenstein. Am Ursprung des Zwergenbachs im Bachtal liegt die Ortschaft Staufen. An der Strecke Heidenheim–Dischingen (Autobahnausfahrt A 7) führt von Nattheim eine Straße nach Süden über Oggenhausen nach Staufen. Auch von Giengen aus ist die Ortschaft über Syrgenstein-Altenberg erreichbar.
Zum ehemaligen Schloß Staufen:
Von der Durchgangsstraße in Staufen zweigt am Ortsende Richtung Altenberg die „Bauerngasse" nach Norden ab. Sie führt nach 400 m zum Klingenplatz mit dem ehemaligen Schloß.
Zur Ruine Bloßenstaufen:
Bloßenstaufen liegt am nördlichen Ortsrand von Altenberg. Man folgt der „Alten Turmstraße" von Altenberg bergwärts in westlicher Richtung. Nahe der Bushaltestelle zweigt nach links die Straße „Alter Turm" ab, sie führt nach ca. 200 m direkt zur Ruine.

Wandervorschlag:
Ausgangspunkt dieser Wanderung ist der Parkplatz vor dem ehemaligen Schloß in Staufen. Ein beschilderter Wanderweg (AV Dreiblock) führt das Bachtal abwärts zur Ruine Bloßenstaufen und Schloß Altenberg.
Staufen – 2,0 km Bloßenstaufen – 0,8 km Altenberg.

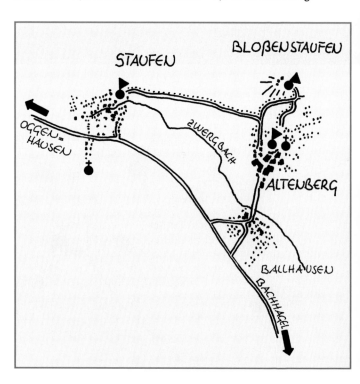

Gemeinde	Syrgenstein, Landkreis Dillingen an der Donau
Meereshöhe	Staufen 505 m, Bloßenstaufen ca. 545 m
Besichtigung	Staufen: Privatbesitz, Gaststätte Bloßenstaufen: frei zugänglich
Einkehr- möglichkeit	Gasthaus „Schlößle" in Staufen
Geschichte	Die Burg des Ministerialengeschlechts der Staufer von Blo- ßenstaufen stand auf dem Burgfelsen „Alter Turm" bei Altenberg. Im 12. und 13. Jahrhundert gehört sie zu den strategisch bedeutsamen staufischen Satellitenburgen zur Sicherung des staufischen Kernlands.

1171 Heinrich von Staufen besitzt ein Lehen in Herbrechtingen.
1268 Das staufische Gut mit Grafenrechten geht mit dem konradinischen Erbe an Bayern.
1338 Dietrich von Staufen verkauft Burg und Herrschaft an Kaiser Ludwig den Bayern.
Um 1350 Staufen kommt in den Besitz der Güssen von Güssenberg zu Leipheim. Die Burg wird Wohnsitz der Güssen.
1390 Rudolf von Westerstetten zu Altenberg erwirbt die Staufener Besitzungen.
1420 Die „Burg auf dem Berg bei Staufen" wird erstmals als „Plossenstaufen" erwähnt.
1462 Markgraf Albrecht Achilles von Brandenburg läßt im Reichskrieg Kaiser Friedrichs III. gegen Herzog Ludwig den Reichen von Bayern Bloßenstaufen einnehmen und zerstören. Anschließend erfolgt der Wiederaufbau.
1474 Wolf von Westerstetten verkauft seinen Besitz Staufen an Hans Eberhard von Memmingen.
1479 Übergang an den Gundelfinger Bürger Georg Schid.
1498 Kloster Medlingen bei Gundelfingen erwirbt Staufen.
1504 Vermutlich endgültige Zerstörung der Burg im Bayrischen Erbfolgekrieg durch kaiserliche Truppen.
1530 Melchior Visel, Bürgermeister von Lauingen, erwirbt vom Kloster Medlingen den staufischen Besitz.
1538 Neubau des Schlosses in Staufen: „Weil es ein gut Brunnenquell bei dem Dorf Staufen gehabt, hat Melchior Visel ein neues Schloß dahin erbaut und die Stein dazu von dem alten Schloß Staufen genommen, welches ihn mitsamt Stadeln, Stallungen, Viehhäusern über 6000 fl. gekostet hat."
1549 Die Witwe des Melchior Visel verkauft aus Geldnot Staufen an Wolf von Westerstetten zu Altenberg.
1659 Hans Jakob von Syrgenstein (siehe Altenberg) erwirbt von den drei Töchtern des Rudolf von Westerstetten Staufen als freies, adeliges Rittergut.

1666 Verkauf an Maria von Syrgenstein, Schwester des Hans Jakob.
1668 Übergang als Erbe an die vier Schwestern der Maria von Syrgenstein.
1748 Freiherr von Hornstein erhält Staufen.
1774 Umbau des Schlosses.
1794 Freiherr von Hornstein, Gemahl der Caroline von Syrgenstein, einzige Tochter des Johann Marquard von Syrgenstein (siehe Altenberg), erwirbt die Ruine „Bloßenstaufen".
1799 Der Sohn des Schloßherrn verkauft den Besitz an Graf Friedrich von Thürheim.
1806 Übergang des Besitzes in Staufen an die Gemeinde.
1807 Erwerb des Schlosses in Staufen durch Privat und Einrichtung der „Schlößle-Brauerei Staufen".
1808 Abbruch des Bergfrieds der Burgruine Bloßenstaufen bis auf den heute noch stehenden Stumpf. Verwendung des Baumaterials zum Bau der Dillinger Donaubrücke.
1991 Erwerb der Burgruine „Alter Turm" durch die Gemeinde Syrgenstein.

Bloßenstaufen

1 Kernburg
2 Bergfried
3 Wirtschaftshof
4 Reste Kernmauerwerk
5 Mauerdurchbruch
6 Fels
7 Talseite
8 Steinbruch

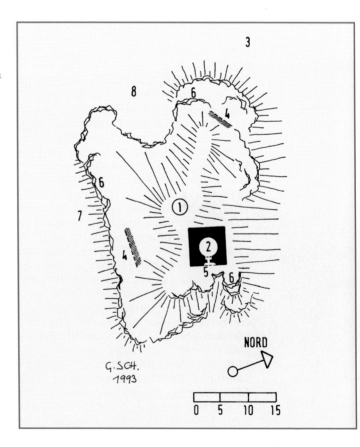

G. SCH.
1993

NORD

0   5   10   15

Bloßenstaufen und Staufen

Anlage
Burg
Bloßenstaufen

Auf einer nach Südwesten zum Bachtal gerichteten Hangterrasse nördlich von Altenberg bildet ein Felsklotz den Burgplatz der ehemaligen Burg Staufen. Der bis zu 7 m hoch aufragende, freistehende Fels überdeckt eine Fläche von ca. 30 x 40 m. Im westlichen Bereich ist er durch einen Steinbruch (8) verändert. Am Fuß des Felsens sind südseitig Reste eines verebneten Grabens zu erkennen. Geländekanten und geringe Reste von Kernmauerwerk (4) weisen an wenigen Stellen auf den Verlauf der Umfassungsmauer.

Bergfried

Markantester Ruinenrest ist der noch bis zu 6 m aufragende Stumpf des ehemaligen Bergfrieds (2) an der östlichen Felskante. Er ist innen rund und außen mit 8 bis 9 m Seitenlängen fast quadratisch. Erhalten ist im wesentlichen das Kernmauerwerk; die Mauerwerksverblendung zeigt nur noch vereinzelt Quadersteine mittleren Formats. An den Burgfelsen grenzt auf der Nordwestseite eine Besiedlung (3) an, die auf den ehemaligen Wirtschaftshof der Burg zurückgeht.

Ruine des Bergfrieds von Bloßenstaufen

Anlage Schloß in Staufen

Das am nordöstlichen Ortsrand gelegene Schloßgut in Staufen bestand nach einer Beschreibung der Hofmark von 1781 aus folgenden Bauteilen: „1. Ein wohlerbautes Schloß mit in der Höhe liegenden Gärten. Im Schloß ein guter Keller. 2. Eine Schloß- und Hauskapelle. 3. Ein Nebenhaus für einen Beamten mit gutem Keller. 4. Ein Schafhaus mit Futterboden und Geflügelhaus. 5. Der lange Bau mit der Ehehaltensstube samt Kuchl und Keller, einem Käsgewölb und Ehehaltenkammer, Kutschenhaus und Pferdestall, oben das Viehhaus, unten der herrschaftliche Fruchtstadel, darüber oben doppelter Fruchtboden und Futterboden für die Schweizerei.

Staufen

1 Schloßbau
2 Terrasse
3 Rest Umfassungsmauer
4 Wassertretstelle
5 Klingenquelle
6 Klingenplatz
7 Lage eines Turmes
8 Ökonomiegebäude
9 Aufgang, Rampe

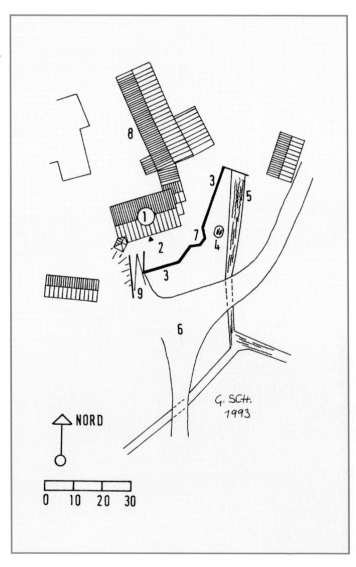

NORD

0   10   20   30

G. SCH.
1993

6. Unter dem Tor ein neuerbautes Haus für den Untervogt mit Stallung für Gastpferde. 7. Ein neuerbautes Waschhaus und Backhaus. Sämtliche diese Gebäude mit einem Teil Ringmauer machen einen schönen großen Hof aus. Hier entspringt ein Bach, die Klinger genannt." Die beschriebene Schloßanlage ist heute stark verändert. Substanziell erhalten geblieben ist der zweigeschossige, satteldachgedeckte, einfache Schloßbau (1). Die südwestliche Gebäudeecke ziert ein Rechteckerker mit Walmdach und abgetrepptem Unterbau. Fassade und Inneres sind verändert.

Südwestecke des ehemaligen Schlosses mit Rechteckerker

Der östliche Gebäudeteil besitzt einen Keller mit spitzbogigem Tonnengewölbe. Von hier bestand eine Gangverbindung zu einem Gebäude vor der Umfassungsmauer; Reste dieser 4 m hohen Umfassungsmauer in Bruchsteinen (3) stehen noch auf der Süd- und Ostseite zum Klingenplatz (6). Etwa in der Mitte zeigt ein aus der Mauerflucht polygonal vorspringender Teil den Rest eines Achteckturms (7).

Besitzer

Ruine Bloßenstaufen: Gemeinde Syrgenstein
Schloß Staufen: Privat

Literaturhinweise

– Bosl, Dr. Karl (Hrsg.)
  Handbuch der historischen Stätten Deutschland, Bayern, 1974
– Hahn, N. N.
  Das Schlößle in Staufen bei Giengen, in: „Blätter des Schwäbischen Albvereins", Nr. 1, 1911
– Meyer, Werner
  Die Kunstdenkmäler von Schwaben, VII, Landkreis Dillingen an der Donau, 1972
– Seitz, Reinhard H.
  Historisches Ortsnamenbuch von Bayern, Land- und Stadtkreis Dillingen an der Donau, 1966
– Zenetti, Ludwig
  Die Sürgen, Geschichte der Freiherren von Syrgenstein, Schriftenreihe des Historischen Vereins für Schwaben, 1. Band, 1965

Oggenhausen

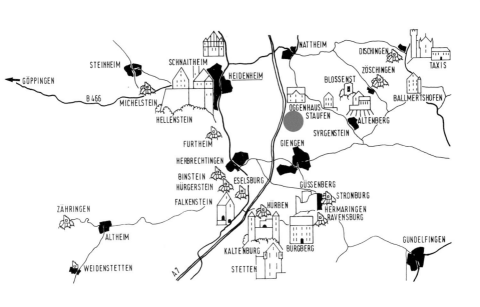

Oggenhausen

Lage	Nahe der Autobahn (A 7), nördlich von Giengen an der Brenz und östlich der Stadt Heidenheim, liegt auf einer flachen Kuppe die Ortschaft Oggenhausen. Innerhalb der Ortsbebauung befinden sich zwei ehemalige Schloßanlagen, das Untere und das Obere Schloß.

Von der Autobahnausfahrt Heidenheim führt eine beschilderte Straße in Richtung Nattheim. An der ersten Abzweigung geht es rechts direkt nach Oggenhausen. Der Heidenheimer Ortsteil ist auch von Giengen an der Brenz und von Syrgenstein aus erreichbar.
Das Obere Schloß, jetzt „Gasthaus König", liegt im Kreuzungswinkel der Oggenhauser Hauptstraße und der Staufener Straße.
Das Untere Schloß steht an der platzartigen Erweiterung der Straße „Unteres Schloß", Gebäude Nr. 3.

Gemeinde	Stadt Heidenheim, Landkreis Heidenheim
Meereshöhe	Ortsmitte ca. 600 m
Besichtigung	Nicht zugänglich
Einkehrmöglichkeit	„Gasthaus König" im Oberen Schloß

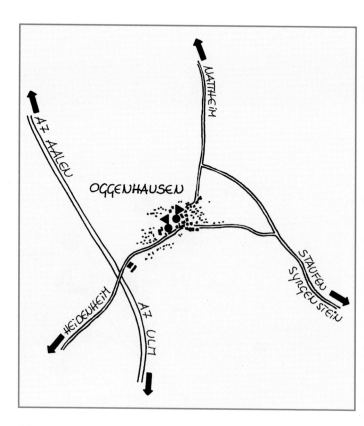

28

Oggenhausen

Geschichte

Erster Adelssitz in Oggenhausen ist das Untere Schloß. Ihre Besitzer, die Vetzer, sind vermutlich ursprünglich staufische Ministerialen und später Patrizier der Stadt Schwäbisch Gmünd.

1356 Ulrich Vetzer schenkt dem Kloster Herbrechtingen Güter aus Oggenhausen.
1587 Teilung des Besitzes unter den Brüdern Mang und Wilhelm Vetzer. Wilhelm behält das Untere Schloß als Wohnsitz, Mang erbaut das neue, das Obere Schloß.
1612 Wilhelm Vetzer verkauft seinen Besitz mit dem Unteren Schloß für 26 500 Gulden an Württemberg.
1617 Übergang des Besitzes mit dem Unteren Schloß an die Nebenlinie Württemberg-Weiltingen.
1662 Das Obere Schloß wird ebenfalls württembergisch.
1686 Einrichtung einer Brauerei „Zum Oberen Schloß". Das Gut wird zuerst durch Verwalter, später durch Pächter bewirtschaftet.
1827–1829 Verkauf der beiden Schlösser. Andreas Mayer, Bürgermeister von Oggenhausen, erwirbt das Obere Schloß mit Brauerei und Gastwirtschaft um 6 100 Gulden.

1 Unteres Schloß
2 Oberes Schloß
3 Ehemalige Schloßökonomie
4 Ehemaliger Schloßhof mit Pavillon
5 Lage der Brauereigebäude
6 Oggenhauser Hauptstraße
7 Straße „Unteres Schloß"
8 Ehemalige Gesindewohnungen
9 Ehemaliger Schloßplatz
10 Staufener Straße

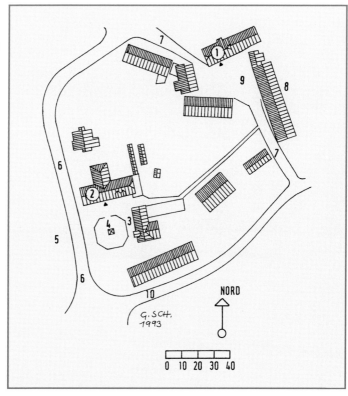

G. SCH. 1993

NORD

0 10 20 30 40

Anlage
Unteres Schloß

Das Untere Schloß (1), auch „das Württembergische" genannt, ist das ältere der beiden Schlösser. Es steht im ursprünglichen, alten Ortskern an einer platzartigen Erweiterung der Straße (9). Der einfache Rechteckbau mit Eckquaderung und Krüppelwalmdach ist zweigeschossig und besitzt am Giebel Sichtfachwerk. Die Fassade ist verändert. Rechts vom Eingang an der südlichen Traufseite befinden sich im Erdgeschoß zwei schmale, schartenartige Öffnungen. Im veränderten Inneren zeigen sich noch Sitznischen.

Das ehemalige Untere Schloß ist das ältere der beiden Oggenhauser Adelssitze. Äußerlich verändert wirkt es wenig herausragend im bebauten Ortskern

Oggenhausen

Nach einer Beschreibung von 1690 besteht das Obere Schloß, auch „das Weiltingerische" genannt, aus folgenden Bauteilen:

„Das Ober Schloß, ganz aus Stein auferbaut, drei Stock hoch, hat 5 Stuben, davon 4 zum Bewohnen, und ist ein jede Stuben mit einem eisernen Ofen versehen; dazu 6 Kammern, eine Speisekammer, 2 Kuchen, 2 Keller und einen Pferdestall für 5 Stück; 2 Böden zu Aufschüttung des Getreides. – Eine schöne wohlerbaute Scheuer von Stein, unten 2 Tennen. Dazu ein Wagenhaus. – Ein wohlgebautes Viehhaus mit 3 Ställen. Unter gleichem Dach mit dem Viehhaus ist ein Schafstall für 250 Stück. – Eine Pferdestallung für 30 Stück. – Eine neu auferbaute Braustatt, welche

Das ehemalige Obere Schloß, jetzt Gasthaus „König", ist äußerlich stark verändert

gnädigste Herrschaft erst vor etlich Jahren auf- und zurichten lassen. – Ein Backhaus. – Alles mit einer steinernen Ringmauer umfaßt, auch mit 2 großen und 2 kleinen Hoftoren versehen. – Zwei Gärten, teils Wurz- teils Grasgarten. Ein großer Baumgarten mit vielen, jedoch mehrenteils gar alten Fruchtbäumen."
Erhalten geblieben ist das zweigeschossige Hauptgebäude (2) mit Satteldach, doppelgiebeligem Querhaus und Anbau. Drei Rundfenster zieren den mit Lisenen gegliederten Giebel. Die Gestaltung von Ortgang und Traufe entstammt der Jahrhundertwende. Fassade und Gebäudeinneres sind in wesentlichen Teilen umgebaut, modernisiert und verändert. Ein Brustbild König Wilhelms I. schmückt das Medaillon des schmiedeeisernen Wirtshausschilds.
Rechts am Hof (4) steht die ehemalige Schloßökonomie (3) und gegenüber das alte und neue Bräuhaus (5).

Besitzer   Privat

Literaturhinweise – Beschreibung des Oberamts Heidenheim, 1844
– Das Land Baden-Württemberg
  Amtliche Beschreibung nach Kreisen und Gemeinden, Band IV, 1980
– Reichardt, Lutz
  Ortsnamenbuch des Kreises Heidenheim, 1987
– Ritz, Albrecht
  Nattheim und Oggenhausen im Kranz der Nachbargemeinden, 1982
– Wulz, Hans
  Baudenkmäler in Stadt und Kreis Heidenheim an der Brenz, 1977

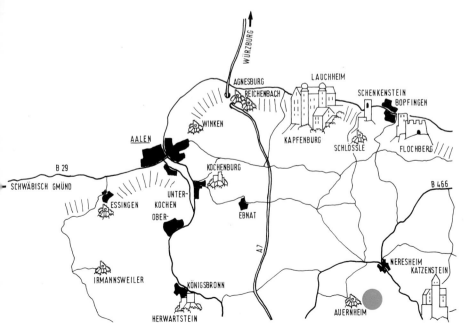

Auernheim

Südwestlich von Neresheim liegt der Ort Auernheim. Unmittelbar im Süden erhebt sich der bewaldete Höhenrücken des Höllbuck mit einer an der Traufkante gelegenen Burgstelle.
Die B 466 führt von Heidenheim nach Neresheim. In Steinweiler zweigt eine beschilderte Straße direkt zum Nattheimer Gemeindeteil Auernheim ab.
In Ortsmitte folgt man der „Söldnerstraße" bis zum südlichen Ende mit dem Brunnen „Am Brunnensteig" (Parkmöglichkeit). Hier beginnt ein bezeichneter Wanderweg (AV Dreiblock) in Richtung Neresheim. Auf der Hochfläche folgt man dem Weg nach links (AV Raute) in Richtung Fleinheim, bis nach ca. 200 m auf der linken Seite der Graben der Burgstelle ersichtlich ist.
Auernheim – 0,5 km Burgstelle.

Wandervorschlag:
Zur Burgstelle wie beschrieben. Man folgt weiter dem Weg am Waldrand entlang in östlicher Richtung. An der ersten Wegkreuzung geht es links und an der nächsten Abzweigung rechts zum Aussichtspunkt. Der Rückweg erfolgt direkt auf beschildertem Weg (AV Raute) nach Auernheim.
Auernheim – 0,5 km Burgstelle – 1,3 km Aussichtspunkt – 0,8 km Auernheim.

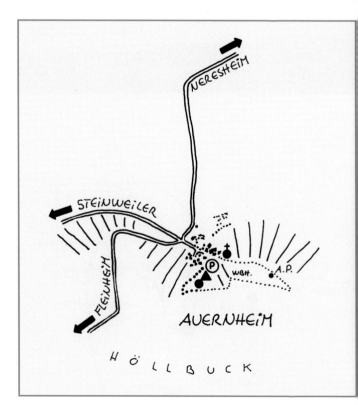

Auernheim

Gemeinde	Nattheim, Ortsteil Auernheim, Landkreis Heidenheim
Meereshöhe	Burg 625 m, Auernheim 580 m
Besichtigung	Frei zugänglich
Weitere Sehenswürdigkeit	Barockkirche St. Georg

1 Kernburg
2 Graben
3 Grabenauswurf
4 Schuttwall
5 Hangkante
6 Gelände verändert
7 Talseite
8 Hochfläche

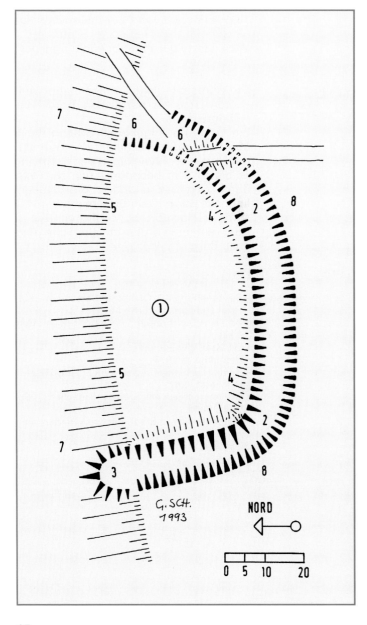

G. SCH.
1993

NORD

0 5 10 20

Auernheim

Geschichte

Im 13. und 14. Jahrhundert werden Herren von Auernheim urkundlich nachgewiesen. Sie sind vermutlich staufische Ministerialen. Die Reste ihrer Burg liegen über der Ortschaft am Rande des „Höllbuck".

1258 und 1270 Heinrich von „Urenhaim" ist Zeuge in einer Urkunde.
Vor 1332 Heinz von Auernheim verkauft einen Hof in Ziertheim.
1335 Otto von Auernheim ist Siegler in einer Urkunde.
1379 Friedrich von Auernheim verweigert dem Kloster Neresheim eine Gült seiner Wohnung.
1384 Letzte bekannte Erwähnung eines Herren von Auernheim.

Anlage

Die Burgstelle liegt an einer topographisch nicht begünstigten Lage zur nördlichen Traufkante (5) eines flachen Höhenrückens.
Ein u-förmig angelegter Graben (2) begrenzt die etwa 35 x 75 m große Fläche der Kernburg (1). Der Graben mündet jeweils rechtwinklig in den Berghang. Zur Westseite ist er bis zu 6 m besonders tief, zur Ostseite verflacht und durch Wegebau verändert (6). Hinter einem Schuttwall (4) liegt das Burgniveau bis 3 m niedriger als die angrenzende südliche Hochfläche. Möglicherweise geht die ehemalige Burg auf eine frühmittelalterliche Anlage zurück (siehe auch Burg Mühlberg).

Besitzer

Privat

Literaturhinweise

– Beschreibung des Oberamts Neresheim, 1872
– Das Land Baden-Württemberg
  Amtliche Beschreibung nach Kreisen und Gemeinden, Band IV, 1980
– Der Kreis Heidenheim
  Heimatbuch, 1979
– Heimatbuch des Kreises Heidenheim, 1962
– Reichardt, Lutz
  Ortsnamenbuch des Kreises Heidenheim, 1987
– Wulz, Hans
  Baudenkmäler in Stadt und Kreis Heidenheim an der Brenz, 1977

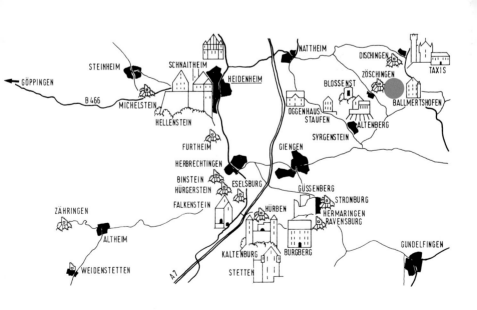

Zöschingen

Lage

Östlich von Heidenheim und südwestlich von Dischingen erstreckt sich inmitten des Zöschinger Forsts das Rostelbachtal mit der Ortschaft Zöschingen. Von der Autobahnausfahrt Heidenheim führt die B 466 nach Nördlingen. Zwischen Nattheim und Fleinheim zweigt nach rechts eine beschilderte Straße nach Zöschingen ab. Die Ortschaft ist auch von der Straße Giengen an der Brenz–Dischingen/Ballmertshofen aus erreichbar. In Ortsmitte führt eine Straße in östlicher Richtung, beschildert „Gemeindehalle, Sportplatz", auf die Hochfläche bis zum Parkplatz beim Sportheim. Das Burggelände grenzt unmittelbar in westlicher Richtung an.

Wandervorschlag:
Vom Parkplatz beim Sportheim folgt man der Straße nach Osten bis zum ausgeschilderten Wanderweg (zuerst AV Dreiblock, dann AV Dreieck). Dieser führt in nordöstlicher Richtung zur Burgstelle auf dem Eisbühl (siehe Dischingen), danach abwärts nach Dischingen (AV Dreieck) und weiter zum Schloß Taxis (Einkehrmöglichkeit).
Zöschingen – 3,0 km Eisbühl – 1,2 km Dischingen – 1,3 km Taxis.

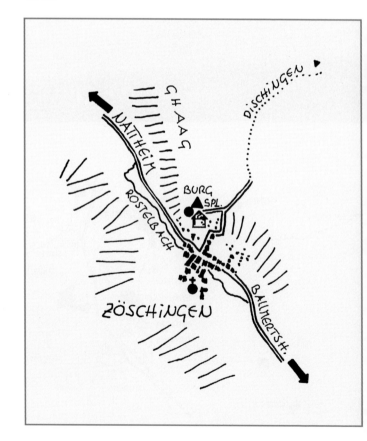

Zöschingen

Gemeinde	Zöschingen, Landkreis Dillingen an der Donau
Meereshöhe	Burg 530 m, Rostelbachtal 495 m
Besichtigung	Frei zugänglich
Einkehrmöglichkeit	Sportheim

1 Kernburg
2 Lage des Bergfrieds
3 Zwinger
4 Wall
5 Verebneter Wall
6 Graben
7 Verebneter Graben
8 Lage eines Gebäudes
9 Kernmauerwerk
 freiliegend
10 Grillstelle
11 Terrassierte und
 einplanierte Fläche
12 Veränderte
 Geländesituation
13 Sportplatz
14 Talseite
15 Von Zöschingen

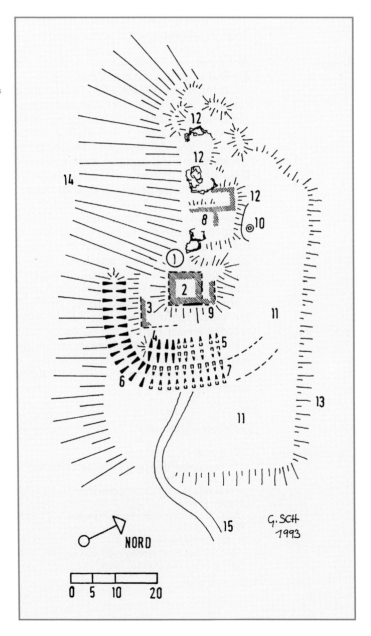

NORD

0 5 10 20

G. SCH
1993

Zöschingen

Geschichte

Über die Herren von Zöschingen und ihre Burg auf dem Ghagberg ist nur wenig bekannt. Für die Geschichte des Orts ist der Deutsche Ritterorden von Bedeutung: Er erwirbt 1275 Besitzungen und unterhält bis 1805 ein Vogtamt.

1257–1291 Urkundlicher Nachweis des Niederadelsgeschlechts der Herren von Zöschingen.
1462 Vermutliche Zerstörung der Burg im Reichskrieg durch Markgraf Albrecht Achilles von Brandenburg.
1895 Freilegung der Grundmauern.

Anlage

Auf einer am Trauf gelegenen Kuppe des Ghagbergs lag die Burg der Herren von Zöschingen. Grabungen und Geländeterrassierungen (11) haben das Gelände stark verändert. Der etwa 50 x 25 m große Burgplatz wird im Osten durch einen hakenförmigen Graben (6) und Wall (4) begrenzt, unmittelbar dahinter stand der Bergfried (2). Von der östlichen Mauer (9) liegen zwei Quader der Verblendung und das Kernmauerwerk frei. Hinter dem Bergfried ist die Lage eines Gebäudes zu vermuten (8). Zu den 1895 freigelegten Grundmauern berichtet Forstassessor Benz:

„Die daselbst auf Meterhöhe freigelegten Grundmauern gehören einem auf Felsen gebauten, circa 8 m im Quadrat haltenden Turme an, dessen Mauerwerk circa 2,5 m stark ist, aussen und innen aus behauenen grösseren quaderförmigen, aber auch kleinen, spitzigen, pflastersteinähnlichen Steinen in ziemlich regelmässiger Bauart besteht, während die Zwischenräume durch Steinbrocken und Mörtel ausgefüllt sind. Bei Abräumung des Bauschuttes wurden weder Holz- noch Backsteinreste gefunden. Von dem rückwärts gelegenen Hauptgebäude sind leider auch die Fundamente verschwunden, indem unbedachte Hände die behauenen Steine zu Bauzwecken der Neuzeit verwendet haben."

Besitzer

Gemeinde Zöschingen

Literaturhinweise

– Benz, N. N.
Die Ausgrabungen bei Zöschingen im Jahre 1895
– Bosl, Dr. Karl (Hrsg.)
Handbuch der historischen Stätten Deutschlands, Bayern, 1974
– Meyer, Werner
Die Kunstdenkmäler von Schwaben, VII, Landkreis Dillingen an der Donau, 1972
– Seitz, Reinhard H.
Historisches Ortsnamenbuch von Bayern, Land- und Stadtkreis Dillingen an der Donau, 1966

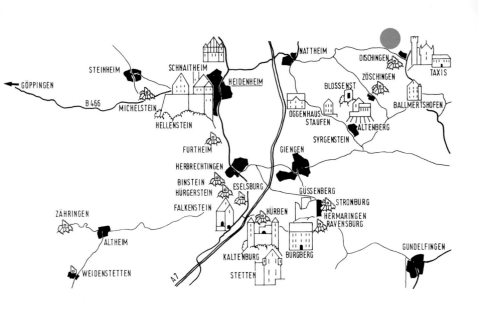

Lage

Östlich von Heidenheim liegt im Egautal Dischingen. Zwei Ortsburgen sind durch Geländespuren nachgewiesen: die ehemalige Burg auf dem Eisbühl am westlichen Ortsrand und die sogenannte Knollenburg auf dem Michaelsberg an der Straße Richtung Ballmertshofen.
Von der Autobahnausfahrt Heidenheim führt eine beschilderte Straße über Nattheim direkt nach Dischingen.
Zur ehemaligen Burg auf dem Eisbühl:
Am Ortsende, in Richtung Heidenheim und Fleinheim, folgt man der Branntweinstraße (AV Dreieck, Nr. 4, Zöschingen), dann der Straße „Am Michelsberg" bis zur Hochfläche. Die Burgstelle befindet sich wenige Meter hinter einer Landschaftsschutztafel an der Nordseite des Höhenrückens.
Zur ehemaligen Knollenburg:
An der Straße Richtung Ballmertshofen liegt die Kapelle „Zu den Vierzehn Nothelfern". Unmittelbar in südlicher Richtung grenzt das Gelände der ehemaligen Knollenburg an.
Wandervorschlag siehe Zöschingen.

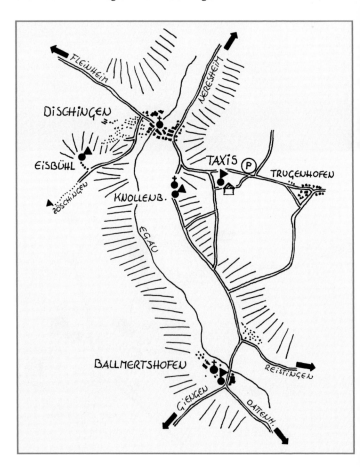

Gemeinde	Dischingen, Landkreis Heidenheim
Meereshöhe	Burg auf dem Eisbühl 540 m, Knollenburg 490 m, Egautal 460 m
Besichtigung	Beide Burgstellen frei zugänglich
Weitere Sehenswürdigkeiten	Pfarrkirche St. Johannes Baptist, Kloster Neresheim
Geschichte	Beide Dischinger Burgen sind vermutlich Burgen des Ortsadels. Wann sie abgegangen oder zerstört worden sind, ist nicht bekannt. Als Stammburg wird die Anlage auf dem Eisbühl angesehen.

1212 Erster urkundlicher Nachweis des Dischinger Ortsadels.
1228–1232 Aus dem Ortsadel stammt Heinrich von Dischingen, Bischof zu Eichstätt.
1246–1250 Vergeltungszug des kaiserlichen Heers gegen Hartmann von Dillingen. Mögliche Zerstörung der Burgen.
1361 Oettingen verkauft Dischingen an die Grafen von Helfenstein.
1365 Erwerb von Dischingen durch die Herren von Hürnheim zu Katzenstein.
1428 Gertraud von Weineck, Erbin der Hürnheim-Katzenstein, verkauft Dischingen an die Herren von Westernach.
1544 Übergang als Erbe an die Herren von Leonrod.
1634 Schwedisches Hauptquartier bei der bereits abgegangenen, sogenannten Knollenburg.
1663 Dischingen kommt durch Heirat an die Schenken von Castell.
1734 Fürst Anselm von Thurn und Taxis erwirbt Dischingen, Schloß Trugenhofen und weitere Besitzungen der Umgebung. Dischingen wird Residenz.

Anlage ehemalige Burg auf dem Eisbühl	Die Burgstelle liegt auf einer nach Westen gerichteten, felsigen Spornkuppe am Rand eines Seitentals der Egau. Geböschte Ränder kennzeichnen die im Vorfeld gelegene, ca. 35 x 30 m große Vorburg (2), dahinter umzieht ein Graben (3 + 4) ringförmig die ehemalige Kernburg (1). Ein davorliegender Wall (5) ist nordseitig verflacht und südseitig noch bis 3 m hoch. Gekennzeichnet wird die äußerste Westspitze der Burgstelle durch einen markanten Felsklotz (6) (Kreuz), der 3,5 m über und am Graben 5 m unter das Burgniveau ragt. Zur Nordseite besitzt er eine natürliche Durchgangshöhle (9) (L = 4,5, H = 2, B = 2 m). Dieser Fels war vermutlich in das Hauptgebäude, den Bergfried oder Wohnturm eingebunden. Das dahinter angrenzende Burggelände umfaßt ein Oval von ca. 26 x 15 m.

43

Eisbühl

1 Kernburg
2 Vorburg
3 Abschnittsgraben
4 Äußerer Ringgraben
5 Wall
6 Felskopf
7 Bergseite
8 Talseite
9 Durchgangshöhle

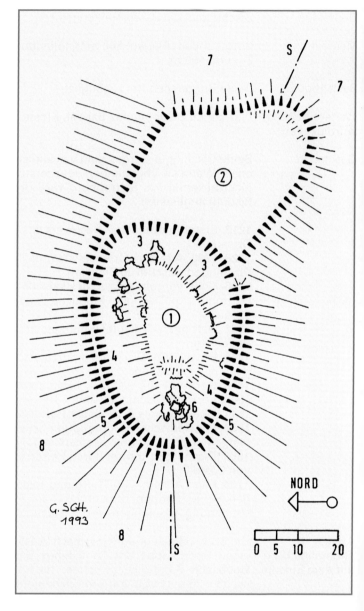

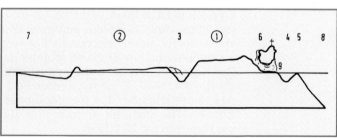

44

Burghügel der Knollenburg am nördlichen Ringgraben

Knollenburg

1 Burgfelsen,
  Lage der Kernburg
2 Ringgraben
3 Wall
4 Veränderte
  Wallsituation
5 Verflachter Wall
6 Steiler Fels
7 Kreuz
8 Von Dischingen
9 Von Ballmertshofen

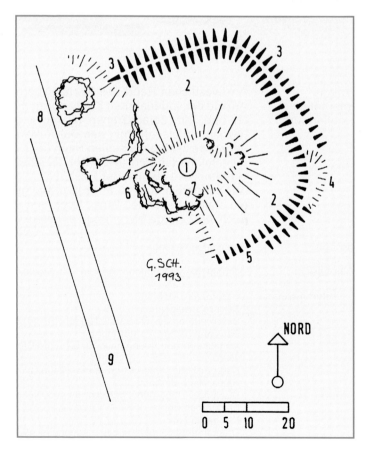

G.SCH.
1993

NORD

0 5 10 20

Ruine Knollenburg um 1822

Anlage ehemalige Knollenburg	Am westlichen Rand des Michaelsbergs stand die kleine Anlage der sogenannten Knollenburg. Ein 18 bis 20 m breiter und 7 m tiefer Graben (2) mit vorgelegtem Wall (3) umzieht hufeisenförmig den Burgfelsen. Graben und Wall enden westseitig am steilen Hang über der Straße Dischingen–Ballmertshofen (8–9). Zur Westseite schützt ein zerklüfteter, steil abfallender Fels (6). Auf dem etwa 10 x 10 m großen Baugelände befand sich ein solitär stehender Turm. Nach einer Abbildung war er noch 1822 einige Meter hoch erhalten.
Besitzer	Gemeinde Dischingen
Alte Ansicht	„Der alte Berg" (Knollenburg) von Joh. Müller, 1822
Literaturhinweise	– Ackermann, Manfred Der Kreis Heidenheim, 1979 – Beschreibung des Oberamts Neresheim, 1872 – Das Land Baden-Württemberg Amtliche Beschreibung nach Kreisen und Gemeinden, Band IV, 1980 – Handbuch der historischen Stätten Deutschlands, Band VI, 1965 – Kloos, Heidi-Barbara Dischingen 1366–1966. Festschrift zur 600jährigen Wiederkehr der Markterhebung – Reichardt, Lutz Ortsnamenbuch des Kreises Heidenheim, 1987

46

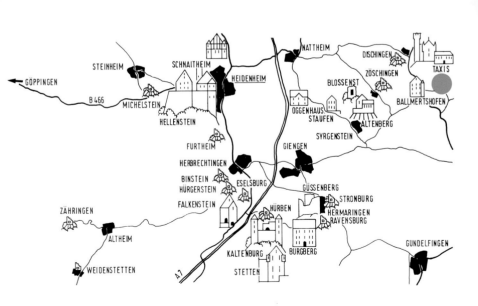

Lage Am Südrand des Härtsfeldes und westlich von Heidenheim erstreckt sich das Egautal mit der Gemeinde Dischingen. Östlich ragt aus den bewaldeten Höhen das zinnen- und turmbewehrte, schmucke Schloß der Fürsten von Thurn und Taxis.
Von der Autobahnausfahrt Heidenheim führt eine bezeichnete Straße über Nattheim und Fleinheim nach Dischingen. Von der Hauptstraße in Richtung Ballmertshofen/Dillingen zweigt am Ortsende eine Straße, beschildert zum Jagdkundemuseum, Schloß Taxis, ab. Bei Erreichen der Schloßanlage fährt man entweder links in Richtung Trugenhofen bis zum Wanderparkplatz am Ende der Schloßgartenummauerung oder geradeaus am Jagdkundemuseum vorbei zum Parkplatz bei der Schloßgaststätte.

Wandervorschlag:
Rundwanderung um die Schloßanlage (2,0 km) mit Besuch des Englischen Waldes (4,0 km).
Weiterer Wandervorschlag siehe Zöschingen.

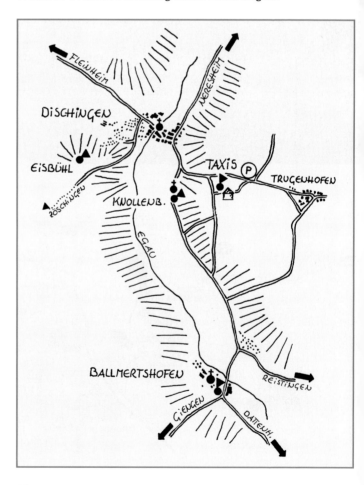

Gemeinde	Dischingen, Landkreis Heidenheim
Meereshöhe	Schloß 510 m, Egautal 460 m
Besichtigung	Privatbesitz, nicht zugänglich Außenbesichtigung durch Rundgang möglich Jagdkundemuseum geöffnet: April bis Oktober sonn- und feiertags von 11 bis 16 Uhr
Einkehr- möglichkeit	Schloßgaststätte Taxis, Fremdenzimmer

Die Fürsten von Thurn und Taxis Das ursprünglich lombardische Fürstengeschlecht „de la Torre" ist im 13. Jahrhundert in Cornello bei Bergamo am Berg Tasso in Norditalien ansässig. Im 15. Jahrhundert bauen sie im gesamten westlichen Europa das Postwesen aus. Franz von Taxis gilt als der Begründer des internationalen Postwesens. Leonhard von Taxis wird 1595 als Generaloberpostmeister im Reich bestätigt, ab 1615 ist er Reichserbgeneralpostmeister. 1597 erhebt der Kaiser die Post zum Reichsregal. Lamoral von Taxis wird 1624 in den Grafenstand, Eugen Alexander von Taxis 1695 in den Reichsfürstenstand erhoben. Fürst Alexander Ferdinand wird 1748 Prinzipalkommissar, Vertreter des Kaisers am Reichstag in Regensburg. Der Sitz des Fürstenhauses ist seit dem 16. Jahrhundert Brüssel und später Frankfurt. Durch beträchtliche Mehrung des Grundbesitzes im Raum Schwaben läßt sich das Fürstenhaus im Süden Deutschlands nieder; Regensburg wird zum Geschäfts- und Wohnsitz, Schloß Taxis zur Sommerresidenz. Gegenwärtig ist das Fürstenhaus mit 35 000 Hektar Land der größte private Grundbesitzer Europas.

Geschichte Schloß Taxis ist im Mittelalter Standort der Burg Trugenhofen, ihre Bewohner, die Herren von Trugenhofen, sind Reichsministerialen. Nach zahlreichem Besitzerwechsel wird Schloß Trugenhofen Sitz der Fürsten von Thurn und Taxis und zum repräsentativen Sommersitz ausgebaut.

1147 Trugenhofen ist Bestandteil des Heiratsguts der Adela von Vohburg, Tochter des Markgrafen von Giengen, in der Ehe mit Friedrich I. Barbarossa.
1258 und 1264 Urkundlicher Nachweis des Hildebrand von Trugenhofen.
1265–1273 Heinrich und Wilhelm von Trugenhofen; möglicherweise sind sie dem bayrischen Trugenhofen zuzuordnen.
1289 Walter von Trugenhofen.
1299–1312 Konrad (Conradus) von Trugenhofen.
1365 Herdegen von Hürnheim zu Katzenstein erwirbt von den Grafen von Oettingen die Burg Trugenhofen und den Trugenhofer Anteil von Dischingen. Nach dem Verlust der

Westseite des Gastbaus mit Risalit und Eingangsportal

Burg Katzenstein wird die Burg Trugenhofen Hauptsitz der Hürnheim zu Katzenstein.
1428 Gertraud von Weineck, Erbin der Hürnheim-Katzenstein, verkauft den Besitz an die Herren von Westernach.
1663 Die Schenken von Castell erwerben Trugenhofen von den Herren von Leonrod.
1734 Fürst Anselm Franz von Thurn und Taxis erwirbt Schloß Trugenhofen mit Dischingen für 150 000 Gulden von Marquard Willibald Graf Schenk von Castell. Das Schloß wird ausgebaut und erweitert.
1735 Thurn und Taxis kauft Duttenstein und weitere Besitzungen.
1741 Fürst Alexander Ferdinand von Thurn und Taxis, Sohn des Anselm, erwirbt das Dorf Trugenhofen.
1742 Die Parkanlagen werdem im englischen Stil hergerichtet.
1749 Erwerb der Herrschaft Ballmertshofen.
1754 Fürst Alexander Ferdinand wird in den Reichsfürstenrat aufgenommen.
1768 Verlegung der Thurn-und-Taxisschen Besitzverwaltung von Schloß Eglingen nach Schloß Trugenhofen.

Das Neue Schloß steht anstelle der ehemaligen Burg Trugenhofen

1769–1771 Fürst Alexander Ferdinand läßt die Dischinger Pfarrkirche erbauen.
1781 Fürst Anselm Karl erteilt Georg Hitzelburger den Auftrag zum Bau der Kirche in Trugenhofen.
1785 Erwerb der Grafschaft Friedberg mit den Herrschaften Scheer, Dürmentingen und Bussen.
1797–1799 Umgestaltung der Schloßfassade durch den Neresheimer Baudirektor Thomas Schaidhauf.
1803 Thurn und Taxis erhalten als Entschädigung für den Verlust aus Einkünften der Reichspost in den an Frankreich abgetretenen Provinzen das Damenstift Buchau mit der Stadt Buchau, die Herrschaft Schemmerberg und die Reichsabteien Neresheim und Obermarchtal.
1805–1835 Erwerb der Herrschaften Ober- und Untersulmetingen, Öpfingen und Rechtenstein.
1817 Umbenennung des Schlosses Trugenhofen mit königlicher Erlaubnis in Schloß Taxis.
1840 Neubau des Fürsten-, Prinzen- und Theaterbaus im Baustil der englischen Neugotik.

1 Neues Schloß
2 Runder Zinnenturm
3 Theaterbau
4 Prinzenbau
5 Fürstenbau
6 Waschbau
7 Cavalierbau
8 Unterer Schloßhof
9 Gastbau
10 Oberer Schloßhof
11 Verbindungsgang
12 Gärtnerhaus
13 Eckturm
14 Ziergarten
15 Eckturm
16 Glashaus
17 Springbrunnen
18 Springbrunnen
19 Blumengarten
20 Ecktürme
21 Ringmauer mit
Strebepfeilern
22 Schloßgartenmauer
23 Bogengang-Garten
24 Pferdekoppel
25 Gartenmagazin mit
Turm
26 Schloßgaststätte
27 Ökonomiegebäude
28 Kastenhaus
29 Magazin
30 Jagdkundemuseum
31 Jägerschule
32 Stallbau
33 Garagenbau
34 Reithalle
35 Von Dischingen
36 Von Trugenhofen
37 Von Ballmertshofen
38 Zum Englischen Wald

NORD

G. SCH.
1993

Anlage

Schloß Taxis steht anstelle der ehemaligen Burg Trugenhofen. Im Laufe der Jahrhunderte hat sich das Burggelände durch expansive Bauentwicklungen verändert, lediglich der Burghügel, auf dem heute das Neue Schloß (1) und der Zinnenturm (2) stehen, ist noch erkennbar. Das Neue Schloß (1) beinhaltet noch substanzielle Reste der Burg, hauptsächlich geht die Schloßanlage aber auf die im 18. Jahrhundert durchgeführten Baumaßnahmen und die im Stil der englischen Neugotik erstellten Gebäude zurück.

Die Kernanlage von Schloß Taxis besteht im wesentlichen aus acht Gebäuden, die sich um den unteren (8) und oberen Schloßhof (10) gruppieren. An höchster Stelle steht

52

Neues Schloß
2. Obergeschoß
  2 Runder Zinnenturm
52 Schloßkapelle
53 Lichthof
54 Gang mit
    Kreuzgratgewölbe
55 Schloßhofseite

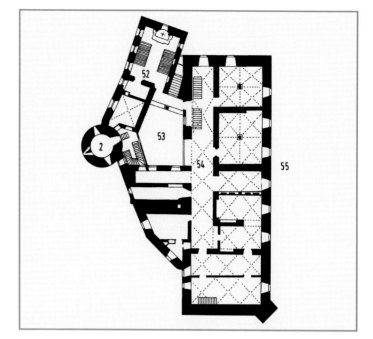

Fürstenbau
39 Eingang
40 Vestibül
41 Dienerzimmer
42 Silberkammer
43 Küche
44 Treppenhaus
45 Billardzimmer

Prinzenbau und
Fürstenbau
46 Eingang
47 Vestibül
48 Verbindungsgang
49 Lichthof
50 Theater
51 Lichthof

Grundrisse nach Plänen
der Fürstlichen
Rentkammer
Thurn und Taxis

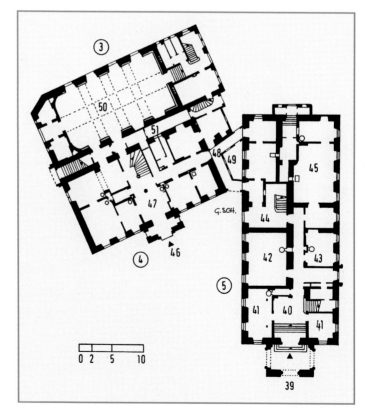

Erdgeschoß
Theaterbau
Prinzenbau
Fürstenbau

Neues Schloß das dreigeschossige Neue Schloß (1). Zu den Hofseiten besitzt es ein terrassiertes Sockelgeschoß mit postamentengeziertem Abschluß. Den satteldachgedeckten, rechteckigen Renaissancebau schmücken drei querstehende, helmdachgedeckte Ecktürme, wobei der südwestliche und nordöstliche auf einem gestuften Unterbau gelagert sind. Sämtliche Fassaden werden durch geometrisch gegliederte Fassadenmalereien geprägt. Die Giebelfelder schmücken Wappen der Fürsten von Thurn und Taxis.

Schloßkapelle Auf der Nordseite des Neuen Schlosses umfassen mehrere Anbauten einen Lichthof (53). Den höchsten Bauteil bildet der walmdachgedeckte und mit einem Dachreiter versehene Kapellenbau (52). Das Innere der Schloßkapelle zur Hl. Maria mit Stukkaturen von Thomas Schaidhauf entstand nach Plänen von Hitzelberger.

Zinnenturm An der äußersten Nordecke steht der erst um 1840 entstandene, runde Zinnenturm (2).

Schloßanlage von Südosten

Taxis

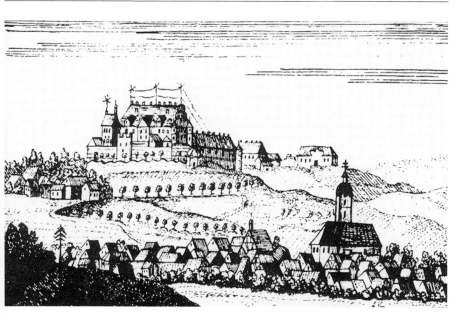

Ansicht von Schloß Taxis mit Dischingen von 1770

Gastbau

Cavalierbau

Südlich am Neuen Schloß (1) beginnt der 65 m lange Gastbau (9) mit dem im rechten Winkel dazu anschließenden Cavalierbau (7). Beide mansardendachgedeckten, dreigeschossigen Bauwerke bilden den Abschluß des unteren Schloßhofs (8). Den Gastbau gliedert westseitig ein Pilasterportal mit flachem Risalit und giebelgeschmücktem Wappen.

Theaterbau

Prinzenbau

Fürstenbau

Auf der Ostseite des unteren Schloßhofs befinden sich die jeweils dreigeschossigen Gebäude von Theater- (3), Prinzen- (4) und Fürstenbau (5) von 1840, die durch den einheitlichen Baustil der englischen Neugotik geprägt sind. Zu dieser Zeit war Taxis Sommer- und zeitweiliger Regierungssitz. Nicht nur Verwaltung, auch Musik und Theater gehörten zum angemessenen Standard eines Fürstenhofs.

Gärten

Außerhalb der Kernschloßanlage begrenzen mehrere mauerumwehrte, mit Ecktürmen versehene Gartenanlagen den nördlichen, westlichen und östlichen Bereich. Öffentlich zugänglich ist der bis zum nördlichen Höhenrücken angelegte „Englische Wald" (38).

Jagdkundemuseum

Von den zahlreichen Nebenbauten im Süden ist der in neugotischem Stil gehaltene ehemalige Küchenbau (30) zu erwähnen. In ihm ist das Jagdkundemuseum eingerichtet. Der Plan zum Bau dieses Gebäudes wird Dossenberger zugeschrieben, von ihm stammt vermutlich auch die Planung zum Bau des Reitstalls (34).

55

Taxis

Besitzer	Fürsten von Thurn und Taxis
Pläne	Lageplan, Grundrisse, Schnitte und Ansichten als Bestandspläne verschiedener Gebäude der Fürstlichen Rentkammer Regensburg

Alte Ansichten
(Auswahl)

Ansicht von Westen, kolorierte Radierung von J. G. C. Hendschel, 1797, Heimatmuseum Ludwigsburg
Ansicht von Nordwesten mit Dischingen, Stich von 1770
Ansicht von Westen, um 1835
Älteste Darstellung auf dem Deckengemälde der Nothelferkapelle in Dischingen
Vue du chateau de Trugenhofen, um 1780
Nördliche Ansicht, Tempera, um 1800, Schloß Taxis
Lithographie, um 1830, Klosterbibliothek Neresheim
Innenhof, Stich, 1823, Klosterbibliothek Neresheim
Innenhof, Uhrbild, um 1840, Schloß Taxis
Ansicht von Osten, 1859, Schloß Taxis
Sechs Gesamt- und Detailzeichnungen, Jos. Resch, 1859, Regensburg, Zentralarchiv

Literaturhinweise

– Angelmaier, Ursula
  Die „untere Facade" von Schloß Taxis, in: „Jahrbuch 1989/90 des Heimat- und Altertumsvereins Heidenheim an der Brenz e. V."
– Bergmiller, Fr.
  Schloß Taxis und Umgebung, in: „Blätter des Schwäbischen Albvereins", 1903, Nr. 3
– Beschreibung des Oberamts Neresheim, 1872
– Das Land Baden-Württemberg
  Amtliche Beschreibung nach Kreisen und Gemeinden, Band IV, 1980
– Der Kreis Heidenheim
  Heimatbuch, 1979
– Kloos, Heidi-Barbara und Piendl, Max
  Dischingen in Vergangenheit und Gegenwart 1366–1966
– Lehmann, Erhard
  Lerne deine Heimat kennen, Band II, Kreis Heidenheim, 1982
– Moeferdt, Horst
  Das untere Härtsfeld – geschichtlicher Überblick, in: „Jahrbuch 1985/86 des Heimat- und Altertumsvereins Heidenheim an der Brenz e.V."
– Reichardt, Lutz
  Ortsnamenbuch des Kreises Heidenheim, 1987
– Wulz, Hans
  Baudenkmäler in Stadt und Kreis Heidenheim an der Brenz, 1977

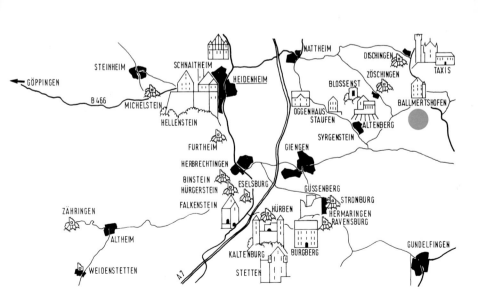

Lage

Östlich von Giengen an der Brenz erstreckt sich das Egautal mit dem Dischinger Ortsteil Ballmertshofen. Von Giengen führt ein Straße über Hohenmemmingen in Richtung Nördlingen direkt nach Ballmertshofen (14 km). Die Ortschaft ist auch von Dillingen das Egautal aufwärts über Wittislingen Richtung Dischingen erreichbar. Eine weitere Möglichkeit der Zufahrt besteht von der B 466, Heidenheim–Nördlingen, über Nattheim oder von Neresheim aus. Das Schloß Ballmertshofen steht am Ortsrand bei der Straßenkreuzung Giengen–Dischingen–Dattenhausen.

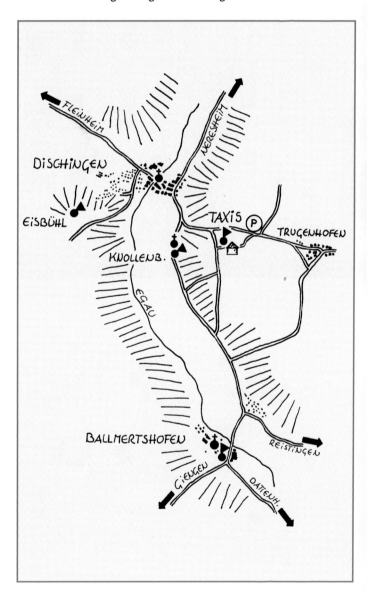

Gemeinde	Dischingen, Ortsteil Ballmertshofen, Landkreis Heidenheim
Meereshöhe	Schloß 470 m, Egautal 455 m
Besichtigung	Heimatkundliche Sammlungen im Schloß zu regelmäßigen Öffnungszeiten
Einkehrmöglichkeiten	Gasthäuser in Ballmertshofen

1 Haupteingang
2 Anbau
3 Eingangshalle
4 Treppenhaus
5 Turmzimmer
6 Ostturm
7 Erneuerte Nordwestwand
8 Abgebrochener Südturm
9 Treppe zum Keller
10 Ehemaliger Schulsaal, zuletzt Wohnung
11 Netzrippengewölbe
12 Tonnengewölbe

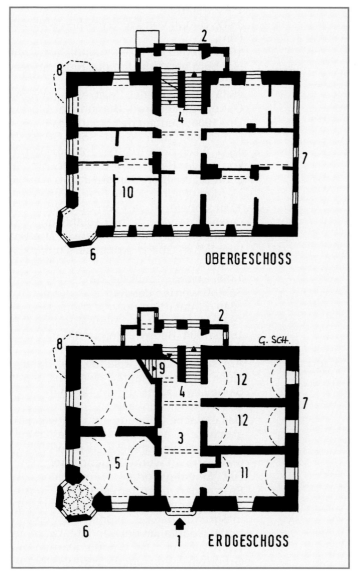

Geschichte

Im 12. Jahrhundert wird das Niederadelsgeschlecht der Herren von Ballmertshofen nachgewiesen. Sie sind vermutlich Dienstleute der Grafen von Dillingen.

Um 1140 Urkundliche Nennung eines Rehewin von Ballmertshofen.
1236 Nennung eines Konrad von Ballmertshofen; Graf Hartmann IV. von Dillingen schenkt seinem Hauskloster Neresheim den Besitz.
1256–1368 Eigentum der Herren von Hürnheim.
1368 Hermann von Hürnheim zu Katzenstein verkauft die Burg und den größten Teil des Dorfs an die Herren von Westerstetten.
1442 Rudolf von Westerstetten veräußert den Besitz an Ulm.
1512 Wegen obrigkeitsrechtlicher Streitigkeiten mit Pfalz-Neuburg verkauft Ulm das Rittergut an die Herren von Westernach zu Trugenhofen.
1535 Übergang des Besitzes durch Erbschaft an Wilhelm Georg von Leonrod, Gemahl der Marie von Westernach.
Um 1600 Neubau des Schlosses unter Philipp von Leonrod († 1593) oder dessen Sohn Georg Wilhelm († 1613).
1637 Nach dem Tod des Johann Georg von Leonrod kommt der Besitz über die Erbtochter Marie Barbara von Leonrod an ihren Gemahl Jakob von St. Vincent. Erben werden die drei Söhne Franz, Sebastian und Jakob Josef.
1749 Johann Rupert von St. Vincent zu Ballmertshofen verkauft den Besitz für 72 000 fl. an Fürst Alexander Ferdinand von Thurn und Taxis. Das Schloß wird Sitz des Fürstlichen Oberjägermeisters und danach Fürstliches Rentamt.
1865 Erwerb durch die Gemeinde Ballmertshofen. Im Schloß werden das Rathaus und die Schule eingerichtet.
1940 Einquartierung von Kriegsgefangenen.
1946 Unterkunft von Heimatvertriebenen.
1986–1994 Renovierung und Sanierung des Schlosses.

Anlage

Am südöstlichen Ortsende von Ballmertshofen steht auf einer flachen Hangterrasse das neu renovierte Schloß. Seine Lage ist mit der im 12. Jahrhundert genannten Burg des Ortsadel identisch.
Das einfache Gebäude auf rechteckigem Grundriß ist dreigeschossig, besitzt geschweifte Giebel und an der Nordostecke einen achteckigen Erkerturm (6). Der südöstliche Erkerturm (8) wurde abgebrochen.
Das Eingangsportal (1) mit gequadertem, elliptischem Sturzbogen, über dem sich zwei Rundfenster befinden, ist axial angeordnet. Die Außengestaltung der Fassade wurde in Sgraffitomalerei rekonstruiert, eine an Renaissancebauten in Oberitalien verwendete, besonders haltbare Art der Wandmalerei: Die Wände wurden zunächst mit einem Grundputz überzogen. Darüber folgte ein dünner Deck-

Erdgeschoßturmzimmer mit Blick in den Ostturm

putz, in den mit Kratzeisen in feuchtem Zustand die Zeichnung eingeritzt wurde (siehe Schloß Wiesensteig, Burgenführer Band 4).
Hinter dem Portal trennt eine mittig angelegte Eingangshalle (3) das Erdgeschoß in drei Zonen. Die Hallendecke ist stuckiert, die restlichen Räume besitzen Tonnengewölbe. Im ersten Raum der rechten Zone (11) ist die Tonnendecke mit farbigen Netzrippen überzogen.
Das 1. und 2. Obergeschoß entsprechen der Struktur des Erdgeschosses. Sie sind durch laufende Nutzungsänderungen stark verändert, lediglich im 2. Obergeschoß sind Vorheizräume, der Ziegelboden und die stuckierte Decke noch original.
Der zum Schloß zugehörige Hofraum mit Ummauerung wird 1872 wie folgt beschrieben:
„Am südöstlichen Ende des Orts steht das dem Fürsten von Thurn- und Taxis gehörige Schloß, mit einem Eck-

türmchen an der Nordostecke; es steht innerhalb eines ansehnlichen Hofraums, der teils von einer Mauer, teils von Oekonomiegebäuden, die zum Schloß gehören, umgeben wird. Im untern Stockwerk hat die Gemeinde ein Lokal für den Gemeinderat gemietet und das obere Stockwerk ist an einen Ortsbürger nebst dem ansehnlichen mit vielen Obstbäumen bepflanzten Schloßgarten verpachtet."

Dattenhausen

Südliche Nachbargemeinde von Ballmertshofen ist Dattenhausen. Kaiser Ludwig der Bayer verleiht 1331 Hermann von Hürnheim zu Katzenstein das Stadtrecht für Dattenhausen. Nach einer Beschreibung bestand die Stadtbefestigung aus einem Wall mit 10 m breitem Graben und annähernd trapezförmigem Grundriß. Die Wasserburg lag an der östlichen Stadtmauer hinter der Egau. Von dieser Viereckanlage sind in privatem Grundstück der südliche und östliche Wassergraben noch zu sehen, der nördliche und westliche sind verfüllt. Das Burggelände, etwa 25 x 30 m, ist verebnet und ragt noch 0,5 m über das angrenzende Wiesengelände.

Hageln

Die Burg der Herren von Hageln lag vermutlich westlich des Stockhofs nahe der Straße von Landshausen nach Burghagel. Seit 1145 werden die Edelfreien und Reichsministerialen genannt, ein Marquardus Hagelarius erscheint 1227 in einer Urkunde als Zeuge. 1447 oder 1462 wird die Burg zerstört und nicht wieder aufgebaut. Der Stockhof ist als Teil des Wirtschaftshofes der Burg anzusehen.

Besitzer	Gemeinde Dischingen
Pläne	Bestandspläne Helmut Röhm und Rolf Pfeiffer Grundrisse, Schnitte, Ansichten
Alte Ansicht	Ballmertshofen mit Schloß, 1740

Literaturhinweise
Ballmertshofen

– Beschreibung des Oberamts Neresheim, 1872
– Das Land Baden-Württemberg
   Amtliche Beschreibung nach Kreisen und Gemeinden, Band IV, 1980
– Der Kreis Heidenheim
   Heimatbuch, 1979
– Reichardt, Lutz
   Ortsnamenbuch des Kreises Heidenheim, 1987
– Wulz, Hans
   Baudenkmäler in Stadt und Kreis Heidenheim an der Brenz, 1977
– 850 Jahre Ballmertshofen, Festschrift anläßlich der 850-Jahr-Feier
   im Mai 1989

Dattenhausen
und Hageln

– Meyer, Werner
   Die Kunstdenkmäler von Schwaben, VII, Landkreis Dillingen an der Donau, 1972
– Seitz, Reinhard H.
   Historisches Ortsnamenbuch von Bayern, Land- und Stadtkreis Dillingen an der Donau, 1966

Demmingen (Alte Burg)

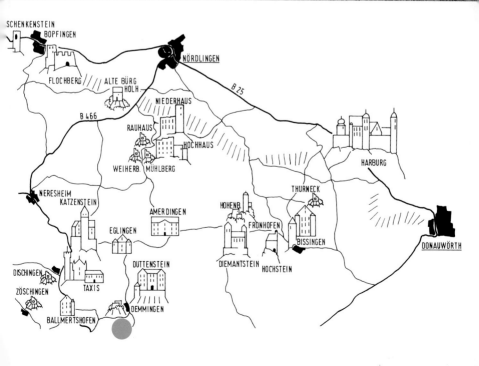

Lage

An der baden-württembergisch-bayrischen Grenze liegt der Dischinger Ortsteil Demmingen. Westlich der Ortschaft und südlich von Reistingen erhebt sich am Rande eines Seitentals zur Egau ein bewaldeter, freistehender Bergkegel mit den Resten einer Burg. Das etwas abseits der Hauptstraßen gelegene Demmingen kann von Dischingen über Ballmertshofen und Reistingen oder aus Richtung Dillingen über Wittislingen und Ziertheim erreicht werden. Im Kreuzungspunkt Demmingen–Ziertheim–Reistingen liegt der weithin sichtbare Burgberg. Demmingen ist auch über die Straße aus Richtung Eglingen erreichbar. Vom beschriebenen Kreuzungspunkt (Parkmöglichkeit) folgt man der Straße ca. 200 m in Richtung Reistingen. Danach geht es zum Waldrand des Burgbergs. Hinter dem im Wald befindlichen Wall führt ein Weg links um den Berg bis zum Gipfel. Kreuzung – 0,5 km Burgstelle.

Gemeinde

Dischingen, Ortsteil Demmingen, Landkreis Heidenheim

Meereshöhe

Burg 515 m, Tal 460 m

Besichtigung

Frei zugänglich

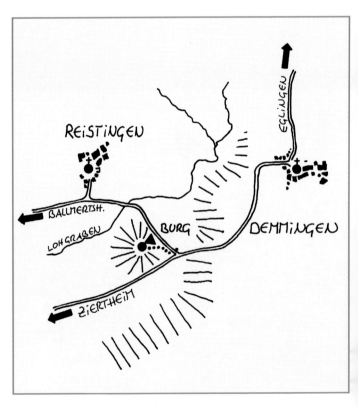

Demmingen (Alte Burg)

Geschichte

Über die Burg bei Demmingen ist urkundlich wenig bekannt. Nach einer Überlieferung ist sie die erste Burg Duttenstein, diese wird jedoch an ihrem heutigen Standort bereits um 1200 nachweisbar.

1 Kernburg
2 Vorburg
3 Wohnturm
4 Mulde, Lage eines Gebäudes – Palas
5 Reste Umfassungsmauer der Kernburg
6 Möglicher Zugang zur Kernburg
7 Lage eines Gebäudes
8 Rest Umfassungsmauer der Vorburg
9 Lage des Tores
10 Erweiterte Hangterrasse
11 Mögliche Schenkelmauer am Burgweg
12 Burgweg
13 Südwestlicher innerer Wall
14 Östlicher innerer Wall
15 Zweiter äußerer Wall
16 Äußerer Graben
17 Äußerer Hauptwall
18 Südöstlicher äußerer Wall
19 Steinbruch
20 Südwestlicher äußerer Wall

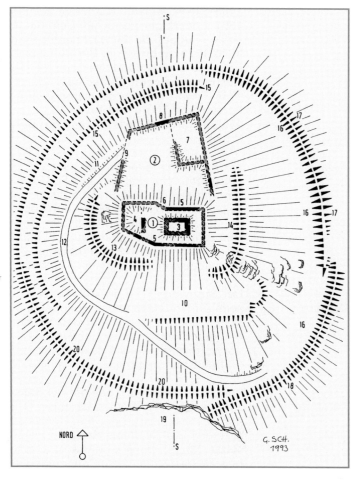

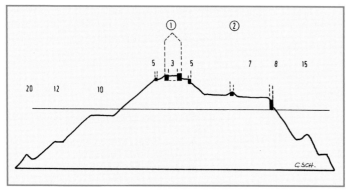

13. Jahrhundert Entstehung der Burg bei Demmingen vermutlich als Gründung der Grafen von Dillingen.
1250 Erster urkundlicher Nachweis von „Thuemingen".
1319 Die Ortsherrschaft Demmingen kommt als Lehen über die Herren von Eglingen an die von Knöringen.
1402 Die Herren von Hürnheim werden Ortsherren.
1551 Erwerb der Herrschaft Demmingen durch die Grafen Fugger. Die Burg ist bereits Ruine.
1570–1572 Abbruch der Burgruine und des Wirtschaftshofs und Verwendung des Baumaterials zum Um- und Ausbau von Schloß Duttenstein.
1735 Erwerb von Burgstall und Demmingen durch die Fürsten von Thurn und Taxis.
1992 Thurn und Taxis verkauft das Burggelände an Privat.

Anlage

Ein fast kreisrunder Bergkegel war Standort einer beachtenswerten Burganlage. Am Fuß des Bergs umzieht ein umfangreiches Graben-Wall-System den Berg. Zur Ostseite ist der Wall (17 + 18) bis 6 m hoch, versetzt dazu folgt ein bis zu 1,50 m hoher Wall (20) der Süd- und Westseite. Hier umzieht ein zweiter Wall (15) den Berghang. Ein weiteres Wallsystem (13 + 14) befindet sich auf der der Vorburg abgewandten Seite der Kernburg (2).

Vorburg

Der Burgweg (12) führt vom Graben (16) auf der Südostseite zur Nordseite in den Hof der ehemaligen Vorburg (2). Mauerschutt kennzeichnet den Verlauf der Außenmauer und den Standort eines Gebäudes in der Nordostecke. An der nördlichen Hangkante liegt ein Umfassungsmauerrest (8) frei (Bruchsteinmauer L = 4 m, H = 1,6 m).

Kernburg

Wohnturm

Vom Hof der Vorburg beginnt der heute weglose Aufstieg zur 8 m höher gelegenen Kernburg (1). Eine Umfassungsmauer (5) umzog in der Form eines abgeknickten Rechtecks das Gipfelplateau (Reste 20 bis 60 cm hoch, Mauerstärke 78 cm). Im Westteil weist eine tiefe Mulde auf den Keller eines Gebäudes (4) oder eine Zisterne. Nach Osten, dem höchsten Teil der Burg, umzieht die Umfassungsmauer den Grundriß eines 6,6 x 10,3 m großen, freistehenden Wohnturmes (3). Zu sehen sind noch Reste der 1,72 m starken Bruchsteinmauern an der Nord- und Ostseite.

Besitzer　　Privat

Literaturhinweise
– Beschreibung des Oberamts Neresheim, 1872
– Reichardt, Lutz
  Ortsnamenbuch des Kreises Heidenheim, 1987
– Das Land Baden-Württemberg
  Amtliche Beschreibung nach Kreisen und Gemeinden, Band IV, 1980

Duttenstein

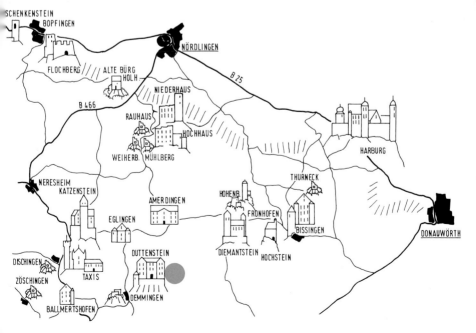

Lage   Zwischen Dischingen im Egautal und Bissingen im Kesseltal erstreckt sich der Liezheimer Forst als großes, zusammenhängendes Waldgebiet. Den westlichen Abschnitt bildet ein abgegrenzter Wildpark. Inmitten dieses Parks erhebt sich an einem Weiher das malerisch anmutende Schloß Duttenstein.
Von Neresheim an der B 466 führt eine Straße das Egautal abwärts in Richtung Dischingen. Am Härtsfeldsee folgt man beschildert über Katzenstein nach Eglingen, wo es nach rechts in Richtung Demmingen geht. Nach 2,7 km zweigt nach links eine beschilderte Straße „Schloß Duttenstein" ab. Vom Parkplatz vor dem abgegrenzten Wildpark erreicht man auf alleengesäumten Wegen das in völliger Abgeschiedenheit gelegene Schloß.
Parkplatz – 1,5 km Schloß Duttenstein.
Duttenstein ist auch von Giengen an der Brenz über Demmingen oder von Dillingen an der Donau über Demmingen erreichbar.

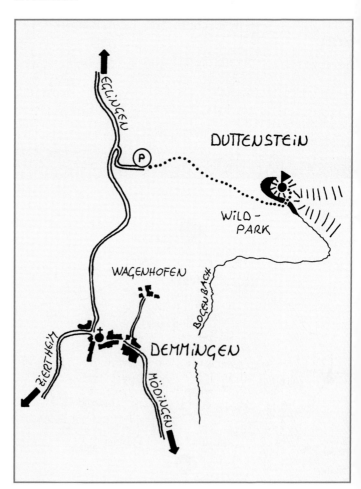

Gemeinde	Dischingen, Landkreis Heidenheim
Meereshöhe	Schloß ca. 525 m, See ca. 500 m
Besichtigung	Teilweise zugänglich
Einkehr- möglichkeit	Bewirtung durch Schloßbesitzer
Weitere Sehens- würdigkeit	Wildpark Schloß Duttenstein
Ernennung und Befestigung von Duttenstein aus dem Bericht einer Chronik	„Entweder erlitt es eine Verheerung, oder war es sonst schadhaft oder sollte es belagerungsmäßig zugerichtet worden sein, gleichviel, im Jahre 1570/72 wurde es aus den noch übrigen Werksteinen der schon zerfallenen Altenburg bei Demmingen neu und belagerungsfest aufgebaut. Aber im Wege blutiger Frohnen soll dies geschehen sein, sodaß in Demmingen in selbigem Jahre kein brauchbares Pferd mehr übrig war und die vielen Edelhirsche und Wildsauen großen Schaden taten."
Geschichte	Schloß Duttenstein ist entgegen vieler Annahmen keine Neugründung des 16. Jahrhunderts, sondern anstelle einer frühen Burg entstanden. Duttenstein kann als die „Burg des Tuoto" angesehen werden.

Um 1200 Mögliche Entstehung der Burg Duttenstein.
1324 Verkauf von Duttenstein und Wagenhofen durch die Herren von Eglingen an die Grafen Ludwig und Friedrich von Oettingen.
1337 Nennung eines Heinrich von Hoppingen „von dem Tutenstain" in einer Urkunde der Grafen von Oettingen.
1339 Gundolt der Hoppinger von Duttenstein.
1374 Erstmalige urkundliche Erwähnung der Burg „Tuttenstain".
1382–1385 Duttenstein gelangt teils durch Verkauf, teilweise durch Erbe über die Herren von Bopfingen und von Schwenningen an Konrad von Knöringen.
1388 Erneute Erwähnung der Burg unter Konrad (Chuntz) von Knöringen zu Duttenstein.
1402 Konrad verkauft das bayrische Lehen Duttenstein an Herdegen von Hürnheim.
1480 Konrad von Hürnheim ist Lehensherr von Duttenstein und Wagenhofen.
1537 Wolf Philipp von Hürnheim zu Duttenstein legt den Huldigungseid an Neuburg ab und begibt sich in den Schutz des Pfalzgrafen Otto Heinrich.
1551 Hans Walter von Hürnheim, Vater des Wolf Philipp, verkauft Duttenstein an die Fugger.
1564–1572 Völlige Erneuerung und Befestigung von Duttenstein durch Hans Fugger unter Verwendung

bestehender Bausubstanz und des Baumaterials der Burg bei Demmingen.
Um 1600 Christof Stadler, langjähriger Vogt auf Duttenstein, stirbt im Alter von 93 Jahren.
1631 Duttenstein „hat ein besonders hartes Standquartier zu tragen".
1729 Eustach Maria Fugger zu Duttenstein versucht den Besitz zu verkaufen, aber es findet sich kein geeigneter Käufer.
1735 Fürst Anselm Franz von Thurn und Taxis erwirbt den Besitz Duttenstein von Graf Eustach Maria Fugger.
1752 Neubau des äußeren Tores.
1792 Fürst Karl Anselm von Thurn und Taxis läßt das Schloß umgestalten und die Wandmalerei der Fürstenzimmer durchführen.
1817 Anlegung der Wildparkumzäunung zur Einschränkung der Wildschäden an umliegenden Feldern.
1848 Aufstand der Bauern gegen den Fürsten anläßlich ständiger Schädigungen außerhalb des Parks durch Hunderte von Rehen und Hirschen.
1872 Neubau des Parkjägerhauses.
1940–1944 Schloß Duttenstein dient als Gefangenenlager und später als Versehrtenschule der Waffen-SS.
1947–1975 Das Schloß wird dem Landkreis Heidenheim als Lungenheilanstalt zur Verfügung gestellt. Der Orden der Barmherzigen Brüder aus Schlesien betreut die Kranken.
1972 Anlegung des Schloßteiches.
1993 Verpachtung von Duttenstein an Privat. Renovierung und Instandsetzung durch die neuen Pächter. Das leerstehende Schloß wird wieder bewohnt und teilweise für Besucher geöffnet.

Anlage

Duttenstein gehört zu den seltenen, in abgeschiedener Landschaft gelegenen, romantisch anmutenden Renaissanceschlössern. Es liegt auf einem freistehenden Hügel. Seine Ostseite bildet einen flachen Sattel zu dem etwas höheren „Bruderberg". Die Schloßanlage entspricht vermutlich den Grundzügen der mittelalterlichen Burg. Sie gliedert sich in zwei Bereiche:

Vorschloß

Das Vorschloß mit einem ummauerten Schloßhof (31), Stallgebäude (20) und Gesindehaus (19).

Hochschloß

Das Hochschloß (1–4) mit einer mauerumfaßten Dreiflügelanlage als Hauptbau, dem Parkjägerhaus (18) und dem Uhrturm (29).

Gesindehaus

Man betritt den mauerumfaßten, weiten Schloßhof (31) durch das äußere Schloßtor (33). Gleich links am Tor steht das zweigeschossige, satteldachgedeckte, ehemalige Gesindehaus (19). Es bildet die Südostecke des Schloßhofs. Sein schlichtes Äußeres zieren hochgezogene Giebelscheiben mit Gesimsgliederungen und schmalen

Duttenstein

1 Südflügel
2 Westflügel
3 Ostflügel
4 Verbindungsbau
5 Innenhof
6 Anbau im Erdgeschoß
7 Haupteingang
8 Eingangshalle
9 Arkade Erdgeschoß
10 Gewölbekeller,
   spätere Kapelle
11 Schloßküche
12 Arkade im
   1. Obergeschoß
13 Luftraum Schloßküche
14 Arkade im
   2. Obergeschoß
15 Fürstenzimmer
16 Treppenraum
17 Erkerzimmer im
   Ostflügel
18 Ehemaliges
   Parkjägerhaus
19 Ehemaliges
   Gesindehaus
20 Ehemaliges
   Stallgebäude
21 Schloßvorhof
22 Oberer Schloßhof
23 Ringmauer
24 Buckelquadermauer
   der Burg
25 Drittes Schloßtor
26 Torzwinger
27 Südlicher Rundturm
28 Zweites Schloßtor
29 Uhrturm
30 Auffahrt
31 Unterer Schloßhof
32 Untere Schloßmauer
33 Äußeres Schloßtor
34 Obere Liegehalle
35 Untere Liegehalle
36 Schloßweiher
37 Von Eglingen und
   Demmingen
38 Leichenhaus
39 Westlicher Rundturm
40 Pforte

Grundrisse nach Plänen
der Fürstlichen
Rentkammer
Thurn und Taxis

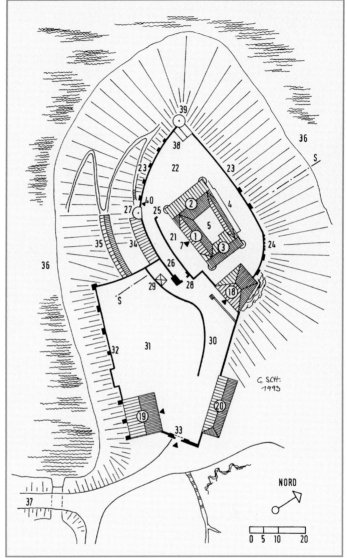

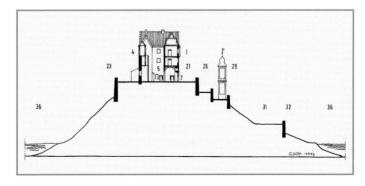

71

Ehemaliges Gesindehaus mit äußerem Schloßtor

Rundbogenfenstern. Dem Gebäude liegt ein asymmetrischer Aufriß mit unterschiedlich großen Räumen zugrunde.

Stallgebäude

Auf der Nordseite des unteren Schloßhofs liegt das aus der Mauerflucht vorspringende, eingeschossige, ehemalige Stallgebäude (20). Daran anschließend beginnt die breite Auffahrt (30) zum Hochschloß.

Parkjägerhaus

Auf halber Höhe steht rechts am Felsen aufgebaut das ehemalige Parkjägerhaus (18) von 1872. Es ist talseitig drei- und bergseitig eingeschossig. Ein flach geneigtes Walmdach sitzt auf einem unregelmäßig viereckigen Grundriß. Der südseitige Eingang führt in ein ost-west gerichtetes, axial angeordnetes Treppenhaus, welches im 2. Obergeschoß einen Ausgang zum oberen Schloßvorhof (21) besitzt.

Uhrturm

Oberer Schloßhof

Die Auffahrt führt zum ehemaligen zweiten Schloßtor (28) mit Resten der Torleibung. Links innerhalb einer Terrasse steht der mit Welscher Haube gedeckte, freistehende Uhrturm (29). Durch den schmalen Torzwinger (26) führt der Weg zum oberen Schloßhof (22).
Eine Ringmauer (23) mit zwei Rundtürmen umfaßt teils gerundet, teils polygonal das gesamte Hochschloß.

Buckelquader

In der Nordostecke der Ringmauer steht zwischen einer Bruchstelle und einem Strebepfeiler ein 5 m langer und 4,5 m hoher Mauerteil mit Buckelquadern. Er ist der einzige sichtbare Rest der Burg um 1200. Vermauert sind liegende bis quadratische Formate mit sorgfältig platten- und prallbuckelförmig bis rohbuckelähnlich bearbeiteten Oberflächen. Abmessungen z. B. (L x H) 57 x 36, 63 x 34, 48 x 33 cm, Buckel bis 14 cm vorstehend, Randschläge 2,5 bis 3 cm, meist sorgfältig bearbeitet.

Hochschloß

Inmitten der Ummauerung steht das viergeschossige Hochschloß mit dem Süd- (1), West- (2) und Ostflügel (3) sowie dem Zwischenbau (4). Außenabmessung: 26,46 x 16,55 m. Alle vier Bauteile umschließen einen rechteckigen Innenhof (5). Die Schmalseiten der West- und

Buckelquadermauer der Stauferzeitlichen Burganlage

Duttenstein

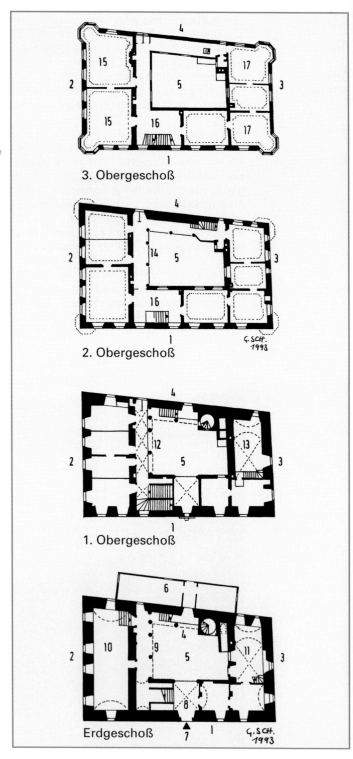

3. Obergeschoß

2. Obergeschoß

G. SCH.
1993

1. Obergeschoß

Erdgeschoß

G. SCH.
1993

Ostflügel besitzen Zinnengiebel. Aus den vier Gebäudeecken der 3. Obergeschosse ragen gesimsgezierte Achteckerker. Das gesamte äußere Erscheinungsbild besticht durch seine eindrucksvolle Renaissancearchitektur. Es dürfte sich im wesentlichen um den 1564 begonnenen Bau des Hans Fugger handeln. Durch das Rustika-Portal mit vergittertem Rundbogenoberlicht (7) im Südflügel betritt man die Eingangshalle (8) mit Kreuzgewölbe. In der rechten Wand ist eine Gedenktafel des Christof Stadler, Fuggerscher Vogt auf Duttenstein, eingelassen. Ursprünglich war die Eingangshalle zum Innenhof offen. Dieser ehemals prächtige, zentrale Bereich des Schlosses erinnert an die arkadengesäumten Innenhöfe europäischer Fürstenschlösser der Renaissance. Leider sind die Arkadenbogen in wesentlichen Teilen ummauert. Noch an zwei Seiten zeigen zweigeschossige Arkaden toskanische und dorische Gliederung. Im Erdgeschoß des Ostflügels befindet sich der über zwei Geschosse reichende, hohe Raum der ehemaligen Schloßküche (11 + 13). Der Westflügel besitzt im Untergeschoß ein durchgehendes Tonnengewölbe mit Resten von Stuckgraten. Hier war zeitweise die Kapelle des Schlosses eingerichtet. Die Räume der Obergeschosse mit Kassettendecken und Decken mit einfachen Stuckfriesen sind in ihrer ursprünglichen Substanz erhalten, lediglich die Raumzugänge sind teilweise verändert. Als späterer Ausbau entstanden die Zellen der Barmherzigen Brüder im Dachgeschoß.

Ausmalung der Fürstenzimmer

Entscheidend für das heutige Erscheinungsbild des Schlosses war die 1792 durchgeführte Umgestaltung. Fürst Karl Anselm von Thurn und Taxis beauftragte nach einer Überlieferung den Augsburger Maler und Akademiedirektor Johann Josef Anton Huber mit der Ausmalung von Räumen. Die Wände der Fürstenzimmer (15) im 3. Obergeschoß des Westflügels sind von der Sockelleiste bis zur Deckenkehle mit beachtenswerten Fresken bedeckt. Als Gliederung dienen pilasterartige Leistenpaare und Rahmen, die sich den räumlichen Gegebenheiten anpassen. Hauptaugenmerk sind die Landschaftsdarstellungen in jeweiligen Rahmen, die durchweg Flußlandschaften mit Burgen und Gebäuden zeigen. Im südlichen Raum, dem fürstlichen Tafelzimmer, zieren in Bändern gehaltene Blumen- und Früchtefestons die Felder zwischen den Leisten. Die Fresken des anschließenden Nordzimmers, des fürstlichen Wohn- und Schlafkabinetts, unterscheiden sich im wesentlichen durch die in runden oder ovalen Rahmungen gehaltenen Tierdarstellungen. Blattranken mit Putten schmücken die Felder zwischen den Leisten. Schmuckstück des Raums ist ein an der Ostwand aufgebauter, offener Kamin mit zweigeschossiger, pilastergezierter Stuckarchitektur.

75

Duttenstein

Besitzer	Fürsten von Thurn und Taxis
Pläne	Grundrisse, Schnitte und Ansichten von Schloß Duttenstein, Parkjägerhaus und Gesindehaus der Bauabteilung Fürstliche Rentkammer Thurn und Taxis
Alte Ansichten	Duttenstein, um 1835 Östliche Ansicht, Tempera, um 1800, Schloß Taxis Ansicht von M. Schulze, 1879, Schloß Taxis Schloßansicht auf dem Sammelbild von Taxis
Literaturhinweise	– Angelmeier, Ursula Die Fürstenzimmer in Schloß Duttenstein, in: „Jahrbuch 1991/92 des Heimat- und Altertumsvereins Heidenheim an der Brenz e. V." – Das Land Baden-Württemberg Amtliche Beschreibung nach Kreisen und Gemeinden, Band IV, 1980 – Merten, Klaus Schlösser in Baden-Württemberg, 1987 – Moeferdt, Horst Zur Geschichte der Thurn-und-Taxisschen Besitzungen auf dem Härtsfeld, in: „Jahrbuch des Historischen Vereins Dillingen", LXX, Jahrgang 1968 – Reichardt, Lutz Ortsnamenbuch des Kreises Heidenheim, 1987 – Wieder Leben in Schloß Duttenstein. HNP-Kreisnachrichten, Samstag, 31. Juli 1993 – Wulz, Hans Baudenkmäler in Stadt und Kreis Heidenheim an der Brenz, 1977

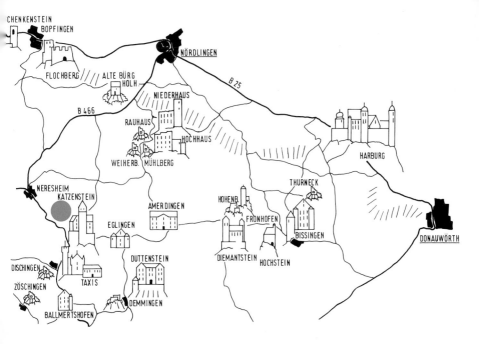

Katzenstein

Südlich von Neresheim mit seiner bekannten Klosteranlage erstreckt sich das Egautal. Beim Härtsfeldsee mündet von Nordosten der Katzensteiner Bach in die Egau. Auf einem Felsen am Rande dieses Seitentals erhebt sich die historisch bedeutsame Burg Katzenstein. Von der B 466 Heidenheim–Nördlingen führt in Neresheim eine Straße das Egautal abwärts in Richtung Dischingen. Am Härtsfeldsee geht es links direkt zum Dischinger Ortsteil Katzenstein. Unmittelbar am Burgfelsen in Ortsmitte zweigt nach rechts die Straße „Oberer Weiler" zur Anhöhe hinter der Burg ab (geringe Parkmöglichkeit). Katzenstein ist auch von Dischingen das Egautal aufwärts und von Eglingen über Dunstelkingen aus erreichbar.

Wandervorschlag:
Ausgangspunkt ist der Parkplatz beim Kiosk am Härtsfeldsee. Man folgt ein kurzes Stück der Straße in Richtung Katzenstein, bei der Kreuzung Katzenstein–Neresheim geht es rechts am Hang hoch durch den Wald bis zum beschilderten Weg (AV Dreiblock) nach Katzenstein. Von der Burg nimmt man den bezeichneten Weg in Richtung Neresheim, verläßt diesen bei Iggenhausen, um auf der westlichen Egautalseite wieder den Härtsfeldsee zu erreichen. Parkplatz – 2,8 km Katzenstein – 3,0 km Parkplatz.

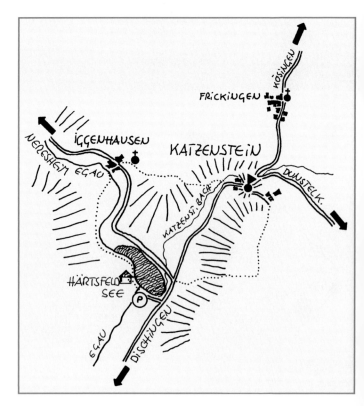

Katzenstein

Gemeinde	Dischingen, Ortsteil Katzenstein, Landkreis Heidenheim
Meereshöhe	Burg 540 m, Katzensteiner Tal 510 m
Besichtigung	Privatbesitz, zur Zeit nicht zugänglich Außenbesichtigung Süd- und Westseite möglich
Einkehrmöglichkeit	Kiosk am Härtsfeldsee
Weitere Sehenswürdigkeit	Kloster Neresheim
Die Sage vom „Katzensteiner Schatz"	Im Mai des Jahres 1737 zieht ein Kapuzinermönch mit zwei Notaren auf Katzenstein, um einen vermuteten Burgschatz zu heben. Ängstlich bleiben die Notare im Burghof zurück und überlassen dem Mönch das alleinige Durchstöbern der Gewölbe. Da fühlt sich der böse Burggeist als Bewacher aufgescheucht und fällt über den Schatzsucher her. Nur durch den ebenfalls anwesenden guten Burggeist der Westerstetter wird der Mönch vor Schlimmerem bewahrt. Entsetzt über das Erlebte und völlig verstört soll der Mönch daraufhin wild gestikulierend die Burg verlassen haben.
Geschichte	Katzenstein, „die Burg auf dem Katzenfelsen", ist eine der ältesten erhaltenen romanischen Burganlagen Süddeutschlands.

11. Jahrhundert Entstehung der ersten Burg Katzenstein.
1099 Erste urkundliche Erwähnung des Odelrich de Cazzenstein.
1153 Rodegerus von Katzenstein.
Um 1200 Entstehung der zweiten Burg in Buckelquaderbauweise.
1236 Friedrich von Katzenstein ist Lehensmann der Dillinger Pfalzgrafen.
Nach 1250 Ausmalung der Burgkapelle.
1257/58 Letztmalige Erwähnung der Burgherren mit Friedrich und Konrad von Katzenstein. Konrad wird 1288 als in Dillingen ansässig erwähnt.
Vor 1262 Übergang des Besitzes an die Herren von Hürnheim-Rauhaus (siehe Burg Rauhaus). Rudolf II. bewohnt Katzenstein und gründet die Linie Hürnheim-Rauhaus zu Katzenstein (1261–1424).
1266 Rudolf von Hürnheim-Katzenstein ist im Gefolge Herzog Konradins von Schwaben in Donauwörth.
1280 „dominus Rudolfus miles de Kazenstain".
1282 Die Herren von Hürnheim-Katzenstein verkaufen ihr Reichslehen Ickelheim bei Windsheim an den Burggrafen Konrad von Nürnberg.

Katzenstein

Gesamtübersicht aus östlicher Richtung

1333 Herdegen II. und Hermann von Hürnheim zu Katzenstein zeugen in einer Urkunde.
1354 Herdegen II. verkauft mit Zustimmung seiner Frau Burg und Herrschaft Katzenstein, die Vogtei über Frickingen und den Weihnachtshof sowie Güter in Dischingen und anderen Orten an die Grafen Ludwig und Friedrich von Oettingen. Neuer Stammsitz der Hürnheim-Katzenstein wird die Burg Trugenhofen (Taxis), der Name „von Katzenstein" wird bis 1424 beibehalten. Die Grafen von Oettingen verpfänden den Besitz nach dem Erwerb an die Grafen von Helfenstein.
1380 Übergang des Besitzes als Lehen an die Herren von Westerstetten. Bertold I. gründet die Linie von Westerstetten zu Katzenstein. Erben werden seine Söhne Bertold II. und Dölger.

1453 Hans von Westerstetten zu Katzenstein, Sohn des Bertold II., wird als Besitzer von Dunstelkingen erwähnt. Ihm folgen Hans II., die Brüder Lorenz, Bertold und Hans Kaspar.

1520 Teilung des Besitzes: Lorenz wird Eigentümer von Katzenstein, Bertold erhält Dunstelkingen.

1535 Diepold von Westerstetten zu Katzenstein.

1572 Wolf Dietrich, letzter männlicher Nachkomme der Westerstetten zu Katzenstein, hinterläßt vier Töchter. Übergang des Besitzes an Wolf Dietrich von Westerstetten zu Staufen und Altenberg (siehe Altenberg).

1574 Wilhelm Schenk von Stauffenberg, Gemahl der Dorothea von Westerstetten, erhält durch Teilung des Westerstettener Erbes den Besitz Katzenstein mit Iggenhausen und Schrezheim.

1587 Wilhelm Schenk hinterläßt bei seinem Tod sechs unmündige Kinder.

1589 Die Grafen von Oettingen erwerben Burg Katzenstein für 43 000 Taler von den Vormunden Sebastian Schenk von Stauffenberg, Ludwig von Bernhausen, Kaspar Bernhard von Rechberg und Georg von Kaltental.

1596 Die Burg ist noch in Besitz der Schenken von Stauffenberg, da 20 000 Gulden Restzahlung des Kaufpreises ausstehen. Die Katzensteiner Linie der Stauffenberger endet 1692 mit Georg Schenk von Stauffenberg.

1648 Zwei Tage Belagerung mit Beschuß der Burg und Einnahme durch schwedische und französische Truppen unter Feldmarschall Graf Horn.

1649 Graf Friedrich Wilhelm von Oettingen-Baldern läßt die stark beschädigte Burg instandsetzen und als Sommerresidenz ausstatten. Zeitweise wird Katzenstein Sitz einer eigenen Linie. Ein oettingisches Pflegeamt wird eingerichtet.

1798 Übergang des Besitzes nach Erlöschen der Linie Oettingen-Baldern an die Linie Oettingen-Wallerstein.

1810 Auflösung des oettingischen Pflegeamts in Katzenstein.

1939 Erwerb durch Privat.

1967 Verkauf an die Familie Holl.

1968–1970 Umfangreiche Restaurierung der Burg, Erneuerung von Dächern, Außenputz und Modernisierung.

1973 Freilegung der Fresken in der Burgkapelle von Katzenstein durch Restaurator Wolf aus Dunstelkingen.

1977 Rekonstruktion von Ober- und Dachgeschoß des staufischen Palas.

1988 Verkauf der Burg, Einbau von Kleinwohnungen in das Wehrganggebäude.

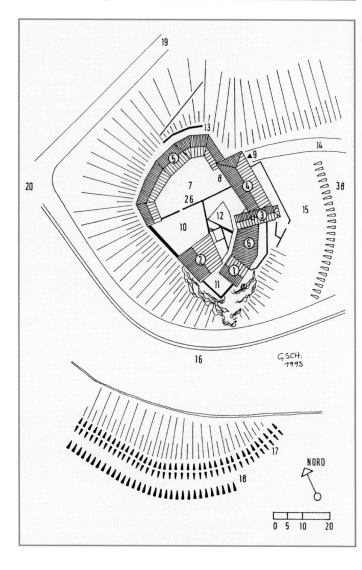

NORD

0 5 10 20

Anlage

Burg Katzenstein hat trotz Veränderungen Charakter und Erscheinungsbild einer staufischen Ritterburg bewahren können. Die Weite der eher kargen, weniger besiedelten Härtsfeldhochfläche unterstreicht den Eindruck einer Burg in freier Landschaft mit der am Fuße gelegenen Burgsiedlung.

Den Burgplatz bildet eine nach zwei Seiten freistehende Felskuppe. Eine natürliche Senke ist als Hauptgraben (16) Schutz gegen die Südwestseite. Am Rand der angrenzenden Hochfläche ist noch ein 10 m breiter Graben (18) mit Wall (17) vorgelagert.

Auf einer verebneten Fläche östlich vor der Burg lag die Vorburg (38), der Abschnittsgraben (15) ist verfüllt.

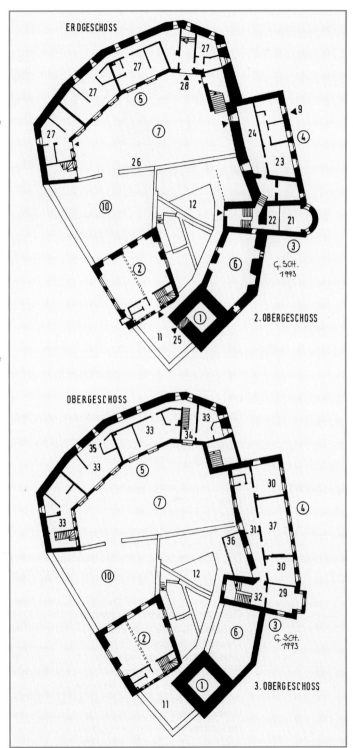

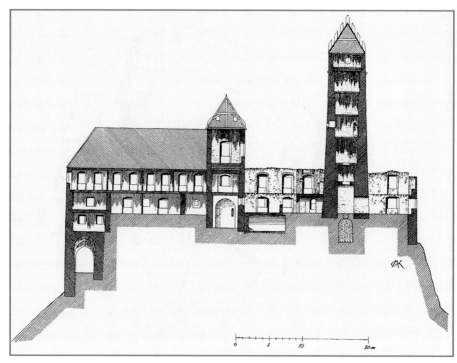

Schnitt nach einer Bestandsaufnahme von K. A. Koch

Die Kernburg auf polygonalem, einem Oval angeglichenen Grundriß überdeckt eine Fläche von etwa 50 x 40 m. Eine Abschnittsmauer (26) trennt die Anlage in einen unteren und einen oberen Bereich.
Drei Hauptbauphasen können unterschieden werden:

1. Bauphase Die romanische Bauphase des 11. Jahrhunderts – Sockelgeschoß des Bergfrieds (1) und Mauerreste im oberen Burghof (12).

2. Bauphase Die staufische Bauphase um 1200 – Bergfried (1), Palas (2), Burgkapelle (3) und Ringmauer.

3. Bauphase Die Renaissance- und Barockbauphase – Neues Schloß (4), Wehrganggebäude (5) und Dachaufsatz mit Giebeln am Bergfried.

Torbau Geschlossen wird die Kernburg von Osten über das Torgebäude (8), das seit dem 17. Jahrhundert in den Bau des Neuen Schlosses (4) integriert ist. Unter einem spitzbogigen Tonnengewölbe gelangt man durch ein Rundbogentor in den unteren Burghof (7). Die staufische Ringmauer auf der Nordseite besaß ursprünglich einen Wehrgang, später wurde sie hofseitig mit Nebengebäuden für Handwerk und Gesinde verbaut. Heute ist das satteldachgedeckte, zweigeschossige Wehrganggebäude (5) bis unter das Dach mit

Wehrganggebäude Kleinwohnungen ausgebaut.

Neues Schloß, Bergfried und Palas von Norden

Südseitig trennt eine hohe Abschnittsmauer (26) den unteren Teil der Burg von dem oberen. Die Bebauung der oberen Burganlage staffelt sich am Felsen aufgebaut bis zum höchsten Punkt mit dem am schwierigsten einzunehmenden Bergfried (1).

Palas

Hinter der Abschnittsmauer liegt ein Zwischenhof (10), der vom spätromanischen, staufischen Palas (2) überragt wird. 1977 erfolgte die Rekonstruktion des oberen Geschosses mit Giebeln und steilem Satteldach. An den bergseitigen Felsen angelehnt ist das Erdgeschoß mit einer beachtenswerten, zweigeschossigen Gewölbehalle, deren Scheidwand aus Arkadenbogen auf Pfeilern mit Kapitellen besteht. Gewölbe und Wände aus sichtbarem Quadermauerwerk sind auf den Mauern früherer Bauteile aufgebaut. Unter dem hinteren Scheidbogen beginnt ein etwa 40 m tiefer, aus dem Fels gespitzter Brunnenschacht mit runder Einfassung. Zur Beheizung des Raumes diente ein mächtiger offener Kamin, was auf die Nutzung als Türnitz hinweisen könnte.

Neues Schloß

Den östlichen Abschluß der Anlage bildet das walmdachgedeckte Gebäude des Neuen Schlosses (4). Es entstammt dem 17. Jahrhundert und beinhaltet mehrfach umgebaute und modernisierte Räume. Bauherr war Graf Friedrich Wilhelm von Oettingen-Baldern.

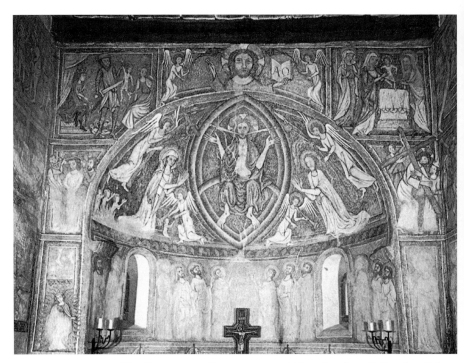

Fresken aus spätromanisch-frühgotischer Zeit schmücken die Apsis der Burgkapelle

Burgkapelle

Zur Südseite wird das Neue Schloß vom quergestellten Kapellenbau (3) überragt. Es war ein Glücksfall, als unter dem einstigen Besitzer Holl während der zahlreichen Baumaßnahmen auch die dem hl. Laurentius geweihte Burgkapelle näher untersucht wurde. Unter mehreren Tüncheschichten und unter zwei qualitätvollen Ausmalungen des Barock und der Gotik kamen Fresken aus spätromanischfrühgotischer Zeit um 1250 bis 1280 zum Vorschein. Die freigelegten Fresken sind „zu den ganz bedeutenden Kostbarkeiten in unserem Lande zu rechnen" (Oberkonservator Dr. phil. Bodo Cichy).
Zentrale Mitte ist der im Gewölbefeld der Kapellenapsis thronende Christus in der spitzovalen Mandorla. Seitlich knien Maria und Johannes, Engel bringen die Leidenswerkzeuge, und kleine Engel mit Posaunen verkünden das nahe Gericht. Durch ein Zackenband getrennt blicken die in der Apsiswand dargestellten Apostel zu Christus. Szenische Bildfelder schmücken die restlichen Wandflächen der Kapelle. Die zierliche Darstellung der Figuren und der weichfallenden Gewänder entspricht bereits dem gotischen Darstellungswillen.

Fenster am Palas

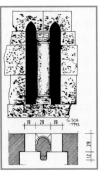

Katzenstein

Bergfried

An höchster Stelle zwischen Palas (2) und der Ruine des Küchenbaues (6) steht der alles überragende, viereckige sogenannte „Katzenturm", der Bergfried (1). Drei Bauphasen lassen sich an ihm ablesen. Der Sockelbereich aus 13 Schichten Quadern entstammt der ersten Bauphase des 11. Jahrhunderts. Baumaterial: helle Kalksteinquader mit glatt bearbeiteter Oberfläche. Beim Bau der zweiten Burg um 1200 wurde der Turmstumpf der ersten Burg mitverwendet. Das Burgverlies und die romanische Innentreppe müßten nachträglich aus dem Bestand herausgearbeitet worden sein. Staufisch ist der gesamte Turmaufbau in Buckelquaderbauweise und erhöhtem Rundbogeneingang auf der Westseite. In die zweit- und drittoberste Quaderschicht sind Konsolsteine eingelassen, die entweder auf einen hölzernen Aufbau oder auf eine gemauerte Brustwehr mit Maschiculis hinweisen.

Buckelquader

Baumaterial: dunkler Kalkstein, vereinzelt Quader mit glatter Oberfläche, Buckelquader mit überwiegend flachen, 2 bis 5 cm vorstehenden Buckeln, vereinzelt weit vorstehend, Oberfläche roh. Randschläge sorgfältig 2 bis 3 cm breit. Auch die Ringmauer weist vereinzelt Buckelquader auf.

Offener Kamin im Bergfried, Zeichnung von K. A. Koch

Katzenstein

Als Seltenheit für Bergfriede dieser Art gilt ein übereck stehender, offener Kamin. Ein kuppelförmiger Schoß ruht auf Gesimsvorlagen mit zwei Rundsäulen. Die Würfelkapitelle zeigen Ritzornamente und die Kehle des Gesimses eine Katze. Aus der dritten Bauphase der Burg stammt der in Ziegeln aufgemauerte und verputzte Zinnengiebel mit Satteldach.

Besitzer Privat

Pläne Bestandsaufnahmen von Burgteilen, 1978, Architekt Rieger, Ellwangen
Baugesuchspläne zum Wehrganggebäude, 1988, Architekt Rößler, Nattheim
Schnitt und Detailaufnahmen von K. A. Koch

Alte Ansichten Ansicht Südosten, Zeichnung von M. Hamm, 1876
Ansicht Nordosten, Zeichnung von F. W. Doppelmayer, 1799
Ansicht Südwesten, Zeichnung von Bauer, 19. Jahrhundert
Katzenstein in der topographischen Karte des Härtsfeldes, 17. Jahrhundert, Neresheim, Abtei-Archiv

Literaturhinweise – Adam, Ernst
Baukunst der Stauferzeit in Baden-Württemberg und im Elsaß, 1977
– Beschreibung des Oberamts Neresheim, 1872
– Cichy, Dr. phil. Bodo
Der Katzenstein, in: „Denkmalpflege in Baden-Württemberg", Nachrichtenblatt des Landesdenkmalamtes
– Das Land Baden-Württemberg
Amtliche Beschreibung nach Kreisen und Gemeinden, Band IV, 1980
– Der Kreis Heidenheim
Heimatbuch, 1979
– Dörr, Gerd
Schwäbische Alb, Burgen, Schlösser, Ruinen, HB Bildatlas, 1988
– Feil, Anton
Kurze Geschichte der Edelfreien von Hürnheim, in: „Rieser Kulturtage", Band VII/2, 1988
– Gradmann, Wilhelm
Burgen und Schlösser der Schwäbischen Alb, 1980
– Reichardt, Lutz
Ortsnamenbuch des Kreises Heidenheim, 1987
– Uhl, Stefan
Buckelquader an Burgen der Schwäbischen Alb, in: „Zeitschrift für hohenzollerische Geschichte", Band 26, 1990
– Wulz, Hans
Baudenkmäler in Stadt und Kreis Heidenheim an der Brenz, 1977
– Wunder, Gerd
Die Schenken von Stauffenberg, eine Familiengeschichte, 1972
– Zirkel, Heinrich
Die Geschichte der Herren von Hürnheim im Überblick, in: „Der Daniel", 2/1968

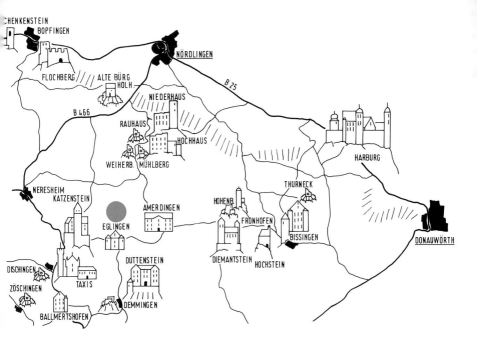

Lage

Südöstlich von Neresheim mit seiner über die Landesgrenzen hinaus bekannten Klosteranlage erstreckt sich die weite Hochfläche des Härtsfeldes. Am Beginn eines flach eingeschnittenen Tals liegt die Ortschaft Eglingen mit den am südwestlichen Ortsrand gelegenen Gebäuden einer ehemaligen Schloßanlage.
Von der B 466 Heidenheim–Nördlingen führt von Neresheim eine Straße das Egautal abwärts in Richtung Dischingen. An der Kreuzung am Härtsfeldsee zweigt nach links eine beschilderte Straße ab, die über Katzenstein direkt nach Dunstelkingen und Eglingen führt. Die Ortschaft ist auch aus Richtung Nördlingen über Aufhausen, von Bissingen über Amerdingen und von Demmingen aus erreichbar.
Die verbliebenen Gebäude der ehemaligen Schloßanlage liegen direkt an der „Freibergstraße", der Ortsstraße aus Richtung Dunstelkingen. Ausreichend Parkmöglichkeit besteht beim südlich an das Schloßgelände angrenzenden Sportplatz (zu erreichen vom Ortsausgang in Richtung Dunstelkingen).

Gemeinde

Dischingen, Ortsteil Eglingen, Landkreis Heidenheim

Meereshöhe

Schloß 544 m

Besichtigung

Privatbesitz, nicht zugänglich
Außenbesichtigung möglich

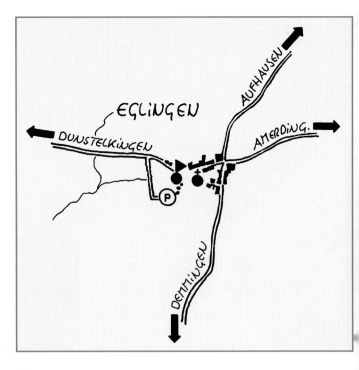

Eglingen und Dunstelkingen

Geschichte

Die seit dem 13. Jahrhundert nachweisbaren Herren von Eglingen sind Lehensherren der Grafen von Oettingen. Sie sind auch Eigentümer der Herrschaft Duttenstein. Das später erbaute Schloßanwesen steht vermutlich anstelle der früheren Ortsburg.

1283 Heinrich von Eglingen ist Zeuge in einer Urkunde.
Bis 1350 Mehrfache Erwähnung des Ortsadels mit Degenhard, Rudolf, Heinrich, Ulrich und Seitz von Eglingen.
1453 Schenk Wilhelm von Schenkenstein verkauft Burg und Dorf Eglingen um 3 200 fl. an Lutz von Zipplingen.
1530 Übergang des Besitzes an Freiherr Ludwig von Grafeneck, der Grafenecker Besitz teilt sich in die Eglinger und die Burgberger Linie.
1596 Freiherr Ludwig III. von Grafeneck läßt das neue Schloß erbauen.
1664 Ludwig von Grafeneck wird in den Grafenstand erhoben.
1723 Graf Gottfried Anton Dominik von Grafeneck und seine Erben verkaufen die Herrschaft Eglingen um 191 500 fl. an Fürst Anselm Franz von Thurn und Taxis. Schloß Eglingen wird Verwaltungssitz der Thurn-und-Taxisschen Besitzungen.
1768 Verlegung der Besitzverwaltung nach Schloß Trugenhofen.
1810 Abbruch des Schloßhauptgebäudes.

1 Kanzleigebäude
2 Erkertürme
3 Großer Rundturm
4 Brauhaus
5 Ehemalige Ökonomie
6 Nördliche
   Tordurchfahrt
7 Südliche Tordurchfahrt
8 Kindergarten
9 Garage
10 Ehemaliges
   Stallgebäude
11 Niederer Rundturm
12 Zwischenbau
13 Hof
14 Vom Sportplatz
15 Freibergstraße
16 Von Dunstelkingen
17 Lage des ehemaligen
   Lustgartens

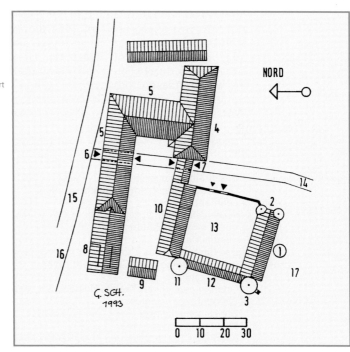

Anlage

Die Schloßanlage galt 1596 als gut befestigt mit zwei Ringmauern, einem gefutterten Graben, drei festen Toren und zwei Zugbrücken versehen. Dazu gehörten ein großer Lustgarten und eine Domäne mit 250 Morgen Land. Der 1810 abgebrochene Schloßhauptbau stand beim Schloßbrunnen, der Lustgarten lag im Bereich des heutigen Sportplatzes. Von den Schloßnebengebäuden stehen noch die ehemalige Ökonomie (5), ein Stallgebäude (10), ein Torhaus (7), ein niederer Rundturm (11) und das ehemalige Brauhaus (4). Das bemerkenswerte Gebäude von Joseph Dossenburger besitzt kirchenähnliche, hohe Rundbogenfenster und im Inneren kreuzgratgewölbeüberdeckte, große Räume.

Ehemaliges Kanzleigebäude

Ein heute als Schloß bezeichnetes Gebäude (1) ist das ehemalige Kanzleigebäude. Der stattliche, etwa 28 m lange Renaissancebau ist zweigeschossig und satteldachgedeckt. An der Mitte des Westgiebels steht ein großer Rundturm (3) mit Helmdach und Ziermaschiculis. Den Ostgiebel (2) flankieren zwei Rundtürme. Pilaster schmücken die dazwischenliegende Giebelfläche und das Giebeldreieck mit dem grafeneckschen Wappen von 1708. Ein nördlich angrenzender Hof (13) wird ostseitig von einer hohen Mauer, nordseitig von dem ehemaligen Stallgebäude (10) und westseitig von einem Zwischenbau (12) umschlossen.

Dunstelkingen

Von 1235 bis 1319 wird das Ministerialengeschlecht der Herren von Dunstelkingen nachgewiesen. Ihre Ortsburg am Ostrand des Dorfs und den Besitz übernehmen die Herren von Gromberg und um 1451 die Herren von Westerstetten zu Katzenstein. Sie erbauen vermutlich 1581 bis 1587 das neue Schloß. Nach der Übernahme der Herrschaft 1785 durch Thurn und Taxis wird das Schloß dem Zerfall überlassen, 1804 wird es völlig abgebrochen. Sehenswert sind die Grabdenkmäler der Herren von Westerstetten in der Dunstelkinger Pfarrkirche.

Alte Ansicht

Schloß Eglingen von Süden, um 1720, in: „Zeitschrift Aquilea", 1961, S. 278

Literaturhinweise

– Beschreibung des Oberamts Neresheim, 1872
– Der Kreis Heidenheim, Heimatbuch, 1979
– Lehmann, Erhard
  Lerne deine Heimat kennen, Band II, Kreis Heidenheim, 1982, mit Schloßansicht um 1720
– Piendl, Max
  Das fürstliche Haus Thurn und Taxis in Schwaben, in: „Dischingen in Vergangenheit und Gegenwart", 1966
– Reichardt, Lutz
  Ortsnamenbuch des Kreises Heidenheim, 1987
– Weißenberger, Paulus
  Dunstelkingen, 1982
– Wulz, Hans
  Baudenkmäler in Stadt und Kreis Heidenheim an der Brenz, 1977

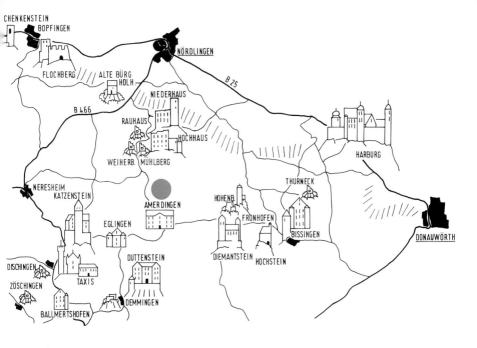

Lage	Westlich von Donauwörth erstreckt sich das Kesseltal. An seinem Ursprung liegt die Ortschaft Amerdingen mit dem Schloß der Grafen von Stauffenberg. Von der Straße Nördlingen–Höchstädt/Dillingen zweigt in Diemantstein im Kesseltal eine Straße nach Amerdingen ab. Die Ortschaft kann auch von Bissingen aus das Kesseltal aufwärts und von Neresheim an der B 466 über Katzenstein und Eglingen erreicht werden. In Amerdingen führt die Straße Eglingen–Aufhausen nahe am Schloß vorbei, das sich am westlichen Ortsrand direkt neben der Kirche befindet. Parkmöglichkeit bei der Kirche.
Gemeinde	Amerdingen, Kreis Donau-Ries
Meereshöhe	Schloß 510 m, Kesseltal 490 m
Besichtigung	Privatbesitz, nicht zugänglich Außenbesichtigung am Schloßhof von der Westseite möglich, Schloßpark beim Rundtempel
Gästehaus	Jägerhof Graf Stauffenberg (Hotel Garni im ehemaligen Rentamt von 1635)

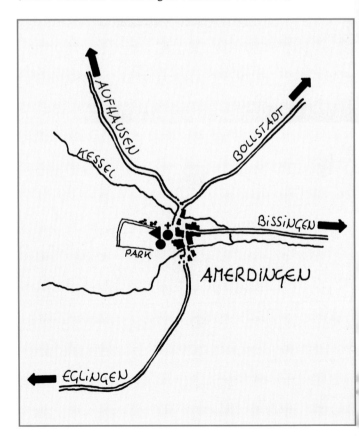

Geschichte

Amerdingen ist durch die nahe Grenzziehung am südlichen Ortsrand über Jahrhunderte hinweg Zankapfel zwischen dem Fürstentum Pfalz-Neuburg und der Grafschaft Oettingen. Vermutlich steht der bereits im 13. Jahrhundert nachgewiesene Ortsadel in Abhängigkeit zweier Lehensherren.

1270 Erste urkundliche Erwähnung des Ritterguts Amerdingen.
1333 Erwerb von Amerdingen durch die Familie von Scheppach.
1525 Zerstörung des Schlosses.
1566 Nach dem Tod des Veit von Scheppach, letzter der Familie, heiratet seine Witwe Barbara von Westernach den Schenken Hans von Stauffenberg. Er begründet die Stauffenberger Linie zu Amerdingen.
1579 Amerdinger Bauern verweigern dem Schenken den Gehorsam und begeben sich in Oettinger Schutz.
1634 Zerstörung des Dorfes während der Schlacht bei Nördlingen. Danach Wiederaufbau durch Wilhelm Konrad.
1665 Hans Sigismund tritt in fürstbischöfliche Dienste und wohnt in Eichstätt, sein Sohn in Würzburg und dessen Nachkommen in Bamberg. Aufgabe des Schlosses als ständiger Wohnsitz.
1784–1788 Johann Franz Schenk von Stauffenberg läßt nach Plänen des Bamberger Baumeisters Lorenz Finck das neue Schloß erbauen.
1795 Neubau des Rundtempelchens am Ende des Schloßparks.
1874 König Ludwig II. von Bayern erhebt Franz Ludwig Schenk von Stauffenberg, „den Oettinger", in den erblichen Grafenstand.
1956 Alfred Bertold Graf von Stauffenberg modernisiert das Familiengut Amerdingen und bezieht das Schloß als ständigen Wohnsitz.

Die Schenken von Stauffenberg zu Amerdingen

Hans
† 1582

Schenk von Stauffenberg, Sohn des Sebastian (Wilflingen), Herr zu Amerdingen seit 1566
Gemahlin: Barbara von Westernach
Kinder: Bernhard, Margarete Anna

Bernhard
† 1609

Schenk von Stauffenberg, Sohn des Hans, oettingischer Pfleger auf Hohenbaldern
Gemahlin: Anna Regine von Leonrod
Kinder: Marie Eva, Hans Sebastian, Anna Dorothee, Johann Philipp, Marie Elisabeth, Margarete Anna, Wilhelm Konrad, Anna Katharina, Hans Sigismund

Schloßpark beim Säulenrundtempel von Westen

Wilhelm Konrad
† 1670

Schenk von Stauffenberg, Sohn des Bernhard, Herr zu Amerdingen bis 1664
Gemahlinnen:
1. Marie Dorothee von Riedheim
2. Katharine Humpiß von Waltrams
Kinder: Anna Regina, Marie Barbara

Hans Sigismund
* 1607, † 1679

Schenk von Stauffenberg, Sohn des Bernhard und Bruder von Wilhelm Konrad, seit 1664 Herr zu Amerdingen, Fürstlicher Rat und Hofmarschall
Gemahlin: Margarete Ursula Schenk von Geyern
Kinder: Johanna Regina, Katharine Sofie, Markward Sebastian, Maximilian Gottfried, Anna Johanna, Marie Rosine, Katharine Margarete, Johann Philipp Ignaz, Marie

Johann Philipp Ignaz
* 1656, † 1698

Schenk von Stauffenberg, Sohn des Hans Sigismund, Chorherr in Komburg, Bamberger Rat
Gemahlin: Marie Magdalene von Riedheim
Kinder: Adam, Marie Katharine, Sebastian Karl Christof

Sebastian Karl Christof
* 1692, † 1762

Schenk Freiherr von Stauffenberg, Sohn des Johann Philipp Ignaz, Kurfürstlicher Kämmerer, Oberamtmann, Mainzer und Bamberger Geheimer Rat
Gemahlin: Marie Magdalene Therese Gräfin von Castell
Kinder: Friedrich Franz, Marie Johanna, Johann Franz, Marie Philippine, Marie Therese, Marie Franziska, Luise Walburga

Johann Franz
* 1733, † 1797

Schenk Freiherr von Stauffenberg, Sohn des Sebastian Karl Christof, Bauherr des neuen Schlosses (1784–1788) in Amerdingen, Fürstlicher Bamberger Rat und Hofmarschall, Oberamtmann
Gemahlin: Marie Karoline Freiin Zobel von Giebelstadt
Kinder: Adam Friedrich, Franziska, Maria Theresia, Maria Franziska, Christof Philipp, Philipp Karl, Maria Anna, Maria Anna Karoline Crescentia

Adam Friedrich
* 1767, † 1808

Schenk Freiherr von Stauffenberg, Sohn des Johann Franz, Bamberger Hof- und Regierungsrat, Oberamtmann, Hofmarschall, Staatsminister des Großherzogs von Würzburg
Gemahlin: Charlotte von Harff
Kinder: Elisabeth Marie, Marie Karoline, Franz Ludwig, Franz Philipp, Philipp Albert, Friedrich

Franz Ludwig
* 1801, † 1881

Schenk Freiherr Graf (seit 1874) von Stauffenberg, Sohn des Adam Friedrich, Bayerischer Reichsrat, Präsident der Kammer der Reichsräte, Generalmajor, Exzellenz
Gemahlin: Eleonore Gräfin Butler von Clonebough
Kinder: Anna Charlotte, Klemens, Philipp, Charlotte, Albrecht

Klemens
* 1826, † 1886

Schenk Graf von Stauffenberg, Sohn des Franz Ludwig, Erblicher Reichsrat, Bayerischer Kämmerer, Fideikommißherr, Oberst
Gemahlin: Leopoldine Gräfin Oberndorff
Kinder: Gabriele Eleonore, Bertold Franz, Alfred, Friedrich, Philipp, Maria Theresia, Anna Marie

Bertold Franz
* 1859, † 1944

Schenk Graf von Stauffenberg, Sohn des Klemens, Erblicher Reichsrat, Rittmeister, Major, Oberstleutnant
Gemahlin: Maria Theresia Freiin Groß von Trockau
Kinder: Klemens, Leopoldine, Markwart Sebastian, Irma

Markwart Sebastian
* 1889

Schenk Graf von Stauffenberg, Sohn des Bertold Franz, Vetter des Hitlerattentäters Claus Schenk Graf von Stauffenberg, Oberst, 1944/45 in Sippenhaft, Rittmeister
Gemahlinnen:
1. Ellen Prautsch
2. Maria Böhl de Liagre
Kinder: Delia Marie, Marie Agnes, Alexandra, Alfred Bertold, Klemens

Alfred Bertold
* 1923

Schenk Graf von Stauffenberg, Sohn des Markwart Sebastian, übernimmt 1956 Amerdingen und bewohnt mit seiner Familie das Schloß
Gemahlin:
Gioia Gräfin von Hochberg Freiin zu Fürstenstein
Kinder: Maria-Christine, Klemens Markwart, Bolko Hubertus

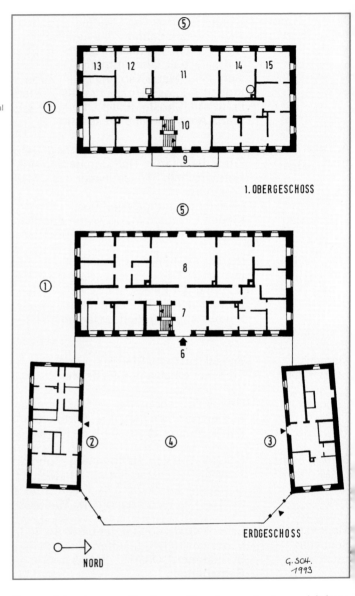

1. OBERGESCHOSS

ERDGESCHOSS

NORD

G. SCH.
1993

Anlage

Baumeister Lorenz Finck aus Bamberg plante und leitete den Neubau der Amerdinger Schloßanlage. Sein Konzept beinhaltet ein nord-süd-gerichtetes Hauptgebäude (1) mit zwei eingeschossigen, walmdachgedeckten Flügelbauten (2 + 3), die den fast quadratischen Schloßhof (4) umfassen. Repräsentativ wirkt der dreigeschossige, walmdachgedeckte Hauptbau (1). Der knapp vorstehende Mittelrisalit in Natursteinverblendung mit Lisenen, Rundbogenportal und eisernem Balkon gliedert die Fassade. Im Giebeldreieck ist das Allianzwappen der Bauherren Stauffenberg und Zobel von Giebelstadt eingearbeitet.

Hauptbau

Der „Große Saal" als zentraler Raum im Obergeschoß

Das Innere überzeugt durch seine durchgängig klassizistische Stilrichtung in Architektur und Ausstattung – ein anschauliches Beispiel eines herrschaftlichen Landschlosses zur Erbauungszeit 1784–1788. Als Stukkateur arbeitete Materno Bossi aus Würzburg.

Sämtliche Haupträume orientieren sich zur Parkseite. Das zwischen Pfeiler gestellte, zweiläufige Treppenhaus (10) mit eisernem Geländer liegt neben der Hauptachse zur Hofseite. Hinter der Eingangshalle (7) befindet sich der größte Raum des Erdgeschosses, der Gartensaal (8). Seine Wände zieren Fresken mit Landschaften und Stauffenbergschen Burgen und Schlössern.

Zentraler Raum im 1. Obergeschoß ist der über dem Gartensaal gelegene „Große Saal" (11). Nach Süden folgen das Musikzimmer (12) und der Johann-Franz-Salon (13), nördlich der Schreibsalon (14) und das ehemalige Schlaf-

*Schreibsalon
und
angrenzendes
ehemaliges
Schlafzimmer
der
Schloßherrin*

*Schloßpark mit
Säulenrund-
tempel
als Abschluß*

100

zimmer der Schloßherrin (15). Verbunden durch doppelflügelige Türen bilden Großer Saal und Salons eine Enfilade. Stuckierte Decken und durch Stucklisenen gegliederte Wände mit Landschaftsbildern und Figuren schmücken die Wände. Einige Salons sind mit Ornament- und Bildtapeten bekleidet.

Park Der große, nach Westen gerichtete Landschaftsgarten war zur Erbauungszeit nach Plänen von Lorenz Finck als französischer Park angelegt. Abschluß dieses Gartens bildet ein kleiner Säulenrundtempel mit Kuppeldach. Im Süden stehen die umfangreichen Gebäude der modernisierten Schloßökonomie.

Ehemalige Burg Bollstadt
Lageplan des
Grabenbereiches

1 Kernburg
2 Graben
3 Verfüllter Graben
4 Neubau Wohnhaus
5 Neubau Garage
6 Von Oberringingen
7 Von Ortsmitte

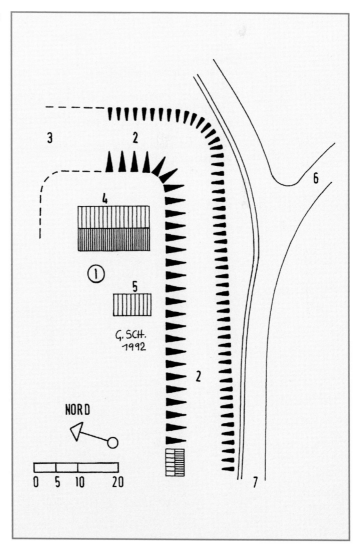

Amerdingen und Bollstadt

Bollstadt	Im Amerdinger Ortsteil Bollstadt ist seit dem 11. Jahrhundert ein Ortsadel „der von Bollstätten" nachgewiesen. Anstelle der Ortsburg steht später ein Schloß, das Ende des 18. Jahrhunderts von den Grafen von Oettingen erneuert wird. Von dem Schloß am südöstlichen Ortsende Richtung Oberringingen ist nur noch ein verflachter Grabenrest (L = ca. 65 m, B = 7 m) zu sehen.
Besitzer	Alfred Schenk Graf von Stauffenberg
Pläne	Baupläne des Lorenz Finck, in: „Die Kunstdenkmäler von Schwaben", 1982
Alte Ansicht	Ortsansicht „Das Fuggerische Jagdbezirk in Diemantstein", um 1600, München, Bayerisches Hauptstaatsarchiv
Literaturhinweise	– Gröber, Karl und Horn, Adam Die Kunstdenkmäler von Schwaben, I. Bezirksamt Nördlingen, 1982 – Lingel, Klaus Führer durch das Ries, 1986 – Meyer, Werner Burgen und Schlösser in Bayerisch-Schwaben, 1979 – Schlagbauer, Albert Amerdingen im „Dreiländereck", in: „Der Daniel", Heft 4, 1979 – Wunder, Gerd Die Schenken von Stauffenberg, Schriften zur südwestdeutschen Landeskunde, 1972

Diemantstein

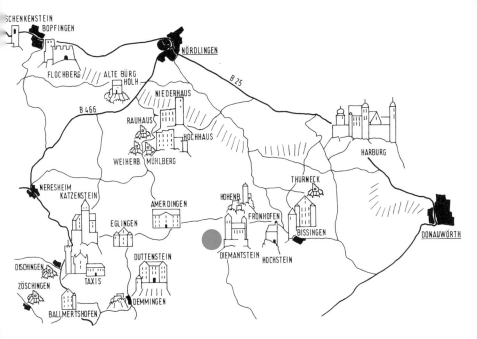

Lage

Zwischen Donauwörth und Neresheim erstreckt sich das Kesseltal. Die Kessel entspringt bei Amerdingen und mündet bei Donaumünster in die Donau. Wenige Kilometer östlich von Amerdingen überragen, an der Einmündung eines Seitentals, zwei markante Türme die Ortschaft Diemantstein. Sie stehen anstelle einer mittelalterlichen Burg. Diemantstein liegt an der Straße von Nördlingen über Hohenaltheim nach Höchstädt/Dillingen. Die Ortschaft ist auch von Bissingen das Kesseltal aufwärts und von Neresheim an der B 466 über Amerdingen aus zu erreichen. Die Gebäude der ehemaligen Schloßökonomie liegen in Ortsmitte direkt an der Straße nach Warnhofen. Parkmöglichkeit im Hof. Hinter der westlichen Tordurchfahrt beginnt ein Weg, der direkt zu Kirche und Burgstelle führt.

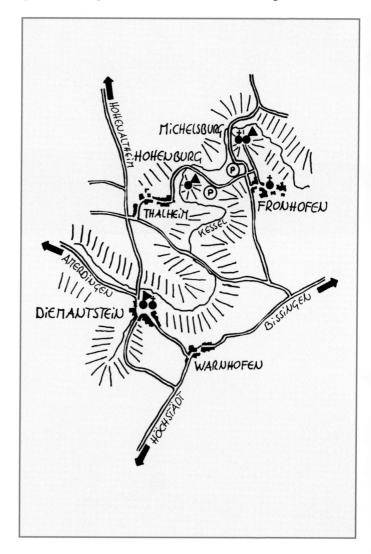

Diemantstein

Gemeinde	Bissingen, Ortsteil Diemantstein, Landkreis Dillingen an der Donau
Meereshöhe	Burg 520 m, Kesseltal 470 m
Besichtigung	Frei zugänglich, Kirche meist geschlossen
Geschichte	Die Herren von Diemantstein sind gleichen Stammes mit den Edelfreien von Fronhofen und Hohenburg. Häufig ist der Leitname Diemo, Tiemo, Timo nachgewiesen. Der ursprüngliche Name „Stein", auch mit „ai" aus der schwäbischen Schreibweise, war „die Burg".

Um 1200 Entstehung der Burg als Gründung der Edelfreien von Fronhofen-Hohenburg.

1236 Tiemo de Lapide = Tiemo von dem Steine.

1546 Der Feldhauptmann des Schmalkaldischen Bundes, Georg Schertlin, fordert vom Burgherr Hans Bastian von Diemantstein die Öffnung der Burg. Trotz Erfüllung der Forderung läßt Schertlin Burg und Dorf Diemantstein niederbrennen.

Um 1600 Neubau des Schlosses.

1706 Hans Christoph Freiherr von Diemantstein wird in den Reichsgrafenstand erhoben.

1730 Tod des Adam, letzter der Diemantsteiner. Die folgenden Erbstreitigkeiten führen zu blutigen Auseinandersetzungen im Schloß.

1756 Eigentum des ansbachischen Rats von Schaudi.

1758 Das Reichsstift St. Ulrich in Augsburg erwirbt Diemantstein um 166 000 fl.

1761 Neubau der Pfarrkirche anstelle der Schloßkapelle St. Ottilia. Renovierung des Schlosses.

1777 Übergang des Besitzes an Fürst Kraft Ernst von Oettingen-Wallerstein. Das Schloß wird oettingischer Amtssitz.

1826 Abbruch des Hochschlosses.

1871 Einsturz des Kirchturms.

1876 Neubau des Kirchturms und Verlängerung des Kirchenschiffs nach Westen.

1963 Neubau des zweiten Kirchturms.

Anlage	Bei Diemantstein sind zwei Anlagen zu unterscheiden: die um 1200 entstandene Burganlage und das um 1600 neugebaute und später veränderte Schloß. Beide Anlagen sind das Baugelände betreffend flächenidentisch. Die Kernanlage befand sich auf einer das Kesseltal überragenden, vorspringenden, felsigen Kuppe; die noch erhaltene Schloßökonomie (11) (ehemalige Vorburg) erstreckt sich auf einer verebneten Senke zwischen Kuppe und Höhenrücken. Ein langer Halsgraben (21), durch den heute die Ortsstraße führt, schützte die Vorburg vom dahinter ansteigenden Gelände. Ein Abschnittsgraben (22) trennte Vorburg und Kernburg.

Diemantstein

1 Lage der Kernburg
  und des späteren
  Schlosses
2 Pfarrhaus
3 Kath. Pfarrkirche
  St. Ottilia
4 Ostturm
5 Westturm
6 Terrasse
7 Zwinger
8 Geböschter Sockel mit
  Buckelquader
9 Geböschte Mauer
10 Garage
11 Ökonomiehof des
   ehemaligen Schlosses
12 Äußere Tordurchfahrt
13 Innere Tordurchfahrt
14 Ehemalige
   Verwalterwohnung
15 Ökonomiegebäude
16 Garagenbauten
17 Kleintierställe
18 Lagergebäude,
   ehemaliges Schulhaus
19 Anbau
20 Von Bissingen
21 Lage des ehemaligen
   Halsgrabens
22 Lage des
   Abschnittsgrabens

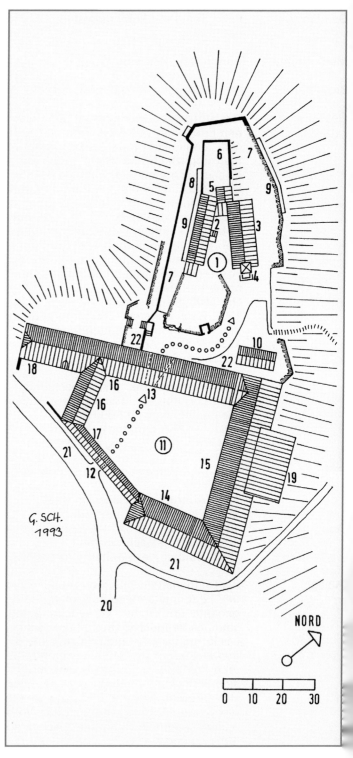

G. SCH.
1993

NORD

0   10   20   30

Ehemaliger Burghof mit Kirche und Pfarrhaus

Vorburg

Zweigeschossige Gebäude umfassen polygonal den Ökonomiehof (11). Sämtliche Gebäude entstammen der Erbauungszeit um 1600 mit Veränderungen im 18. Jahrhundert. Rechts am korbbogigen Eingangstor (12) steht das walmdachgedeckte, ehemalige Verwaltergebäude (14) mit nach Osten abschließendem Staffelgiebel. Gegenüber dem Eingangstor liegt die korbbogige Durchfahrt zur Kernanlage (13). Innenseitig ist die Jahreszahl 1763 ablesbar. Das hofseitige Tor wird durch große, rundbogige Nischen mit Postamenten für Figuren flankiert. Nach Südwesten ragt aus der Anlage das ehemalige Schulhaus (18).

Kernanlage

Auf dem Gelände der ehemaligen Kernburg und des späteren Hochschlosses (1) stehen jetzt westseitig das Pfarrhaus (2) und daneben die zweitürmige Pfarrkirche St. Ottilia (3). An den Innenseiten des Kirchenlanghauses befinden sich Grabdenkmäler der Familie von Diemantstein (Freiherr Johann Stephan, † 1669, Anna Maria, † 1572, Maria Elisabeth, † 1573). Von der Burganlage gibt es am westlichen und nördlichen Berghang Reste von Zwingermauern (7). Der geböschte, hohe Sockel (8) (Futtermauer)

Buckelquader

unterhalb des Pfarrhauses zeigt Buckelquaderverblendung: Fläche teils rundlich vorstehende, verwitterte Buckel, Randschläge 2 bis 3 cm breit, möglicherweise in Wiederverwendung aufgemauert.

Besitzer

Privat

Pläne

Lageplan Schloßberg von 1874, Harburg, Schloßmuseum

Alte Ansicht

Sepiazeichnung von F. Weinberger, 1888, nach einem alten Ölbild, Harburg, Fürstliche Bibliothek

Literaturhinweise

- Bosl, Dr. Karl (Hrsg.)
  Handbuch historischer Stätten Deutschlands, Bayern, 1974
- Eberhardt, Michael
  Alte Herrensitze im Kesseltal und in der Nachbarschaft, in: „Der Heimatfreund", Nr. 1, 1958
- Meyer, Werner
  Die Kunstdenkmäler von Schwaben, VII, Landkreis Dillingen an der Donau, 1972
- Seitz, Reinhard H.
  Historisches Ortsnamenbuch von Bayern, Land- und Stadtkreis Dillingen an der Donau, 1966

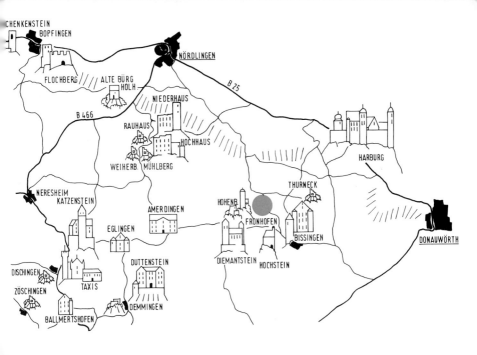

Hohenburg und Fronhofen (Michelsberg)

Lage Mittelpunkt des reizvollen, westlich von Donauwörth gelegenen Kesseltals ist die Gegend um Fronhofen. Auf talüberragenden, freistehenden Bergkuppen stand die Hohenburg, auf dem Michelsberg die Burg Fronhofen. Eine Straße führt von Bissingen in Richtung Diemantstein und Amerdingen. Nach 2 km zweigt rechts eine beschilderte Straße nach Fronhofen ab. Fronhofen ist auch vom Kesseltal aus über Thalheim oder Untermagerbein aus erreichbar. Die Burgstelle Fronhofen liegt direkt nördlich der Ortschaft auf dem Michelsberg (beschildert). Zur Ruine Hohenburg folgt man der Straße in Richtung Thalheim bis zum Parkplatz am Sattel zum weithin sichtbaren Burgberg. Parkplatz – 0,2 km Ruine.

Wandervorschlag:
Ausgangspunkt ist der Parkplatz bei der Ruine Hohenburg oder der Wanderparkplatz im Steinbruch nahe der Straßenkreuzung bei Fronhofen. Man wandert zur Burgruine Hohenburg und an der wenig befahrenen Straße zum Michelsberg mit der Höhle „Hanseles Hohl". Hohenburg – 1,2 km Michelsberg.

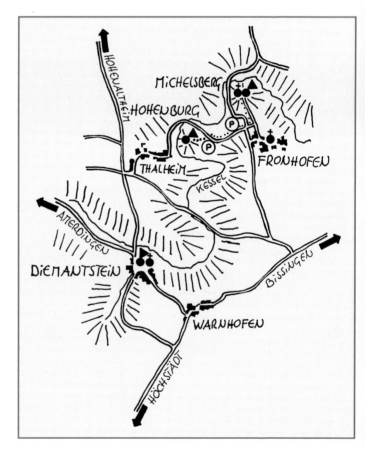

Gemeinde	Markt Bissingen, Landkreis Dillingen an der Donau
Meereshöhe	Hohenburg 511 m, Michelsberg 517 m, Fronhofen 484 m, Kesseltal 460 m
Besichtigung	Jeweils frei zugänglich
Geschichte	Die Kuppe des Michelsberges ist schon in vor- und frühgeschichtlicher Zeit besiedelt. Das Michaelspatrozinium weist auf eine frühe Burgkirche. Im Mittelalter wird der Berg zum Stammsitz der Edelfreien von Fronhofen, die stammesgleich mit den Familien von Hohenburg und Diemantstein sind. Etwas später ist die Gründung der Hohenburg zu verstehen.

Um 1100 Entstehung der Burg Fronhofen und danach der Hohenburg.

Um 1140 Tiemo und Wolftrigel von Fronhofen schenken Güter dem Kloster Berchtesgaden. Zeugen der Schenkung sind Udalrich von Hohenburg und sein Sohn Friedrich.

Um 1150 Die Herren von Fronhofen sterben im Mannesstamme aus und vererben den Besitz vermutlich an ihre Verwandten auf Hohenburg. Ihre Stammburg wird dem Zerfall überlassen.

1223 Ulrich von Hohenburg ist Zeuge in einer Urkunde anläßlich einer Schenkung des Grafen Bertold von Lechsgemünd an das Kloster Kaisheim.

1242 Tiemo von Hohenburg ist Zeuge in Kaisheimer Urkunden.

1268 Friedrich von Hohenburg übereignet dem Kloster Kaisheim ein Eigengut in Zusamaltheim. Zeuge ist Tiemo von Hohenburg; dessen Söhne sind Tiemo, Luitold und Bertold (Burg Hochstein).

1270 Die Brüder Friedrich und Ulrich siegeln in einer Urkunde des Klosters Zimmern.

1281 Hohenburg ist in Besitz des Grafen Ludwig von Oettingen, die Burg wird Sitz eines Vogts.

1319 Friedrich, Sohn des 1270 genannten Friedrich, Ordensritter des Johanniterhauses zu Kleinerdlingen; letzte Erwähnung eines Hohenburger.

1455 Hans I. Schenk von Schenkenstein erwirbt Burg und Besitz Hohenburg.

1488 Tod des Hans I., Übergang als Erbe an Kaspar I. Schenk von Schenkenstein.

1504 Hans III. Schenk von Schenkenstein, Sohn des Kaspar I., in Besitz der Hohenburg.

1557 Nach dem Tod des Hans III. verkaufen seine einzige Tochter Ursula und deren Gemahl Johann Waldemar von Lobkowiz den Besitz Hohenburg-Bissingen für 52 000 Gulden an den Landsknechtsführer Sebastian Schertlin von Burtenbach.

Hohenburg und Fronhofen (Michelsberg)

Michelsberg (Fronhofen)

1 Lage der Kernburg
2 Mögliche Lage der
Vorburg, jetzt
ummauerter Friedhof
3 Abschnittsgraben
4 Mulde
5 Erster Wall und
Graben
6 Zweiter Wall und
Graben
7 Dritter Wall und
Graben
8 Vierter Wall und
Graben
9 Fünfter Wall
10 Fünfter Graben
11 Sechster Wall
12 Siebter Wall
13 Hauptgraben zur
möglichen Vorburg
14 Verfüllter Hauptgraben
15 Felskopf,
Aussichtspunkt
16 Kirche St. Michael
17 Zur Höhle „Hanseles
Hohl"
18 Parkplatz
19 Fahrweg
20 Kreuzwegstationen

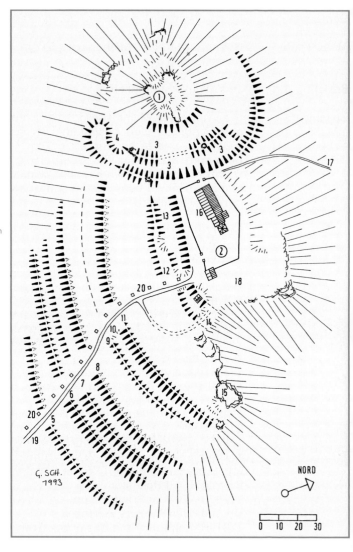

G. SCH.
1993

NORD

0 10 20 30

1568 Verkauf der Herrschaft Hohenburg-Bissingen für 102 000 Gulden an den Landsknechtsführer Konrad von Bemelberg. Die Burg wird nicht mehr bewohnt und dem Zerfall überlassen.

1661 Freiherr Karl von Bemelberg verkauft die Herrschaft Hohenburg-Bissingen für 80 000 Gulden an Graf Ernst von Oettingen-Wallerstein.

1871 Einsturz der Ruine durch Erdbeben.

Anlage
Fronhofen

Burg Fronhofen war die Burg auf dem Michelsberg. Mit der später erbauten St.-Michaels-Kirche ist der Berg heute landschaftsbestimmend und weithin sichtbarer Orientierungspunkt im Kesseltal.

112

Burgstelle der Kernburg Fronhofen

Der Berg fällt auf drei Seiten zum Tal steil ab. Nach Süden bildet er einen weniger steilen Übergang zur Hochfläche. Bereits in vor- und frühgeschichtlicher Zeit besiedelt, wurde auf dieser Seite ein mehrfaches Wall-Graben-System angelegt. Sieben Wälle und Gräben (5–13) bedecken mit unterschiedlicher Ausprägung und einer durchschnittlichen Länge von 150 m die südliche Hangseite. Gräben und Wälle wurden beim Bau der mittelalterlichen Burg mitbenutzt und umgebaut.

Ein befestigter Weg mit 14 Kreuzwegstationen (20) führt mitten durch diese Anlage. Die west-ost-gerichtete Bergoberfläche (ca. 130 x 40 m) wird durch einen im Mittelalter angelegten Graben (3) in zwei Bereiche getrennt. Der östliche, größere Bereich mit nachgesteilten Außenkanten war die Vorburg (2). Inmitten einer Ummauerung steht die im 14./15. Jahrhundert erbaute, schmucke St.-Michaels-Kirche.

Vorburg

113

Kernburg

Die Kernburg (1) lag im westlichen Bereich. Bogenförmig umzieht der 28 bis 30 m breite Graben (3) mit mittiger Wallaufschüttung den Burgplatz. Eine äußere Aufschüttung folgt dem nördlichen und südlichen Berghang und bildet halbkreisförmig einen Schutzwall. Die Oberfläche des durch den Graben freistehenden Felsklotzes beträgt ca. 8 x 11 m. Er ist als Standort eines frühen Wohnturms denkbar. Den westlichen Abschluß bildet eine Hangterrasse.

Anlage Hohenburg

Auf einem dreiseitig von der Kessel umflossenen, freistehenden, ovalen Bergkegel stand die Hohenburg. Nach Osten bildet ein Sattel den Anschluß zum Talhang mit der Zugangsseite.
Die Anlage besteht aus drei Bereichen: einer Vorbefestigung (17), der Vorburg (2) und der Kernburg (1).

Vorbefestigung

Der südseitig angelegte Burgweg wird durch einen Felskopf mit Wall und Graben (18) gesichert. Mauerwerk ist nicht feststellbar, dennoch ist eine erste Toranlage (23) am Fels denkbar. Ein 8 bis 10 m tiefer Graben (4) mit weiten Grabenauswürfen (5) durchschneidet den Berg. Am nördlichen Grabenabschnitt beginnt eine Aufschüttung (16), die über die weniger steile Nordflanke in die steile Südseite (15) mündet.

Torturm

Hinter der mauergesicherten Grabenseite (11) umzieht die Umfassungsmauer (12) (Reste) polygonal den Berg (Umfassung ca. 90 x 45 m). Der Zugang mit dem Burgtor lag südseitig (6), Reste des runden Torturms (7) in Bruchsteinmauerwerk stehen noch bis 5 m hoch (Turmdurchmesser außen 7 m, Mauerstärke 1,6 m).
Der Burgweg folgt der südlichen Bergflanke durch den Torzwinger (8) zum dritten Tor mit einem weiteren Rund- oder Schalenturm (9). Dieser Teil der Anlage ist nur noch durch geringe Mauerreste und Mauerschutt ablesbar. Über eine Rampe nach Norden gekehrt, erreicht man die ehemals

Vorburg

ummauerten Hof der Vorburg (2).

Umfassungsmauer

Die Umfassungsmauern der Südseite (13) und der Westecke zeigen noch beachtliche Reste in Form von 4 m hohen Futtermauern. Die Verblendung besitzt eingestreute Quader in Wiederverwendung. Abmessung z. B. (L x H) 80 x 51, 37 x 28, 42 x 38, 69 x 38 cm. Ein auf der Norwestseite parallel zur Umfassungsmauer verlaufender Mauerrest (21) zeigt Kleinquader. Abmessung z. B. (L x H) 27 x 19, 21 x 18, 16 x 18, 20 x 17 cm.

Kernburg

An höchster Stelle lag die Kernburg (1) mit ca. 20 x 45 m Größe. Der Bergfried (3) stand nordwestseitig auf der Außenmauer und zum Burghof dreiseitig frei. Reste mit 3 m hohem Kernmauerwerk zeigen im Erdgeschoß mit aus dem Fels gespitzten Bereichen innenseitig einen runden

114

Hohenburg

1 Kernburg
2 Vorburg
3 Bergfried
4 Graben
5 Grabenauswurf
6 Mögliche Lage des
  Tores
7 Rundturm – Torturm
8 Torzwinger
9 Lage eines Rund- oder
  Schalenturmes
10 Mögliche Lage eines
   Eckturmes
11 Kernmauerwerkreste
   der äußeren Mauer
12 Reste Umfassungs-
   mauer und deren
   Verlauf
13 Mauerrest südöstliche
   Umfassungsmauer
14 Schürfgrube
15 Äußerer Zwinger
16 Schuttwall
17 Vorbefestigung
18 Graben und Wall der
   Vorbefestigung
19 Fußweg
20 Nicht mehr benutzter
   älterer Weg
21 Kleinquader
22 Mögliche Lage eines
   Gebäudes
23 Mögliche Lage der
   ersten Toranlage

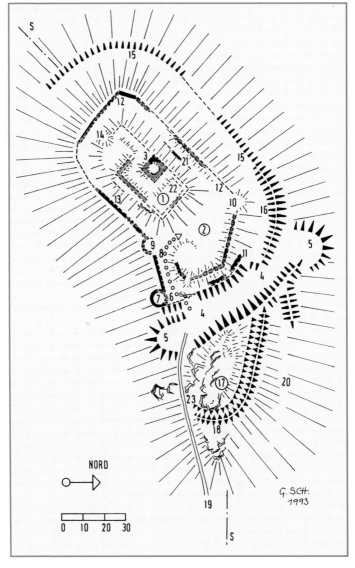

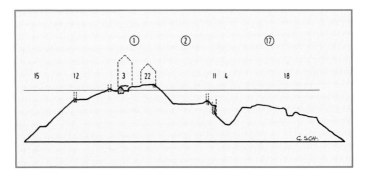

Grundriß, außen war der Bergfried mit etwa 9 x 9 m quadratisch. Am Sockel sieht man grob behauene Quader und innenseitig einen Quader mit zwei glatt bearbeiteten Seiten. Mauerschutt läßt den Verlauf der Außenmauer erkennen. Zur Nordostseite ist als Abschluß der Kernburg ein Gebäude (22) anzunehmen.

Besitzer	Privat
Plan	Lageplanaufnahme Michelsberg von O. Schneider, H. Gutmann, J. Klinger, in: „Archäologische Wanderungen im Ries"
Alte Ansichten	Hohenburg, um 1750/1760, Harburg, Fürstliche Bibliothek Hohenburg, Aquarell von F. Weinberger, 1861, Harburg, Fürstliche Bibliothek

Literaturhinweise

– Bosl, Dr. Karl
   Handbuch der historischen Stätten Deutschlands, Band VII, 1974
– Eberhardt, Michel
   Die Hohenburg bei Fronhofen, in: „Der Heimatfreund", Nr. 4, 1954
– Frei, Hans und Krahe, Günther
   Archäologische Wanderungen im Ries, 1979/1988
– Grünenwald, Dr. Elisabeth
   Burgen und Schlösser im Ries, in: „Rieser Kulturtage", Band III, 1980
– Krahe, Günther
   Vor- und frühgeschichtliche Denkmäler im Südries, in: „Rieser Kulturtage", Band VII/1, 1988
– Meyer, Werner
   Die Kunstdenkmäler von Schwaben, VII, Landkreis Dillingen an der Donau, 1972
– Seitz, Anton Michael
   Das Tal der Kessel von ihrem Ursprung bis zu ihrer Mündung, in: „Der Daniel", Heft 4, 1979
– Seitz, Anton Michael
   Markt Bissingen und sein Umland, 1975
– Seitz, Reinhard H.
   Historisches Ortsnamenbuch von Bayern, Land- und Stadtkreis Dillingen an der Donau, 1966

Hochstein

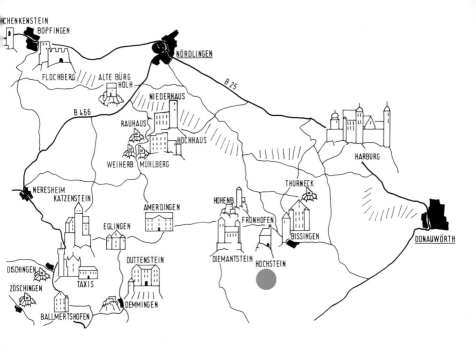

Hochstein

Lage
Westlich von Donauwörth erstreckt sich das Kesseltal mit dem Markt Bissingen. Am hier einmündenden Wildbach liegt taleinwärts die Ortschaft Hochstein. Auf einem am Talhang aufsteigenden Felsen erhebt sich eine schmucke Kapelle, an deren Stelle die Ortsburg lag.
Von der B 16 zwischen Donauwörth und Dillingen zweigt bei Donaumünster eine beschilderte Straße nach Bissingen ab. Unmittelbar am Ortsende, das Kesseltal aufwärts, führt eine beschilderte Straße zu dem in Sichtweite gelegenen Hochstein. In Ortsmitte geht es rechts an einem landwirtschaftlichen Anwesen vorbei (Parkmöglichkeit) zu einem Fußweg, der direkt zur Kapelle auf dem Burgfelsen führt (0,2 km). Hochstein ist auch von Diemantstein aus Richtung Amerdingen erreichbar.

Gemeinde
Markt Bissingen, Ortsteil Hochstein, Landkreis Dillingen an der Donau

Meereshöhe
Burg 480 m, Wildbachtal 440 m

Besichtigung
Frei zugänglich

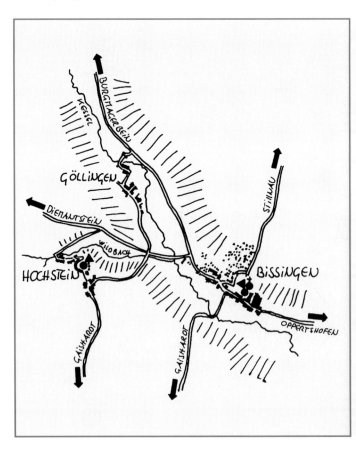

Hochstein

Geschichte

Hochstein ist die „Burg auf dem hochgelegenen Stein". Zuerst ist sie Stammsitz der Hohenburger Ministerialen von Hochstein, später Sitz eines Familienzweigs der Hohenburger.

Um 1140 Erstmalige Erwähnung des Ortsadels mit Utto von Hohenstein.

Um 1150/1160 Weitere Erwähnung des Ortsadels.

1267 Hochstein ist Sitz des Berchtold von Hohenburg, jüngster Sohn des Tiemo von Hohenburg und dessen Gemahlin Luitgard von Neuffen. Seine Brüder sind Tiemo und Luitold.

1271 Übergang des Besitzes mit der Herrschaft Bissingen-Hohenburg an die Grafen von Oettingen.

1281 Hochstein ist in Besitz des Grafen Ludwig von Oettingen.

1410 Jörg von Steinheim bewohnt als oettingischer Dienstmann die Burg.

1411 Die Herrschaft Hohenburg bezieht Abgaben von Hochstein.

St.-Margareten-Kapelle steht am Zugangsbereich der ehemaligen Burg

Hochstein

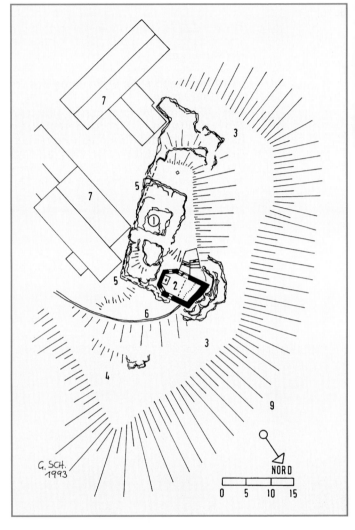

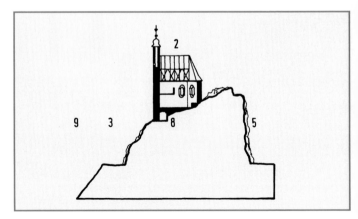

120

1455 Hans I. Schenk von Schenkenstein erwirbt den Besitz Hochstein. Die Burg Hochstein ist vermutlich bereits Ruine. **Um 1500** Die Schenken von Schenkenstein erbauen südlich der ehemaligen Burg ein Schloß. Die Anlage besteht aus einem satteldachgedeckten Rechteckbau mit Ummauerung und vier Ecktürmen. Nach einer Überlieferung ist die Burg vor 1500 abgebrannt. **1531** Veit von Horkheim bewohnt als oettingischer Dienstmann Burg oder Schloß. **Um 1650** Mögliche Zerstörung der Schloßanlage im Dreißigjährigen Krieg. Neubau einer St.-Margareten-Kapelle auf dem Felsen im ehemaligen Burggelände.

Anlage

Die Burg Hochstein lag auf einem Felsblock des nach drei Seiten zum Wildbachtal abfallenden Höhensporns. Verschiedene Neubauten (7) haben die Stelle der ehemaligen Vorburg verändert. Unmittelbar hinter dieser Bebauung erhebt sich der rundum freistehende Burgfelsen. Er ragt bis zu 15 m bergseitig (5) über das Gelände und bildet somit schildmauerartig eine natürliche Barriere. Direkt am Zugang der Ostseite liegt keck auf dem Felsen aufgebaut die aus dem 17. Jahrhundert stammende St.-Margareten-Kapelle (2). Ein korbbogig gewölbter Durchgang führt von der Ostseite unter der Kapelle hindurch zum Plateau des Burgfelsens. Darüber liegt der Kapellenraum mit polygonalem Chorabschluß und barocken Fenstern. Den Giebel ziert ein sechseckiger Dachreiter mit Zwiebelhaube. Die Oberfläche des Felsens (1) der Kernburg weist keine Mauerreste auf. Felskanten und Abschrotungen lassen einen größeren Wohnturm oder ein befestigtes Haus von etwa 8 x 12 oder 8 x 17 m Grundfläche annehmen. Etwa 10 m unterhalb umzieht ein 4 bis 9 m breiter, ehemals ummauerter Geländeabsatz (3) dreiseitig den Berghang. Auf der nach Osten erweiterten Terrasse (4) könnten Wirtschaftsgebäude gestanden haben.

Burgmagerbein

Im Ort Burgmagerbein im Kesseltal lag die Burg der Herren von Magerbein. Der seit dem 12. Jahrhundert genannte Ortsadel verkauft die Burg durch Ott Büffer von Magerbein 1366 an Heinrich von Stein. Von der Burg ist nichts mehr erhalten.

Göllingen

Nordwestlich von Bissingen liegt das Kesseltal aufwärts die Ortschaft Göllingen. Am nordöstlichen Ortsrand, nahe der Kessel, befand sich die Wasserburg der Hohenburger Ministerialen von Göllingen. Friedrich von Göllingen (Goldelingen) ist 1268 Zeuge in einer Urkunde anläßlich einer Schenkung Friedrichs von Hohenburg an das Kloster Kaisheim.

Hochstein

Besitzer   Kirchengemeinde

Plan   Grundriß und Schnitt der Kapelle, in: „Die Kunstdenkmäler von
                  Schwaben", VII

Literaturhinweise – Brutscher, Ludwig
                  Die Schatzgräber von Hochstein, in: „Der Daniel", Heft 1/1978
                  – Eberhardt, Michel
                  Alte Herrensitze im Kesseltal und in der Nachbarschaft, in: „Der
                  Heimatfreund", Nr. 1/1958
                  – Meyer, Werner
                  Die Kunstdenkmäler von Schwaben, VII, Landkreis Dillingen an der
                  Donau, 1972
                  – Seitz, Reinhard H.
                  Historisches Ortsnamenbuch von Bayern, Land- und Stadtkreis
                  Dillingen an der Donau, 1966

Bissingen

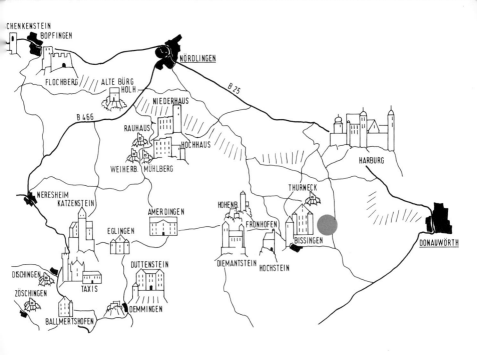

Bissingen

Lage

Zum östlichsten Bereich der Schwäbischen Alb, im bayerischen Landesteil, gehört das besuchenswerte Kesseltal, dessen Hauptort und wirtschaftlicher Mittelpunkt der Markt Bissingen ist. Inmitten des alten Ortskerns überragen Kirche und Schloß die Bebauung. Von der B 16 zwischen Donauwörth und Dillingen zweigt bei Donaumünster eine Straße das Kesseltal aufwärts nach Bissingen ab. Der Ort kann auch von Harburg, Amerdingen und von Nördlingen aus erreicht werden. Bissingen ist günstiger Ausgangspunkt für den Besuch des Kesseltals (siehe Amerdingen und Hohenburg). Das Schloß liegt südlich bei der Kirche (Parkmöglichkeit) an der Straße Richtung Stillnau.

Gemeinde

Markt Bissingen, Landkreis Dillingen an der Donau

Meereshöhe

Schloß 450 m, Kesseltal 420 m

Besichtigung

Nicht zugänglich, Außenbesichtigung teilweise möglich

Einkehrmöglichkeiten

Gasthäuser in Bissingen

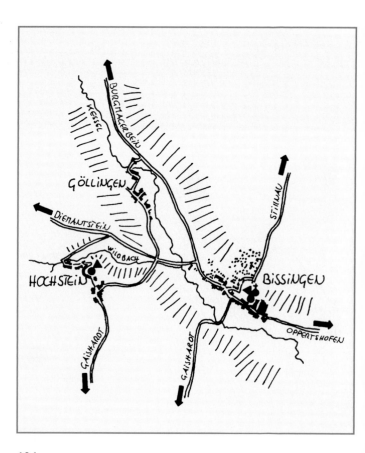

Sebastian Schertlin von Burtenbach, Bauherr des Schlosses

Schertlin wird 1496 als Sohn des Forstmeisters Heinrich Schertlin in Schorndorf geboren. Nach seinem Studium in Tübingen wird er Geschworener Schreiber in Konstanz, 1518 heiratet er dort Barbara von Stende. In den folgenden Jahren tritt er in die Dienste des Schwäbischen Bundes, kämpft gegen Türken und Franzosen und ist 1525 an der Niederwerfung des Bauernaufstands beteiligt. Unter Konrad von Bemelberg führt er 1527 die deutschen Landsknechte an der Seite italienischer und spanischer Truppen gegen Rom. Schertlin gehört zur Abordnung, welche Papst Clemens VII. die Kapitulationsbedingungen überbringt. 1530 ist er Hauptmann der Reichsstadt Augsburg. 1532 erwirbt Schertlin als reicher Mann Markt und Schloß Burtenbach und 1557 Hohenburg mit dem Markt Bissingen.

Geschichte

Bissingen gehört im Mittelalter zur Herrschaft Hohenburg. Erst im 15. Jahrhundert mit der Verlegung des Sitzes wird Bissingen Mittelpunkt der Herrschaft.

Um 1140 Erster urkundlicher Nachweis des Ortsadels mit Ruodbert von Bissingen als Zeuge anläßlich einer Schenkung des Tiemo und Wolftrigel von Fronhofen an das Kloster Berchtesgaden.
Vor 1281 Übergang des Besitzes an die Grafen von Oettingen.
1281 Graf Ludwig von Oettingen übergibt den Meierhof zu Markt Bissingen dem Bischof von Augsburg.
1455 Hans I. Schenk von Schenkenstein erwirbt von den Grafen von Oettingen den Besitz. Bissingen wird Verwaltungssitz der Herrschaft Hohenburg-Bissingen. Zur Herrschaft gehören die Hohenburg mit Mühle, Kesselostheim, Brachstadt, Oberliezheim, Gaishardt, Tapfheim, Stillnau, Burgmagerbein, Untermagerbein, Obermagerbein, Göllingen, Thalheim und Fronhofen.
1557 Ursula Schenk von Schenkenstein, Erbtochter des Hans III., und ihr Gemahl Johann Waldemar von Lobkowitz-Hassenstein verkaufen den Besitz für 52 000 Gulden an den Landsknechtsführer Sebastian Schertlin von Burtenbach. Neubau des Schlosses.
1558/59 Hans Sebastian Schertlin, Sohn des Sebastian, verwendet 15 000 Gulden für Baumaßnahmen.
1560 Fertigstellung und Bezug des neuen Schlosses.
1561 Beschießung des Schlosses am Christi-Himmelfahrts-Tag während der Fehde mit Graf Ludwig (XVI.) von Oettingen.
1564 Verstärkung der Schloßumwehrung durch zwei hohe Türme.
1568 Verkauf der Herrschaft Hohenburg-Bissingen für 102 000 Gulden an den Landsknechtführer Konrad von Bemelberg.
1661 Freiherr Karl von Bemelberg verkauft wegen Überschuldung Hohenburg-Bissingen und die Schlösser Hoch-

Bissingen

1 Schloßgebäude
2 Wohngebäude –
   ehemalige Stallung
3 Oberer Schertlinsturm
4 Unterer Schertlinsturm
5 Ruine des südlichen
   Eckturms
6 Neue Mauer, Lage des
   ehemaligen Torbaus
7 Schloßhof
8 Tor in der
   Schloßmauer
9 Ehemaliger
   Zugangsweg
10 Äußeres
   Schloßmauertor
11 Neueres Gebäude
12 Vorhofummauerung
13 Neue Auffahrt
14 Treppenaufgang
15 Untere Schloßmauer
16 Garagenbau
17 Ehemaliger
   Burggraben
18 Zugang Gewölbekeller
19 Lage eines Gebäudes
20 Kirche St. Peter und
   Paul
21 Jugendheim
22 Vorhof
23 Straße „Am Linden-
   berg", Lage des
   ehemaligen äußeren
   Grabens
24 Am Hofgarten
25 Rathaus
26 Lage eines Tores
27 Wirtschaftshof –
   Schloßökonomie
28 Gaststätte
29 Schloßhof
30 Nebengebäude
31 Eingang
   Schloßgebäude
32 Abgebrochenes
   nordwestliches
   Nebengebäude
33 Abgebrochenes
   nordöstliches
   Nebengebäude
34 Abgebrochener
   südöstlicher Eckturm

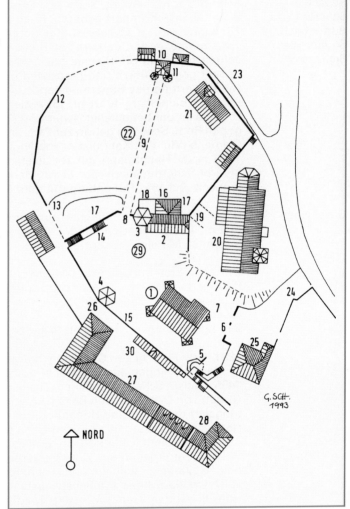

stein und Oberringingen für 80 000 Gulden an Graf Ernst
von Oettingen-Wallerstein.
1806 Bissingen wird Sitz eines wallersteinischen Oberamts.
1971 Auflösung des Fürstlich Wallersteinischen Forstamts im Schloß.
1974 Verkauf des Schlosses an Privat.
1978 Renovierung des Schlosses.

Anlage

Die Schloßanlage des 16. Jahrhunderts (1557–1560) überdeckte eine Fläche von etwa 60 x 100 m. Heute ist sie in
mehreren Bereichen verändert, ihre Ganzheitlichkeit läßt
sich jedoch noch anschaulich ablesen. Hinter der nördlichen Schloßmauer und der Kirche war die Anlage von

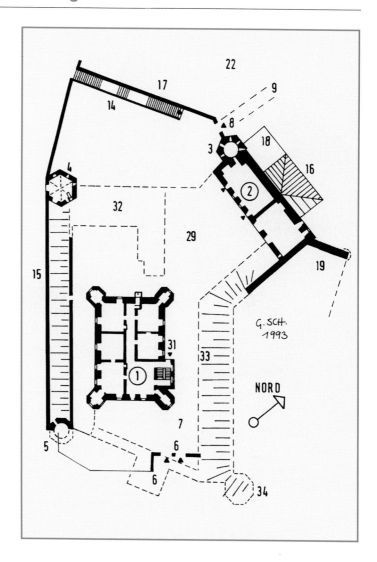

einem äußeren Graben (23) gegenüber der Hochfläche
getrennt. Die Kirche (20) war dabei in die Anlage mit ein-
bezogen. Der Neubau von 1860 hat auch diesen Bereich
verändert. Vermutlich ist das Schloß mit der Lage der mittelalterlichen Burg identisch.
Die verbliebene Anlage besteht aus dem Schloßbau (1),
dem Schloßhof (29) mit ehemaliger Stallung (2) und
Schertlinstürmen (3 + 4), dem Vorhof (22) und der ehemaligen Schloßökonomie (27).

Schloßbau

Südlich an die Kirche angrenzend steht auf einer west-ost-
gerichteten Hangterrasse der Schloßbau (1). Der dreigeschossige, satteldachgedeckte Rechteckbau besitzt Volutengiebel und viereckige Erkertürme, die im 3. Oberge-

Unterer Schertlinsturm mit Zugang zum Wirtschaftshof

schoß ins Achteck übergehen. Ein umlaufendes Traufge-
sims des Schlosses begrenzt die Höhe der Türme, die
Dachflächen verbinden sich somit mit denen des Haupt-
dachs. Leicht profilierte Stuckrahmen umfassen die mit
Kämpfer und Setzholz geteilten Fenster. Ungewohnt ist der
etwas versteckte Eingang (31) am nordseitig vorspringenden Treppenhaus. Die Grundrißstruktur wird durch einen
axial angelegten, längsorientierten Flur bestimmt.
Nicht mehr vorhanden ist ein vom 1. Obergeschoß im
Treppenhaus beginnender Bogengang zur Kirche. Auch
die Eingangssituation der Schloßanlage auf der Südostseite ist völlig verändert. Abgebrochen sind der zweigeschossige, türmebewehrte Torbau (6) mit anschließenden
Wehrmauern, ein langer, zweigeschossiger Wirtschaftsbau
(33) zwischen Kirche und Schloß sowie der südöstliche
(34) und südliche (5) Eckturm (Grundmauerreste) der
äußeren Befestigung.

128

Unterer Schertlinsturm

Ebenfalls verändert zeigt sich der nordwestliche Schloßbereich. Es fehlt ein winkelförmiges Gebäude (32), das an den hohen „Unteren Schertlinsturm" (4) anschloß. Der beachtliche, hohe, sechseckige Turm mit Zeltdach ist am Hang aufgebaut. Der Zugang etwa 3 m über dem Hofniveau wurde vermutlich von einem Wehrgang oder vom abgebrochenen Gebäude aus erschlossen. Das unterste Geschoß besitzt schmale und hohe Schlüsselscharten (1,45–1,85 m), die anderen Geschosse Fenster, Schlitz- und Rundscharten. Zu beachten ist die Beheizung des Erdgeschosses von außen. Die Kaminmündung ist an einer Rundöffnung verdeckt, so daß der abziehende Rauch nicht gesehen werden konnte. Im gratgewölbten 2. Obergeschoß mit zwei Gefängniszellen sind noch die Zellentüren, die Pritschen, der Ofen und die Eisenringe zur Ankettung der Gefangenen zu sehen.

Stallung

Nördlicher Abschluß der Anlage bildet die als Wohnturm umgebaute, ehemalige Stallung (2) mit angebautem „Oberen Schertlinsturm" (3). Abgebrochen ist ein östlich zur Kirche angrenzendes Gebäude (19) (Reste Nordmauer mit Erker).

Südöstlicher Volutengiebel des Schloßbaus mit Erkertürmen

Bissingen

Oberer Schertlinsturm	Der sechseckige Obere Schertlinsturm (3) galt wie der Untere als Gefängnisturm. Erd- und Obergeschosse sind gewölbeüberdeckt, das oberste Geschoß öffnet sich zum Dachbereich. Die Wehrhaftigkeit des Turms zeigt sich im Erdgeschoß mit übereinander angeordneten Scharten und sogenannten Hosenscharten. Der Turm diente zum Schutz des zweiten Tores (8) und des Grabens (17). Vor diesem Graben umzieht weiträumig eine Mauer (12) den äußeren Schloßhofbereich (22). Unterhalb des Schloßbaus steht U-förmig einen Hof umfassend die ehemalige Schloßökonomie (27).
Besitzer	Privat
Pläne	Grundrisse, um 1850, im Fürstlich Oettingischen Archiv
Alte Ansichten	Ansicht von Süden, Ölgemälde, um 1800, Harburg, Fürstliche Bibliothek Ortsansicht auf der Mappe des Landgerichts Höchstädt von Matthäus Stang, um 1600 Gesamtansicht, Aquarell von F. Weinberger, 1870, Harburg, Fürstliche Bibliothek
Literaturhinweise	– Dehio, Georg Handbuch der deutschen Kunstdenkmäler, Bayern, III, 1989 – Meyer, Werner Die Kunstdenkmäler von Schwaben, VII, Landkreis Dillingen an der Donau, 1972 – Seitz, Anton Michael Markt Bissingen, in: „Der Daniel", Heft 4/1979 – Seitz, Anton Michael Markt Bissingen und sein Umland, 1975 – Seitz, Reinhard H. Historisches Ortsnamenbuch von Bayern, Land- und Stadtkreis Dillingen an der Donau, 1966

Thurneck

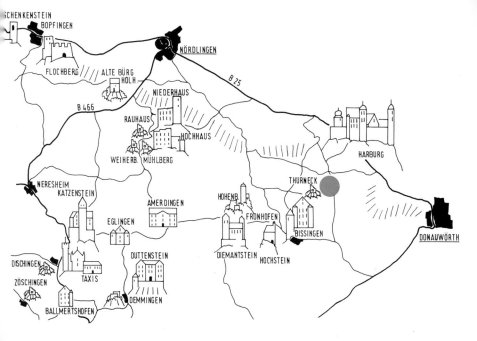

Thurneck

Lage

Hügelige Hochflächen und flache, grüne Talauen prägen den östlichsten Teil der Schwäbischen Alb. Nahe am Ursprung des Hahnenbachtals liegt zwischen Harburg und Bissingen der kleine Ort Thurneck. Auf einer nach Norden gerichteten, bewaldeten Talecke lag die Ortsburg. Von Bissingen im Kesseltal führt eine Straße in nördlicher Richtung über Stillnau und Rohrbach direkt nach Thurneck. Aus Norden gelangt man von Harburg auf der Straße in Richtung Bissingen und von Mönchsdeggingen über Schaffhausen dorthin. Hinter Rohrbach zweigt vor der Auffahrt zum Ort am Hahnenbach nach links ein Kiesweg ab. Er endet direkt am rechts (Osten) einmündenden, tiefen Burggraben (Parkmöglichkeit). Man geht zum Burggraben durch ein Gatter und steigt nach wenigen Metern weglos links zur Burgstelle auf.
Hahnenbach – 0,1 km Burgstelle.

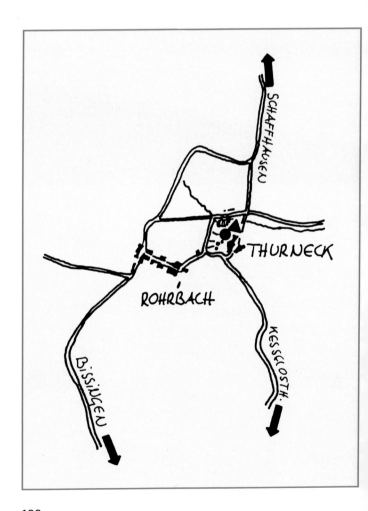

Thurneck

Gemeinde	Mönchsdeggingen, Ortsteil Thurneck, Landkreis Donau-Ries
Meereshöhe	Burg 484 m, Hahnenbachtal 460 m
Besichtigung	Privatbesitz, eingeschränkt zugänglich
Geschichte	Urkundliche Nachweise der Edelfreien von Thurneck stammen aus dem 13. Jahrhundert. Die Entstehung ihrer Stammburg kann aufgrund der Bauwerksmerkmale bereits in der ersten Hälfte des 12. Jahrhunderts vermutet werden.

1251 Heinrich von Thurneck (Turnekke) bezeugt eine Schenkung des Marschalls von Pappenheim.
Vor 1259 Übergang des Besitzes an die Grafen von Oettingen.

Burghügel aus nördlicher Richtung

Thurneck

1 Burghof
2 Wohnturm
3 Möglicher Hof
4 Mauerrest der
   Umfassungsmauer
5 Schuttriegel der
   Umfassungsmauer
6 Ringgraben
7 Wall
8 Möglicher Verlauf der
   Umfassungsmauer
9 Talseite
10 Hochfläche,
   Ortsbebauung

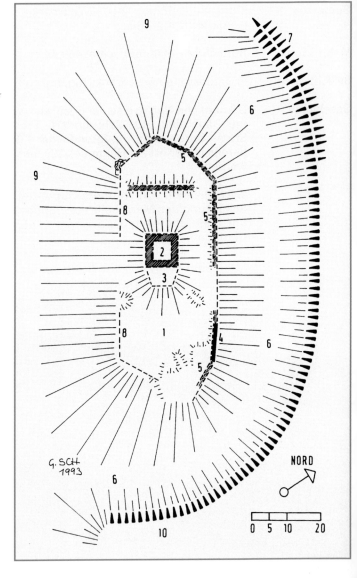

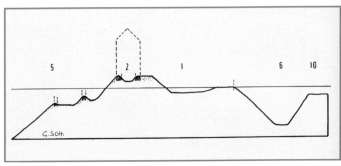

134

1259 Graf Ludwig (III.) von Oettingen tauscht Burg und Herrschaft Thurneck sowie Rohrbach mit dem Klösterlich-Ellwangischen Besitz Donaumünster.

Um 1299–1313 Thurneck ist als oettingisches Lehen in Besitz der Spät von Steinhart-Faimingen, die sich „von Thurneck" nennen.

Um 1315 Durch die Witwe Konrads des Spät von Thurneck gelangt der Besitz in zweiter Ehe an den Marschall von Oberndorf.

1396 Über die Herren von Hoppingen gelangt Thurneck kurzzeitig wieder an die Grafen von Oettingen.

1523 Georg von Waal zu Thurneck verkauft die Herrschaft an die Grafen von Oettingen. Die Burg wird nicht mehr bewohnt und dem Zerfall überlassen.

1664 Neubau eines Jagdschlosses südöstlich hinter der Burg.

1730 Fürst Ernst Albrecht II. von Oettingen läßt das Jagdschloß mit den Steinen der Burg Thurneck erweitern.

Um 1835 Abbruch des Jagdschlosses.

Anlage

Burg Thurneck stand am Ende eines von Hahnenbach und Schaffhauser Bächlein begrenzten, nach Nordwesten gerichteten Höhensporns. Beachtliche Geländespuren, Schuttriegel und geringe Mauerreste sind noch zu erkennen.

Dichter Wald überdeckt die Burgstelle Thurneck

Thurneck

Ringgraben

Ein gewaltiger, bis 16 m tiefer und 30 m breiter Ringgraben (6) trennt die Anlage zweiseitig von der Hochfläche (10). Nach Norden wird er zum Tal hin flacher und durch eine begleitende Wallaufschüttung (7) begrenzt. Schuttriegel der Umfassungsmauer (5) umziehen schiffsförmig die Burgfläche von ca. 30 x 75 m. An der östlichen Bergkante steht noch ein Rest der Umfassungsmauer (4) als Futtermauer mit etwa 6 m Länge und 1,5 m Höhe (Mauerwerk in Bruchsteinen mit eingestreuten Quadern in Wiederverwendung). Talseitig stuft sich das Gelände terrassenförmig ab. Bergseitig ist die Bebauung um den Burghof (1) nicht mehr feststellbar. Etwa in der Mitte der Anlage jedoch, an der Traufkante, stand auf einer Kuppe, 4 m über dem Burghof erhaben, ein Wohnturm (2), der zum ältesten Teil der Anlage gehörte. 2,5 m hohe Schuttriegel und geringe Reste von Kleinquaderverblendung um eine tiefe Mulde ergeben einen Aufriß von etwa 9 x 9 m.

Besitzer

Privat

Plan

Grundriß des Jagdschlosses von 1801, Harburg, Fürstliche Bibliothek

Literaturhinweise

- Führer zu vor- und frühgeschichtlichen Denkmälern, Band 41, mehrere Autoren, Herausgeber: Römisch-Germanisches Zentralmuseum Mainz
- Gröber, Karl und Horn, Adam
  Die Kunstdenkmäler von Bayern, Regierungsbezirk Schwaben, I, Bezirksamt Nördlingen, 1982
- Grünenwald, Dr. Elisabeth
  Burgen und Schlösser im Ries, in: „Rieser Kulturtage", Dokumentation, Band III/1980
- Kudorfer, Dieter
  Historischer Atlas von Bayern, Teil Schwaben, Heft 8, 1974

Harburg

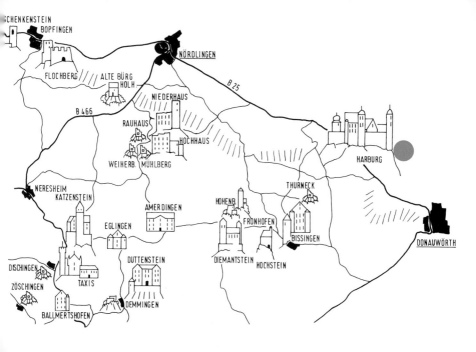

Harburg

Die Wörnitz trennt nördlich von Donauwörth die Schwäbische Alb von der Fränkischen Alb. Auf einem steilen Felsen über der Wörnitz erhebt sich die malerische Silhouette von Türmen und Mauern der Harburg, die zu den größten und am besten erhaltenen deutschen Burganlagen zählt. Mit der am Fuße des Bergs gelegenen kleinen Stadt mit schmucken Giebeln, alten Brücken, Gassen und Plätzen spiegelt die Wörnitz ein harmonisch-romantisches Bild. Harburg liegt direkt an der B 25 zwischen Donauwörth und Nördlingen. Unmittelbar am nördlichen Tunnelausgang der B 25 führt eine beschilderte Straße zu den Parkplätzen bei der Burg.

Wandervorschlag:
Wanderung um den östlichen Burgbereich von der Mauerpforte (38) der Vorburg zum Parkplatz.
Parkplatz – Mauerpforte – Parkplatz 0,9 km.
Weitere Möglichkeit mit Besichtigung der Altstadt. Ausgangspunkt ist die Alte Wörnitzbrücke. Bei der Kirche führt ein bezeichneter Wanderweg zur Burg.
Brücke – 1,0 km Burg.

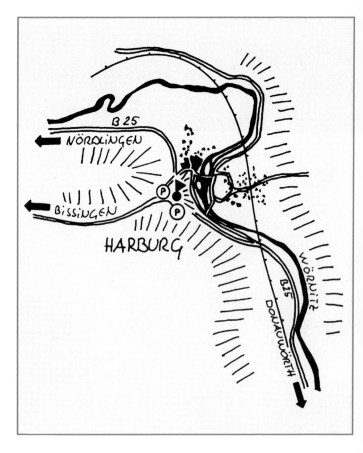

Gemeinde	Harburg, Landkreis Donau-Ries
Meereshöhe	Burg 480 m, Wörnitz 400 m
Besichtigung	Burg täglich geöffnet: Führungen vom 16. März bis 31. Oktober, täglich außer Montag von 9 bis 17 Uhr (im Oktober von 9.30 bis 16.30 Uhr). Vom 1. November bis 15. März geschlossen. Führungen durch die Burg mit Schloßhof, Schloßkirche, Wehrgang, Gefängnisräume, Kastenbau, Bergfriede und Festsaal; Führungsdauer ca. 50 Minuten. Besuch der Kunstsammlung mit Goldschmiede-, Email- und Elfenbeinarbeiten, Bildteppiche des 15. und 16. Jahrhunderts, Holzplastiken des 15. und 16. Jahrhunderts ohne Führung möglich. Öffnungszeiten täglich außer Montag von 10 bis 12 und 14 bis 17 Uhr, Telefon 0 90 03 / 14 46 oder 12 11.
Einkehrmöglichkeit und Übernachtung	Hotel Fürstliche Burgschenke Harburg, Café-Restaurant
Weitere Sehenswürdigkeit	Harburg, Altstadt
Bericht des Amtspflegers Gerige zur Hinrichtung des Hans Kaspar Brenn am 23. April 1728	„Der Übeltäter Hans Kaspar Brenn hatte sich in Hohenaltheim mit drei Stück Vieh vergangen. Seine Hinrichtung fand am Freitag, den 23. April 1728 statt. Schon tags zuvor war das mißbrauchte Vieh durch das Oberamt Hochhaus nach Harburg geliefert worden. Der als Bannrichter bestellte Amtspfleger Gerige ließ dasselbe, um jedes Aergernis zu vermeiden, außerhalb von Schloß und Markt in das bürgerliche Schafhaus bringen und dort über Nacht verwahren. Am 23. April, dem Hinrichtungstage des Brenn, wurde das Vieh morgens in aller Frühe zu dem Hochgericht hinausgeführt, dort totgeschlagen, geviertelt und mit Stroh zugedeckt.

Morgens um 8 Uhr wurde der arme Sünder, nachdem schon zwei Stunden zuvor die beiden Harburger Geistlichen bei ihm gewesen und ihn mit ihrem Zuspruch aufgerichtet hatten, aus dem gewöhnlichen Verwahrungsort, wo er nach empfangener Lebensabsprechung und Ankündigung des Rechtstages gesessen, abgeholt und auf das Rathaus geführt zur Haltung des Banngerichts. Nach dessen Vollendung wurde er auf den Pranger gestellt und dann durch den Markt hinaus zur Richtstatt geführt. Die Enthauptung konnte indessen hier nicht vollzogen werden, da alle Felder in der Nähe anbesämt waren und durch die große Menge der Zuschauer, die zu Pferd und zu Fuß gekommen waren – es sollen über tausend Personen gewesen sein – der Harburger Bürgerschaft ein entsetzlicher Schaden zugefügt worden wäre. Daher wurde der

Gesamtanlage von Nordwesten

arme Sünder der Landstraße nach weitergeführt auf den Platz beim Hochgericht, wo zwei Scheiterhaufen errichtet waren. Da aber dieser Platz sehr uneben war und überdies die anwesenden Zuschauer ein großes Gedränge machten, sah es der Scharfrichter Johann Michael Kober, der den Verurteilten zu richten hatte, für gut an, denselben während des Hinführens zum Stuhl, sobald die beiden Geistlichen ihn ausgesegnet hätten, zu enthaupten. Das geschah auch, doch konnte das Richtschwert nicht völlig durchdringen. Trotzdem war der arme Sünder nach empfangenem Streich ‚augenblicklich und Knall und Fall' auf den fast abgehauenen Kopf zur Erde gefallen, worauf der Scharfrichter Kober von dem schon toten Körper das Haupt sogleich durch einen Schnitt mit dem Schwert vollends ablöste. Der Körper des Gerichteten wurde alsdann auf den für ihn bestimmten Scheiterhaufen gelegt und auf den zweiten das zerstückelte Vieh mit Haut, Haar und allem

140

Eingeweid und hierauf beide Scheiterhaufen angezündet und alles zu Staub und Asche verbrannt. Das Feuer und die Glut dauerten bis nachmittags gegen 4 Uhr. Der Wasen, auf welchem der arme Sünder enthauptet und sein Blut ausgegossen worden war, wurde ausgestochen und ebenfalls verbrannt, die vorhanden gewesene Asche aber tief unter die Erde vergraben."

In der Harburg Inhaftierte und Verurteilte (Auszug)

1662 Georg Stenglen von Ebermergen mit dem Schwert gerichtet und hernach verbrannt.

1665 Stephan Greißing aus dem Salzburgischen wegen Diebstahls mit Ruten ausgehauen und ihm ein Ohr abgeschnitten.

1666 Eva Eber, obere Schloßtorwartin, wegen verschiedener Ehebrüche mit dem Schwert justifiziert.

1677 April 28. Anna Reußner von Mauren wegen Kindsmords mit dem Schwert gerichtet und der Kopf auf das Hochgericht gesteckt.

1677 August 9. Veit Höckhinger aus Bayern wegen vielfältiger Diebstähle mit dem Strang gerichtet.

1711 Wegen Sodomiterei drei Männer mit dem Schwert gerichtet und drei Buben über die Grenze geschafft.

1712 September 23. Von den in die Harburger Fronfeste eingebrachten Räubern und Dieben zwei mit dem Schwert gerichtet, zwei gerädert und einer gehenkt. Der junge Pfeiffer und die Beyerin mit Ruten ausgehauen und ihnen den Galgen auf den Rücken gebrannt. Zwei Mägdlein auf den Pranger gestellt und ausgepeitscht.

1718 April 18. Der „lange Mann" und der Ziegeuner Leyenberger gehenkt.

1720 August 13. Vier Ziegeuner-Weiber mit dem Schwert gerichtet und die Körper unter dem Galgen begraben.

1728 Juli 15. Elf Personen aus der sog. Hochstaplersbande auf den Pranger gestellt, teils gebrandmarkt, teils mit Ruten ausgestrichen und sämtliche sofort relegiert.

1729 März 27. Der Erzräuber und Landdieb Hans Martin Sandtner gehenkt und sein „Anhang" Sibylla Grattl auf den Pranger gestellt.

1753 März 9. Der Pfannenflicker Franz Karl Rieder von Neuler bei Ellwangen gebürtig, mit dem Rad gerichtet wegen Straßenraubs und Diebstahls. Sein Weib Maria Josepha auf den Pranger gestellt und dann mit ihrem Stiefvater Friedrich Schmoll des Landes verwiesen.

1761 Mai 22. Anton Stortz wegen Schatzgräberei, Teufelsbannen, Kirchen- und anderen Räubereien mit dem Schwert justifiziert.

1809 Dezember 9. Letzte Hinrichtung in Harburg. Der 24jährige Söldnersohn Johann Kaspar Frisch von Brünnsee hatte den Händler Joseph Samuel Landauer von Harburg auf den Wöllwartberg hinausgelockt und dann erschlagen, weil er sich von ihm übervorteilt glaubte. Frisch wurde deshalb mit dem Schwerte hingerichtet.

Harburg

Zugangsseite der Burg von Nordwesten

Speisezettel von 1650 zum Besuch des Grafen Joachim Ernst von Oettingen mit 12 Gästen

1. Nachtmahlzeit am 21. April
8 Gänge
Jutzelin Suppen (Brühe mit Wein und Eiern)
Eingemacht Kalbfleisch in Lemonen (Zitronen)
Zwei Pfund Rugeten (Fischart) in Butterbrühe
Salat mit Eiern
Eine gespickte, gebratene Henne
Eine gebratene rote Orse
Ein kaltes Mandelmus mit Zucker
Küchlein oder Gebackenes

2. Mittagsmahlzeit am 22. April
10 Gänge
Eine Suppe
Eier in Schmalz
Eine gesottene Henne in einer „Krien"- (Meerrettich) und Mandelbrühe
Eine Schüssel Mus mit Zucker
Ein gehacktes Rüben-Kraut
Ein Essen Hecht in Essig gesotten und gerösteter Speck darauf
Ein Essen Krebs
Ein Kalbs-Nierenbraten
Ein Gebackenes
Käse und Butter

Geschichte

Die Wiege der Staufer liegt im Ries; Friedrich, filius Friderici († um 1070/1075), ist der 1030 genannte Graf im Riesgau. Sein Sohn ist Friedrich von Büren. Durch die Ehe mit der Erbtochter des Grafen Walther vom Filsgau gelangt er in Besitz der Gebiete um den Hohenstaufen (siehe Hohenstaufen und Wäscherburg, Burgenführer Band 1). Harburg gehört zu den bedeutenden staufischen Reichsburgen am Südrand zum Ries. Die Anfänge der Burg können in der 1. Hälfte des 11. Jahrhunderts angenommen werden.

1150 Erste sichere Erwähnung. König Heinrich, Sohn Konrads III., sammelt seine Ritter auf Harburg zum Angriff auf den die Burg Flochberg belagernden Welf VI. (siehe Flochberg).

1193–1237 Mehrfache Erwähnung der Edelfreien von Harburg.

1240 Bertold von Harburg, letzter männlicher Nachkomme, vererbt die Burg mit Genehmigung Kaiser Friedrichs II. im Lager von Faenza an seine Töchter.

1251 König Konrad IV. verpfändet die Stadt Harburg an Graf Ludwig III. von Oettingen.

1295 König Adolf verpfändet das Schultheißenamt Harburg an Graf Ludwig V. von Oettingen.

1299 König Adolf verpfändet Burg und Markt Harburg an Graf Ludwig V. von Oettingen.

1347 Karl IV. bestätigt den Grafen Ludwig VIII. und Friedrich II. von Oettingen die Reichspfandschaften.

1355 Graf Ludwig VIII. von Oettingen begleitet Karl IV. zur Kaiserkrönung nach Rom.

1367 Kaiser Karl IV. erhöht die Pfandschaft von Burg und Markt Harburg um 300 Pfund.

1407 König Ruprecht vereinigt alle die dem Hause Oettingen verliehenen Reichspfandschaften.

1418 Kaiser Sigismund bewilligt die Unablösbarkeit der oettingischen Reichspfandschaften. Damit endgültige Sicherung des Besitzes für die Grafen von Oettingen.

1493 Graf Wolfgang I. von Oettingen wird alleiniger Besitzer. Harburg wird oettingische Residenz bis 1549.

1504 Während der Streitigkeiten um das bayerische Erbe stehen die Oettinger auf seiten der Münchner Herzöge.

1524 Karl Wolfgang von Oettingen, Sohn des Wolfgang I., beruft einen evangelischen Prediger nach Harburg.

1525 Hinrichtung des Bauernführers Josef Hafner in Harburg.

1527 Karl Wolfgang von Oettingen läßt die Burg mit neuen Geschützen und Büchsen ausstatten.

1546/47 Die oettingische Grafschaft wird im Schmalkaldischen Krieg stark in Mitleidenschaft gezogen. Harburg erhält zuerst schmalkaldische, dann kaiserliche Besatzungstruppen.

1552 Der geächtete Graf Ludwig XVI. kehrt mit Unterstützung des Kurfürsten Moritz von Sachsen und des Markgrafen Albrecht von Brandenburg-Kulmbach zurück und übernimmt gewaltsam den oettingischen Besitz.
1553 Graf Ludwig XVI. und sein Vater werden begnadigt. Ludwig XVI. wird Stammvater der älteren, protestantischen Oettingen-Oettingen-Hauptlinie.
1574–1618 Graf Gottfried von Oettingen läßt die Burg erneuern und neue Gebäude erstellen.
1632 Gustav Adolf von Schweden läßt die Burg mit einer Garnison von 28 Musketieren des Wurmbrandtschen Regiments belegen.
1634 Ludwig Eberhard stirbt auf der Flucht von Harburg nach Ulm in Heidenheim.
1634–1635 Die Burg erhält Besatzung unter Oberst von Adelszhoven.
1636 Reiter des Regiment Enkefort besetzen die Burg. Ende des Jahres übernimmt der Obrist de Moulin mit Oberst von der Steegen Harburg.
1637 Über 500 Kroaten und anschließend zwei Kompanien Kürassiere des Rittbergschen Regiments unter den Rittmeistern de la Pointe und Joly besetzen Harburg.
1642 Ein Unwetter zerschlägt 1864 Fensterscheiben.
1645 Nach der Schlacht bei Alerheim Plünderung der Harburg durch die siegreichen französischen, weimarischen und hessischen Truppen. Im August erhält die Burg kurbayerische Besatzung.
1646 Ein Korps des schwedischen Generals Königsmark unter dem Kommando von Leutnant Andres Böckmann wird einquartiert.
1647 Herzog Ulrich von Württemberg besucht die Burg.
1648 Einnahme der Burg durch französische und schwedische Truppen. Der Turm (10) am Oberen Tor brennt.
1656 Im Zuge strittiger Hoheitsrechte zwischen Oettingen und Pfalz-Neuburg wird die Besatzung der Burg verstärkt.
1661 Herzog Eberhard III. von Württemberg besucht Harburg.
1687 Feuer in der Burgvogtei.
1703 Zum Schutz der anrückenden Bayern und Franzosen wird die Harburger Besatzung durch das Baden-Durlachische Kreisregiment unter Hauptmann Holzapfel verstärkt.
1731 Die Linie der Grafen und Fürsten von Oettingen-Oettingen stirbt mit Albrecht Ernst II. aus. Harburg wird Besitz des Hauses Oettingen-Wallerstein.
1741 Teile der Burg befinden sich in ruinösem Zustand.
1743 Josefa, Gemahlin des Grafen Johann Friedrich, bewohnt Harburg. Renovierung der Anlage.
1791 und 1794 Harburg wird Fürstliches Hoflager.
1800 Im Zweiten Koalitionskrieg nehmen Franzosen mit Kanonen die Burg unter Beschuß. Die belagerten Österreicher ergeben sich, nachdem die Gefahr der Entzündung durch Sprengmunition besteht.

Burghof mit Pfisterei und Fürstenbau

1801–1802 Fürst Kraft Ernst von Oettingen-Wallerstein bewohnt Harburg bis zu seinem Tod (6. Oktober 1802).
1806 Harburg wird Sitz des Justizamtes und
1818 Sitz des Fürstlichen Herrschaftsgerichts.
Bis 1842 ist Harburg vorübergehend durch einzelne Mitglieder der fürstlichen Familie bewohnt.
1848–1852 Sitz der königlichen Gerichts- und Polizeibehörde.
1948 Einrichtung der Oettingen-Wallersteinschen Sammlung aus Maihingen.

Baugeschichte

Um 1150–1200 Ausbau der Harburg in Buckelquaderbauweise auf der Grundlage einer älteren Anlage.
Um 1300–1400 Neubau der Zwingeranlage und der Vorburg.
1494–1496 Neubau eines Turms und des Saalbaus (zwei Geschosse) unter Graf Wolfgang I.
Um 1562 Neubau der Burgvogtei (12).
1584 Neubau von Hausstadel und Zeughaus (48).
1585 Erhöhung des Glockenturms (26) und Erneuerung der Glocke.
1586–1587 Anbringung von 13 Sonnenuhren.
1594–1595 Neubau des Kastenbaus (15).

Fallgattertor und ehemalige Burgvogtei

1596 Anbau eines vierstöckigen Erkerturms an der Nordostecke des Fürstenbaus (22), Erneuerung des Brunnenrohrkastens (18).
1616 Erneuerung des baufälligen oberen dritten Tors (11).
1617 Neubau des Treppenturms am Fürstenbau (22). Umbau der angrenzenden Zimmer und Renovierung des Saals.
1654–1655 Instandsetzung des im Krieg beschädigten Fürstenbaus unter Graf Joachim Ernst.
1663 Neubau des Brunnenwerks.
1665 Wiederherstellung des abgebrannten Weißen Turms (10).
1666 Neubau des Brauhauses (37) in der Vorburg.
1696 Neubau eines Schießhauses beim Saalbau (19).
1703 Abbruch des Schießhauses und Neubau als Wachhaus beim äußeren Tor.
1717 Aufstockung des Saalbaus (19) unter Fürst Albrecht Ernst II. Einbau einer neuen Treppe im Faulturm (20) zur Erschließung des Saalbaus.

1719–1721 Einbau von sechs Zimmern im Saalbau und Stuckierung der Zimmer im Kastenbau (15).
1720–1721 Umbau der Schloßkirche im Stil des Barocks.
1731–1738 Renovierung und Stuckierung von Zimmern durch Hofstukkator Balthasar Suiter.
1742–1743 Neubau des Amtshauses, Modernisierung der Zimmer im Fürstenbau (22) und Stuckierung der Saaldecke (19) durch Johann Bühler unter Graf Johann Friedrich. Einbau von elf neuen Offizierszimmern im 4. Stock.
1744 Neubau des Amtspflegerhauses (33).
1752 Erneuerung des Fallgatters am oberen dritten Tor (11).
1753 Neubau des Baumeisterhauses (45) in der Vorburg.
1783 Erneuerung des durch Brand zerstörten Dachs und der Decke des Saalbaus (19).
1787 Erneuerung der Zugbrücke des unteren Tors (1).
1807 Neubau der steinernen Bogenbrücke beim unteren Tor (1).
1839 Umbau des Fürstenbaus (22) durch Fürst Friedrich von Oettingen-Wallerstein.
1840 Neubau des Wasserturms (27).
1856 Abbruch der Waschküche (46) neben der Pfisterei, eines Kartoffelhäuschens, der Hofmetzg (37) und der angrenzenden Stallung in der Vorburg.
1860–1863 Erneuerung des Ganges und Instandsetzung der Wehrmauer zwischen Fürstenbau (22) und Saalbau (19).
1863–1869 Fortführung der Umbauarbeiten des Fürstenbaus (22) durch Fürst Karl von Oettingen-Wallerstein. Ersetzen von Fachwerkwänden durch massives Mauerwerk.
1866 Abbruch der Hofküche (47) neben dem Faulturm.
1869–1871 Abbruch der baufälligen Münze (32) mit Stallung und des Baumeisterhauses (45) in der Vorburg.
1873 Das Brauhaus (37) in der Vorburg brennt nieder.
1924 Erneuerung des Kirchendachstuhls (25).
1926 Erneuerung des Burgvogteidachstuhls (12).
1928 Erneuerung des Fürstenbaudachstuhls (22).
Seit 1947 Instandsetzungs- und Renovierungsarbeiten.

Die Harburger Schloßbaumeister 1646–1755

Melchior Eger von Großsorheim 1646–1648.
Hans Binswanger 1652–1656.
Georg Deuter (Deitter) 1657–1666.
Hans Pickh (Bickh) 1666–1667.
Georg Ruising 1668–1670.
Hans Greiner 1683.
Melchior Maschberger 1684–1702 (kassiert).
Hans Jörg Stehle (Stähle, auch Stehlein) 1702–1726.
Sigmund Seigling 1727–1746.
Matthes Roßer 1746–1755.

Die Grafen von Oettingen

Ludwig III. 1217?, 1279	Graf von Oettingen, Sohn des Ludwig II., in Besitz der Stadt Harburg als staufisches Reichslehen seit 1251 Gemahlinnen: 1. N. N. von Burgau 2. Adelheid Gräfin von Hirschberg Kinder: Ludwig V., Konrad III., Ursula, Sabine?, Sophie
Ludwig V. 1263, 1313	Graf von Oettingen, Sohn des Ludwig III., in Besitz der Harburg als Reichslehen seit 1299 Gemahlin: Maria Gräfin von Zollern Kinder: Friedrich I., Ludwig VI., Konrad Ludwig, Friedrich, Sophie, Elisabeth
Friedrich I. 1289, 1311	Graf von Oettingen, Sohn des Ludwig V. Gemahlin: Elisabeth von Dornberg Kinder: Maria, Ludwig VIII., Friedrich II.
Friedrich II. 1313, † 1357	Graf von Oettingen, Sohn des Friedrich I. Gemahlin: Adelheid Gräfin von Werd Kind: Ludwig X.
Ludwig X. 1337, † 1370	Graf von Oettingen, Sohn des Friedrich II. Gemahlin: Imagina Gräfin von Schaunberg Kinder: Margarethe, Ludwig XI., Friedrich III., Anna, Elisabeth, Ludwig der Jüngere, Adelheid, Friedrich der Jüngere, Ulrich
Friedrich III. 1370, † 1423	Graf von Oettingen, Sohn des Ludwig X., regiert gemeinsam mit seinem Bruder Ludwig XI. bis zur Teilung ab 1410 Gemahlinnen: 1. Elisabeth da Carrara 2. Euphemia Herzogin von Schlesien Kinder: Friedrich IV., Johann I., Ulrich, Wilhelm I., Albrecht, Anna, Adelheid, Margarethe, Imagina
Ludwig XI. 1370, † 1440	Graf von Oettingen, Sohn des Ludwig X., regiert gemeinsam mit seinem Bruder Friedrich III. Nach der Teilung ab 1410 in Besitz von Harburg Gemahlinnen: 1. Beatrix Gräfin von Helfenstein 2. Agnes Gräfin von Werdenberg-Trochtelfingen Kinder: Wilhelm, Ludwig XII., Anna, Magdalena, Margarethe
Wilhelm I. 1423?, † 1467	Graf von Oettingen, Sohn des Friedrich III., adoptiert von Ludwig XI., Erbe von Harburg Gemahlin: Beatrix de la Scala Kinder: Friedrich, Wolfgang I., Johann II., Elisabeth, Anna, Margarethe, Ursula, Ottilie

Wolfgang I. * 1455, † 1522	Graf von Oettingen, Sohn des Wilhelm I. Gemahlin: Anna Truchsessin von Waldburg Kinder: Karl Wolfgang, Ludwig XV., Wilhelm
Karl Wolfgang * 1484, † 1549	Graf von Oettingen, Sohn des Wolfgang I. Gemahlin: Elisabeth Landgräfin von Leuchtenberg
Ludwig XV. * 1486, † 1557	Graf von Oettingen, Sohn des Wolfgang I., Bruder des Karl Wolfgang Gemahlin: Salome Gräfin von Hohenzollern Kinder: Ludwig XVI., Wolfgang II., Friedrich V., Wilhelm, Karl Ludwig, Loth, Maria Jakoba, Imagina, Maria Sidonie, Maria Johanna, Maria Salome, Maria Aegypiaca, Seraphine, Anna
Wolfgang II. * 1511, † 1573	Graf von Oettingen, Sohn des Ludwig XV., stirbt ohne Nachkommen Gemahlin: Margarethe Markgräfin von Baden-Durlach
Ludwig XVI. * 1508, † 1569	Graf von Oettingen, Sohn des Ludwig XV., Bruder des Wolfgang II., begründet die protestantische Linie Oettingen-Oettingen Gemahlinnen: 1. Margarethe Gräfin von Lützelstein 2. Susanne Gräfin von Mansfeld 3. Claudia Gräfin von Hohenfels Kinder: von 1.: Judith, Anna Salome, Margarethe, Marie, Gottfried, Ludwig; von 2.: Anna Dorothea, Albrecht; von 3.: Weiprecht, Philipp
Gottfried * 1554, † 1622	Graf von Oettingen-Oettingen, Sohn des Ludwig XVI. Gemahlinnen: 1. Johanna Gräfin von Hohenlohe-Neuenstein 2. Pfalzgräfin Barbara am Rhein Kinder: von 1.: Ludwig Eberhard, Johanna Henriette, Gottfried
Ludwig Eberhard * 1577, † 1634	Graf von Oettingen-Oettingen, Sohn des Gottfried Gemahlin: Margarethe Gräfin von Erbach Kinder: Marie Magdalena, Johanna, Anna-Elisabeth, Barbara Dorothea, Friedrich, Christine, Agathe, Joachim Ernst, Sophie
Joachim Ernst * 1612, † 1659	Graf von Oettingen-Oettingen, Sohn des Ludwig Eberhard Gemahlinnen: 1. Anna Sibylla Gräfin zu Solms-Laubach 2. Anna Dorothea Gräfin von Hohenlohe-Neuenstein 3. Anna Sophie Pfalzgräfin bei Rhein Kinder: von 1.: Sophie Margarethe; von 2.: Maria Doro- thea Sophie, Albrecht Ernst I., Susanne Johanna, Joachim Ernst, Marie Eleonore, Christian; von 3.: Hedwig Auguste, Magdalena Sophie, Eberhardine Sophie

Albrecht Ernst I.
* 1642, † 1683

Fürst von Oettingen-Oettingen, Sohn des Joachim Ernst
Gemahlinnen:
1. Christine Frederike Herzogin von Württemberg
2. Eberhardine Katharina Herzogin von Württemberg
Kinder: von 1.: Eberhardine Sophie, Albrecht Ernst II.,
Christine Luise, Henriette Dorothea

Albrecht Ernst II.
* 1669, † 1731

Fürst von Oettingen-Oettingen, Sohn des Albrecht
Ernst I., stirbt ohne männliche Nachkommen, Erbe von
Harburg wird die Linie Oettingen-Wallerstein
Gemahlin: Sophie Louise Landgräfin von Hessen
Kind: Elisabeth Friederike, heiratet 1713 Karl Ludwig Graf
von Hohenlohe zu Weikersheim

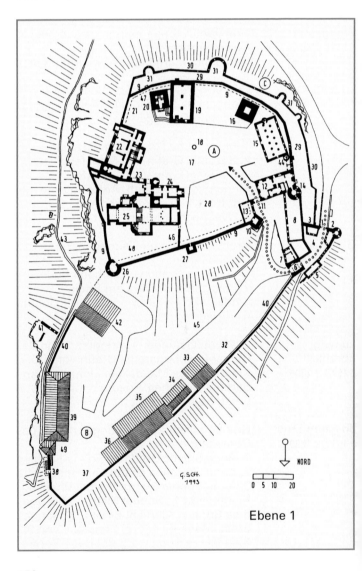

Ebene 1

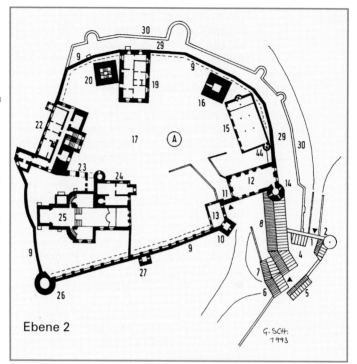

Ebene 2

G. SCH.
1993

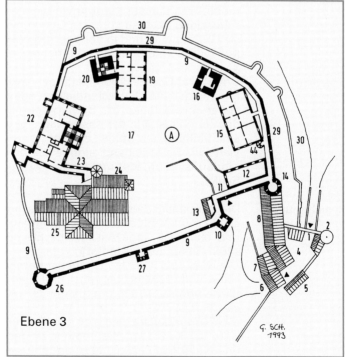

Ebene 3

G. SCH.
1993

Anlage

Harburg zählt zu den besterhaltensten deutschen Ritterburgen und durch ihre Größe zu den bedeutendsten Zeugnissen staufischer Reichsburgen. Wie in einem aufgeschlagenen Buch läßt sich die Entwicklung einer mittelalterlichen Burg zur gräflichen Residenz ablesen. Fünf Hauptbauphasen können unterschieden werden:

1. Anlage
11. Jahrhundert

Die vorstaufische Burg bildet bereits die Grundlage für die weiteren Anlagen, über deren Aussehen läßt sich am Baubestand allerdings nichts ablesen. Möglicherweise stammt die Ringmauer (9) noch aus dieser Zeit.

2. Anlage
Um 1150–1200

Im Zuge der Stärkung staufischer Hausmacht erfolgt die völlige Neuanlage in Buckelquaderbauweise. Innerhalb der Ringmauer (9) entsteht die Kernburg (A) mit zwei Bergfrieden, Diebsturm (16) und Faulturm (20) sowie der Palas, dessen substanzieller Teil im Fürstenbau (22) steckt. Der Burgbrunnen (18) und die Grundmauern von Kirche (25) und Gefängnisturm (14) gehören ebenfalls zu dieser Anlage. Auch das zweite Tor (6) der Vorburg ist staufisch.

3. Anlage
Um 1300–1400

Die Vorburg (B) wird auf den heutigen Umfang erweitert. Zur Sicherung der Feldseite entsteht vor der Ringmauer mit nun gedecktem Wehrgang ein Zwinger (29) mit Basteien (31).

4. Anlage
1450–1550

Unter Graf Wolfgang I. von Oettingen wird die Anlage modernisiert. In der Kernburg läßt er den zunächst zweigeschossigen Saalbau (19), den Gefängnisturm (14) auf älterer Grundmauer und in der Vorburg am Aufgang zum oberen Tor die Rote Stallung (8) errichten.

5. Anlage
1560–1620

Unter Graf Gottfried von Oettingen wird die Harburg zum repräsentativen, herrschaftlichen Sitz ausgebaut. Unter anderem entstehen die Burgvogtei (12), der Hausstadel, das Zeughaus (48), der Kastenbau (15) und in der Vorburg eine Stallung, ein Stadel, die Hofmetzg (37) und der Mastviehstall. Entscheidend sind auch der Umbau und die Modernisierung des Fürstenbaus (22) zum repräsentativen Schloß.

Besichtigung der Anlage

Die Burganlage besteht aus drei Abschnitten:
Die Kernburg mit einer hohen Ringmauer (9), die kreisförmig mehrfach abgewinkelt eine Fläche von etwa 90 bis 110 m Durchmesser umfaßt.
Die Vorburg auf der Nordseite der Kernburg. Sie wird zweiseitig vom Talhang begrenzt und überdeckt eine Grundfläche von ca. 10 000 qm; Länge ca. 180 m, größte Breite ca. 70 m.
Die Zwingeranlage legt sich parallel zur gerundeten Feldseite der Kernburg. Sie beginnt an der östlichen Talseite und endet nach etwa 130 m am äußeren Tor (1). Vorgela-

Malerisch wirken Fürstenbau und Faulturm von Südosten

gert ist ein Graben, der ostseitig durch den Straßenbau verfüllt ist.

Der Besucher erlebt die Burg von der Bergseite als abweisende Wehranlage mit Zwingermauer, Basteien und hochaufragender Ringmauer. Je näher der Betrachter der Burg ist, um so mehr ducken sich Türme und Dächer im Schutz der hohen Mauer.

Äußeres Tor An der westlichen Bergflanke steht das 2,75 m breite äußere Tor (1) mit gequadertem Spitzbogen, welches 1594 als zusätzliche Sicherung unter Graf Gottfried von Oettingen entstand. Das Wappen über dem Tor erinnert an den Bauherrn. Eine außenseitige Mauervertiefung und ein innenseitiger Sturzbalken mit Angelloch zeigen noch die Verschlußmöglichkeit der Schwungrutenzugbrücke und des Flügeltors.

Zweites Tor
Staufische Bauphase

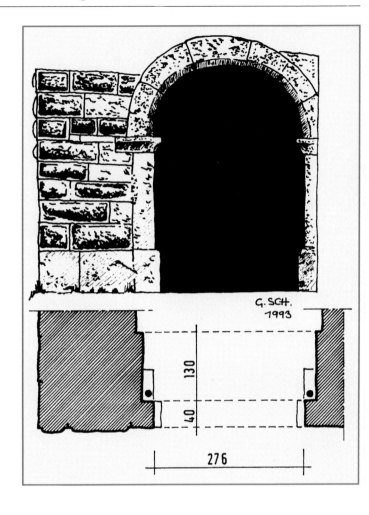

Torwarthaus

Zweites Tor

Dem Tor folgt ein Zwinger (4) mit dem neuen (2) und alten Torwarthaus (5). Das neue ist erdgeschossig massiv und im Obergeschoß und Giebel mit Fachwerk ausgeführt. Ein runder Eckturm mit verschiedenen Scharten schützt die Feldseite.

Die rechte Seite des Torzwingers bestimmt eine mit Quadern und Buckelquadern verblendete hohe Mauer, welche direkt an das zweigeschossige zweite Tor (6) anschließt. Innerhalb der staufischen Anlage war es das äußere Tor. Als ursprüngliches Bauwerk ist ein Torturm denkbar, später jedoch verändert, auf zwei Geschosse reduziert oder umgebaut und mit einem Torgewölbe versehen. Staufisch sind die beiden 2,76 m breiten Rundtore mit Kämpferquadern. Am äußeren weisen Angellöcher im Sockel und Sturzbalken auf den Verschluß mit Drehtoren. Original ist

Burggarten mit Wehrgang, Weißem Turm, ehemaliger Turmknechtswohnung und Burgvogtei

Buckelquader

die Außenverblendung mit Buckelquadern bis auf eine Höhe von 6 m. Buckelquaderabmessung z. B. (L x H) 102 x 40, 136 x 34, 5 x 38, 48 x 55 cm, Buckel grob bearbeitet, teilweise flach, häufig rundlich bis 15 cm vorstehend, Randschläge 5 bis 6 cm breit, Formate liegend, vereinzelt hochstehend. Rechts vor dem Tor (Feldseite) ist im Abstand von etwa 1,8 m in der Wand ein Quader mit einem Reliefkopf eingearbeitet, bei dem Profil, Augen und Nasenansatz zu erkennen sind.

Vorburg

Hinter der staufischen Toranlage öffnet sich der Hof zur Vorburg. Von den zahlreichen, im Zuge von Baumaßnahmen entstandenen und umgebauten Gebäuden stehen noch an der Nordwestmauer das 1744 erstellte Amtspflegerhaus (33) und der Zehntstadel (35). An der Ostmauer zum Wörnitztal befindet sich neben einer Pforte (38) die aus der Mauerflucht vorspringende, 1819 erbaute Bräustube (49), nach Süden angebaut ist das neue, walmdachgedeckte, zweigeschossige Forsthaus (39), das anstelle eines Mastviehstalls und eines Stadels steht.

Zurück zum staufischen Tor (6) führt der Burgweg nach Süden gekehrt hoch zum oberen dritten Tor (11). Links überragt der viereckige Weiße Turm (10) mit Helmdach die Auffahrt, rechts steht die schmucke Rote Stallung (8) mit der staufischen Mauer als Rückseite. Von dem romantischen Anblick der Fassade mit drei fachwerkgezierten und krüppelwalmgedeckten Zwerchgiebelhäusern ließ sich auch Carl Spitzweg bei einem Besuch der Harburg 1858 inspirieren.

Rote Stallung

Fallgattertor mit
Wehrgang
1 Gußerker
2 Wehrgang
3 Winde
4 Fallgatter
5 Tor

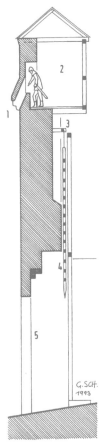

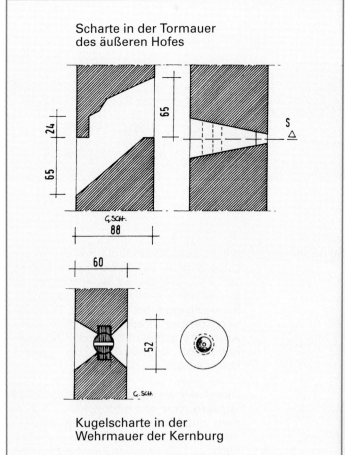

Scharte in der Tormauer
des äußeren Hofes

Kugelscharte in der
Wehrmauer der Kernburg

Oberes Tor Kernburg

Einen seltenen Anblick bietet das obere Tor (11) in der Ringmauer der Kernburg. Es besitzt noch ein Fallgatter, das zum Verschluß des 2,73 m breiten und etwa 5 m hohen Rundbogentors diente. Darüber führt der gedeckte Wehrgang mit Gußerker.

Ringmauer

Die folgende, steile Rampe führt direkt in den weiträumigen Burghof (17) der Kernburg. Eine hohe Ringmauer (9) umfaßt die gesamte Anlage, die im Ursprung auf die stauferzeitliche Burg zurückgeht. Innenseitig verputzt, zeigt sie außenseitig noch originale Verblendung mit Quadern und eingestreuten Buckelquadern. Später erfolgten die Erhöhung und die Ausführung des umlaufenden, satteldachgedeckten Wehrgangs, der noch bis auf den Mauerbereich zwischen Fürstenbau (22) und Glockenturm (26) erhalten ist. In der 60 cm starken Wehrgangsbrüstung wechseln die Schartenformen (Kugelscharten, Schlüsselscharten).

Dreischiffige Erdgeschoßpfeilerhalle im Kastenbau

Burgbrunnen

Inmitten des Hofs befindet sich der überdeckte Burgbrunnen (18), der ursprünglich bis auf die Sohle der Wörnitz in etwa 100 bis 120 m Tiefe reichte und heute durch Schuttverfüllungen noch etwa 50 m tief ist. Die Wasserförderung erfolgte über ein Tretrad, das einen Wellenbaum mit eisernen Schaufelzapfen bewegte, an dem der Schöpfeimer hing. 1722 wurde vermutlich aus optischen Gründen der gesamte Mechanismus unter das Burghofniveau in einen gewölbeüberdeckten Raum verlegt.

Turmknechtshaus
Weißer Turm

Rechts (östlich) beim oberen Tor steht das Turmknechtshaus (13) mit dem dahinter angrenzenden Weißen Turm (10). Alle auf der Harburg bis 1809 verurteilten Verbrecher mußten unter Aufsicht des Turmknechts und seiner Frau in den Verliesen des Weißen Turms ihre Strafen verbüßen, Schwerverbrecher führte man von hier zur Exekution.

Burgvogtei

Links (westlich) beim oberen Tor entstand 1562 die Burgvogtei (12) als Wohnung des Burgvogts, danach bewohnten der Kastner, der Herrschaftsgerichtsaktuar und der Fürstliche Revierförster das Gebäude. Heute ist es Hotel und Fürstliche Burgschenke. Der einfache, mit flachem Satteldach gedeckte Baukörper ist zweigeschossig massiv und im 2. Obergeschoß mit Fachwerk erstellt.

Kastenbau

Gleich daneben steht mit der Traufseite zum Hof der dreigeschossige Kastenbau (15) von 1594/95. Die axial gegliederte Fassade mit Gesimsen besitzt sechs kreuzgeteilte Fenster im obersten und je vier kleinere in den unteren Geschossen. Aufzugsgaube und korbbogiges Eingangsportal mit dem Wappen des Bauherrn Graf Gottfried von Oettingen unterstreichen die Axialität. Hinter dem Eingang öffnet sich eine beachtliche, dreischiffige Pfeilerhalle mit Kreuzgratgewölben. Versetzte Reihen aus Achteckpfeilern mit gekehlten Kapitellen und Blockbasen ergeben eine spannungsvolle Raumgliederung. Von diesem ehemals als Marstall genutzten Geschoß führt eine Wendeltreppe in das 1. Obergeschoß, das als Rüstkammer und Fruchtspeicher diente. Über eine zweite Wendeltreppe an der Nordwestecke erreicht man den Wehrgang (Burgführung) und das 2. Obergeschoß mit unterschiedlich großen Räumen, die mit Holzkassettendecken und teilweise mit Renaissancetürgewänden aus der Erbauungszeit ausgestattet sind.

Zu den bedeutendsten Bauwerken der staufischen Anlage (1150–1200) gehören die beiden Bergfriede, die knapp hinter der Ringmauer des feldseitigen Abschnitts stehen.

Diebsturm
Westlicher
Bergfried
Buckelquader

Der westliche (16), später Diebsturm genannt, ist viergeschossig und helmdachgedeckt (Grundriß 9,54 x 9,56 m). Seine starken Mauern besitzen bis über das erhöhte Eingangsgeschoß innen und außen Buckelquaderverblendung, das 2. und 3. Obergeschoß hammerrecht bearbeite-

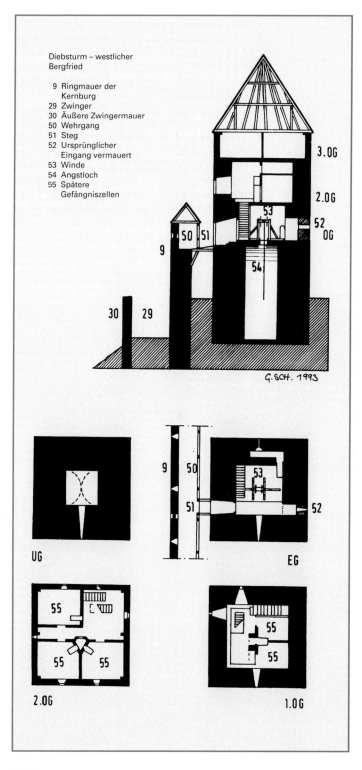

Diebsturm – westlicher
Bergfried

9 Ringmauer der
Kernburg
29 Zwinger
30 Äußere Zwingermauer
50 Wehrgang
51 Steg
52 Ursprünglicher
Eingang vermauert
53 Winde
54 Angstloch
55 Spätere
Gefängniszellen

3. OG

2. OG

52
OG

9

30   29

G. SCH. 1993

UG

EG

2. OG

1. OG

tes Quadermauerwerk kleinerer und mittlerer Formate in unregelmäßigen Schichtungen. Buckelquaderabmessungen am Sockel z. B. (L x H) 173 x 68, 119 x 64, 97 x 62 cm, Buckel häufig gerundet und mit geglätteter Oberfläche, bis 17 cm vorstehend, Randschläge 4 cm breit, Formate nach oben hin abnehmend.

Der ursprünglich erhöht liegende Rundbogeneingang (52) zur Hofseite ist vermauert, Ersatz bietet ein Steg (51) vom Wehrgang (50) zu einem nachträglich ausgebrochenen Zugang. Inmitten des Eingangsgeschosses öffnet sich das vergitterte Angstloch. Darunter liegt ein hoher, überwölbter Raum mit 3 m starken Außenwänden, der vorwiegend als Vorratsraum, später als Gefängnis diente. Die Winde (53) zum Hinablassen der Gefangenen ist noch zu sehen. In die westliche Außenwand ist ein Abort eingebaut. Eine hölzerne Stiege führt in das 2. und 3. Obergeschoß mit

Diebsturmhofseite mit vermauertem ehemaligen Zugang

Diebsturm
Westlicher Bergfried
Ecke Nordwest-/
Nordostseite

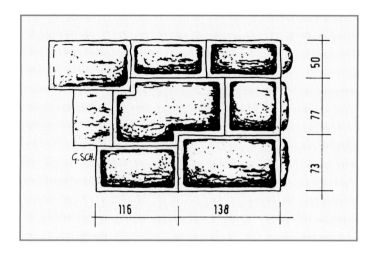

Angstloch und Winde im Diebsturm

161

nachträglich eingebauten Gefängniszellen (55). Eine besitzt zur Haftungsverschärfung oder zur Erpressung von Geständnissen einen niederen Gefängniskasten, eine andere ist als „Schwitzkammer" hergerichtet.

Saalbau

Östlich vom Diebsturm stehen der dreigeschossige Saalbau (19) und der östliche Bergfried (20), Faulturm genannt. Neben dem ehemals freistehenden Bergfried erstellte Graf Wolfgang I. von Oettingen 1494 bis 1496 den zweigeschossigen Saalbau. Nach der Erhöhung 1717 wurde der östliche Bergfried zum Treppenturm des Saalbaus.

Die Fassade des dreigeschossigen, walmdachgedeckten Rechteckbaus wird durch symmetrische Fensterteilung und Putzquaderung im Erdgeschoß bestimmt. Der Keller hat ein Tonnengewölbe mit zwei Rechteckpfeilern, im Erd- und Obergeschoß befinden sich Zimmer mit stuckierten Decken.

Saal

Größter repräsentativer Raum der Burg ist der Saal im 2. Obergeschoß. Er besitzt 3:5 Fensterachsen, pilastergegliederte Wände und Stuckierung von Johann Bühler 1719/1742. Kamine mit den Emblemen von Krieg und Frieden zieren die Schmalseiten. Fünf große und vier kleine Leinwandbilder an der Decke entstammen dem abgebrochenen Lustschloß Tiergarten-Schrattenhofen. Sie zeigen Perseus und Andromeda (Mitte), Merkur (nördlich), Athene (westlich), Friede und Krieg sowie die Eckbilder Jagdhorn, Wildschwein, Wachhund, Geier und Hase.

**Faulturm
Östlicher
Bergfried**

Der östliche Bergfried (20) aus der staufischen Anlage entspricht etwa den Abmessungen des westlichen Bergfrieds. Im Zuge seiner Umnutzung als Treppenturm entstand auch die Neueindeckung mit einem Schneckenhaubendach. Die beiden oberen Geschosse sind verputzt, an den beiden unteren ist noch die Buckelquaderverblendung erhalten.

Buckelquader

Der untere Teil aus Buckelquaderflächen mit eingestreuten, glatten Quadern wechselt nach oben in Quaderflächen mit eingestreuten Buckelquadern. Auffallend sind vergrößerte Eckbuckelquader, z. B. (L x B x H) 181 x 55 x 75 cm. Buckel häufig roh, bis 15 cm vorstehend, Randschläge unregelmäßig, 3,5 bis 5 cm breit. Der ursprünglich erhöhte Eingang ist vermauert.

Fürstenbau

Zentrales Bauwerk am Burghof ist der repräsentative, fünfgeschossige Fürstenbau (22). Seine Fassade wird durch den risalitartig vorspringenden, helmdachgedeckten Treppenturm bestimmt, links und rechts stehen Quergiebel mit Gesimsgliederung zum Hof. Goldene Schragen auf rotem Grund an den Fensterläden zeigen die oettingischen Hausfarben. Eine Pforte mit spitzbogigem Sturz am rechten Bauteil stammt aus der Erbauungszeit; sie ist die einzige äußerliche bauliche Hinweis auf die im Gebäude steckende Substanz des staufischen Palas. Mit der Ostseite

*Burghof mit Diebsturm, Kastenbau und ehemalige
Burgvogtei*

sitzt es an der Ringmauer. Ein trapezförmiger Erkerturm an
der Nordostecke und ein kleiner Anbau an der Südwestecke ragen aus der Mauerflucht.

Der Fürstenbau wurde der Nutzung und dem Willen des
Burgherrn entsprechend öfters umgebaut. Zu den besten
Zeiten war er Residenz der gräflichen Familie, später Wit-
wensitz, Aufenthalt für Jagdgesellschaften, Getreidespeicher und heute Museum der Fürstlichen Kunstsammlung.

Vom 2. Obergeschoß führt ein gedeckter Gang auf Rund-
bögen zur Schloßkirche. Davor liegt der zweigeschossige

Pfisterei Pfisterbau (24) (Bäckerei) mit zeltdachgedecktem, rundem
und viereckigem Turm. Im 19. Jahrhundert war die Pfisterei Wohnung des Revierförsters, heute dient sie als
Schloßwartwohnung.

163

Schloßkirche St. Michael

Pfarrkirche von Harburg war lange Zeit die Kirche der Burg. Erst zu Beginn des 15. Jahrhunderts ließ Graf Friedrich von Oettingen die Pfarrkirche zur Hl. Barbara am Fuße der Burg errichten.

Die heutige Schloßkirche (25) entstammt mehreren Bauabschnitten. Im südlichen Querarm wird der Ursprung der Kirche aus romanischer Zeit mit halbrunder Apsis angenommen, Ostteil der Kirche und Gruft könnten um 1300 bis 1350 entstanden sein. Im 17. Jahrhundert wird der romanische Teil erhöht und mit einer Empore versehen. Eine gründliche Neufassung ergeht 1622 bis 1626 unter Graf Ludwig Eberhard von Oettingen, das heutige gesamtheitliche Erscheinungsbild erhält sie schließlich durch eine umfassende Barockisierung 1720 bis 1721.

Den langen, einschiffigen Bau durchdringt etwa mittig ein Querhaus. Aus der Vierung führen zweiläufig zwölf Stufen zum erhöhten Chorraum mit querrechteckigem Schluß. Darunter liegt die Gruftkapelle mit den Särgen der Familienmitglieder der evangelischen Linie Oettingen-Oettingen. Das westliche Langhaus bestimmt eine Doppelempore, deren unterste mit geschwungener Brüstung bis zur Mitte des Schiffs reicht. Als beachtliche Bildhauerkunst gelten die dreiteiligen Grabmäler des Grafen Ludwig XVI. († 1557) und seiner Gemahlinnen Margaretha und Susanne sowie des Grafen Gottfried († 1622) mit Johanna und Barbara.

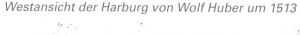

Westansicht der Harburg von Wolf Huber um 1513

Pforte aus der Erbauungszeit am Fürstenbau

Besitzer	Fürsten von Oettingen-Wallerstein
Pläne	Verschiedene Grundrisse und Schnitte in: „Die Kunstdenkmäler von Schwaben", III, Landkreis Donauwörth, 1951
Alte Ansichten (Auswahl)	„Prospect", um 1790, von Sulzberger nach Joh. Müller, Nördlingen, Stadtarchiv Harburg von Südosten, Öl auf Pergament, um 1790, Harburg, Fürstliche Bibliothek Burg und Stadt, Tuschezeichnung, 1799, von Doppelmayer, Nördlingen, Stadtarchiv Burg und Stadt, Ölbild von J. M. Frey, 1806, Harburg, Fürstliche Bibliothek Gesamtansicht, Lithographie, um 1830, „Der Daniel", Heft 4/1966, Titelbild Ostseite, Lithographie, 1834, Donauwörth, Stadtarchiv Westseite, Ölbild, Harburg, Fürstliche Bibliothek Detail im Burghof, C. Voltz, 1888, Nördlingen, Stadtarchiv Harburg, Ansicht von Wolf Huber, 1513

165

Harburg

Literaturhinweise
- Biller, Thomas
  Die staufische Toranlage auf der Harburg, in: „26. Jahrbuch 1980"
  des Historischen Vereins für Nördlingen und das Ries
- Dehio, Georg
  Handbuch der deutschen Kunstdenkmäler, Bayern, III, Schwaben,
  1989
- Diemand, Dr. Anton
  Die Harburg im Ries, 1930
- Diemand, Dr. Anton
  Schloß Harburg, in: „Der Burgwart", Nr. 5/6, 1924
- Eber, Andreas und Niedermeyer, Luise
  Harburg, ein Heimat- und Arbeitsbuch
- Frei, Hans und Krahe, Günther
  Archäologische Wanderungen im Ries, 1988
- Führer zu vor- und frühgeschichtlichen Denkmälern, Band 41,
  mehrere Autoren
- Grünenwald, Dr. Elisabeth
  Burgen und Schlösser im Ries, in: „Rieser Kulturtage", Dokumen-
  tation, Band III/1980
- Horn, Adam
  Die Kunstdenkmäler von Schwaben, III, Landkreis Donauwörth,
  1951
- Lingel, Klaus
  Führer durch das Ries, 1986
- Meyer, Dr. Werner
  Burgen und Schlösser in Bayerisch-Schwaben, 1979
- Meyer, Dr. Werner
  Die Harburg im Ries, in: „Der Daniel", Heft 4/1978
- Richardi, Hans-Günter und Haase, Alfred
  Burgen, Schlösser und Klöster in Bayern
- Uhl, Stefan
  Buckelquader an Burgen der Schwäbischen Alb, in: „Zeitschrift für
  hohenzollerische Geschichte", Band 26, 1990
- Volckamer, Volker von
  Schloß Harburg, Bibliothek und Kunstsammlung, Kunstführer, 1973

Niederhaus

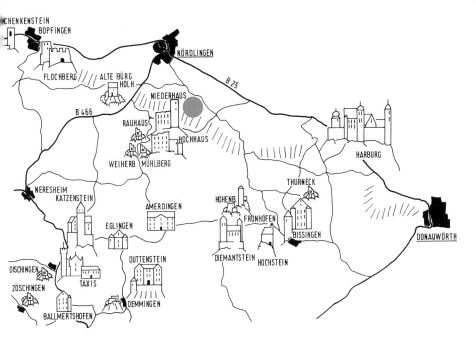

Niederhaus

Lage	Südlich von Nördlingen erstreckt sich das burgenreiche, reizvolle Karthäusertal. Bei Hürnheim durchbricht es den nordöstlichen Albrand zum Rieskessel. Auf einem felsigen Hügel erhebt sich die imposante Ruine Niederhaus, die ehemalige Stammburg der Edelfreien von Hürnheim. Von der B 466 Nördlingen–Neresheim führt bei Ederheim eine Straße nach Hürnheim, wo am westlichen Ortsende in Richtung Hohenaltheim ein beschilderter Fahrweg in Richtung Pulvermühle nach rechts (südlich) abzweigt. Man folgt diesem bis zum Parkplatz auf der Anhöhe. Der gegenüber einmündende Weg führt direkt am Niederhauser Hof vorbei zur in Sichtweite aufragenden Ruine. Parkplatz – 0,5 km Niederhaus.

Wandervorschlag siehe Hochhaus.

Gemeinde	Ederheim, Ortsteil Hürnheim, Kreis Donau-Ries
Meereshöhe	Burg 500 m, Karthäusertal 455 m
Besichtigung	Frei zugänglich
Einkehr-möglichkeiten	Christgarten, Gasthaus zum Schwan, und Gasthaus zur Sonne in Hürnheim

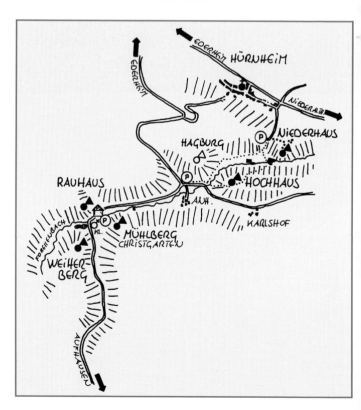

Niederhaus

Konradin der Staufer und Friedrich von Hürnheim

„ich muoz verzagen, vor leide stên ich
fröiden bloz:
mich lât diu liebe sêre engelten,
daz ich der jâre bin ein kint"   (Konradin)

Konradin, Sohn König Konrads IV. und Enkel Kaiser Friedrichs II., zieht 1268 mit deutschen Rittern nach Italien zur Geltungmachung staufischer Herrschaftsansprüche. Mit Unterstützung italienischer Ritter stellt er sich dem päpstlichen Heer unter französischer Führung bei Tagliacozzo. Auf unglückliche Weise geht die Schlacht verloren, und Konradin, unter dessen Begleitern auch Friedrich von Hürnheim ist, muß fliehen. Sie werden verraten und gefangengesetzt. Am 29. Oktober 1268 endet das Unternehmen kläglich: Der 16jährige Konradin und neun seiner Getreuen mit Friedrich von Hürnheim werden auf dem Marktplatz von Neapel auf Befehl des Usurpators Karl von Anjou öffentlich enthauptet. Eine Tafel im Burghof der Ruine Niederhaus erinnert an dieses Geschehen.

Zerstörung der Burg 1633

Während des Dreißigjährigen Kriegs wird das Umland von Hürnheim mehrfach verwüstet. 1633 zieht ein Trupp schwedischer Reiter vor die Burg und verlangt Verpflegung, doch der oettingische Burgvogt, seiner Stärke sicher, wehrt ab. Währenddessen soll die Tochter des Burgvogts mit einem Schuß aus einem Fenster den Hauptmann der Soldaten niedergestreckt haben. Die Reiter holen daraufhin Verstärkung und belagern Niederhaus. Nachts finden sie eine Lücke im talseitigen Wasserturm, dringen in die Burg ein, plündern und legen Feuer.

Geschichte

Die Edelfreien von Hürnheim sind mit den Grafen von Oettingen die bedeutendsten Adelsgeschlechter am Ries. Ihre Stammburg ist die Burg Hürnheim, die später im Gegensatz zu Hochhaus Niederhaus genannt wird. Eine Teilung in drei Hauptlinien, Hürnheim-Niederhaus-Hochaltingen, Hürnheim-Hochhaus und Hürnheim-Rauhaus-Katzenstein, beeinträchtigt bereits im 13. Jahrhundert die Entwicklung einer Hürnheimer Territorialherrschaft.

11. Jahrhundert Nachweis eines hochadeligen Guts in Hürnheim.
1153 Das Hochstift Augsburg bestätigt Rudolf von Hürnheim die Schenkung eines Grundstücks an die Kirche St. Veit zu Hürnheim.
Um 1150–1200 Entstehung der Burg Hürnheim (Niederhaus) in Buckelquaderbauweise.
1210 Rudolf von Hürnheim wird mit Gütern des Hochstifts Eichstätt belehnt.
1227–1246 Heinrich und Ulrich sowie die Brüder Albert und Rudolf werden mehrfach als Zeugen in Urkunden erwähnt.

Vor 1238 Teilung des Hauses Hürnheim in die Linien Hürnheim-Niederhaus-Hochaltingen und Hürnheim-Rauhaus-Katzenstein. Stammvater der Niederhauser Linie ist Hermann I.
Vor 1250 Die Hürnheimer stiften die Johanniter-Kommende in Kleinerdlingen.
1252 Stiftung der Zisterze in Klosterzimmern.
1258 Die Hürnheimer sind Zeugen einer Schenkung Konradins an den Deutschen Orden zu Dachau.
1264 Hermann I., sein Sohn Hermann und Rudolf von Hürnheim sind Zeugen einer Schenkung an das Kloster Oberschönenfeld.
1267 Die Brüder Hermann II. und Friedrich begleiten König Konradin nach Italien.
1268 Konradin, Friedrich von Hürnheim und acht weitere Ritter werden in Neapel enthauptet.
1379 Verwüstung der Burg durch Truppen des Schwäbischen Städtebunds. Die Hürnheimer stehen auf seiten des bayerischen Herzogs Stephan III. Anschließende Instandsetzung von Niederhaus.
Vor 1480 Teilung der Linie Hürnheim-Niederhaus-Hochaltingen in die Linien von Walter und Eberhard von Hürnheim.
1483 Tod des Eberhard.
1487 Eberhard, Sohn des Eberhard, wird in Diensten Kaiser Maximilians erschossen.
1557 Hans Walter, Sohn des Eberhard, Berater Kaiser Karls V., stirbt in Neapel.
1585 Hans Johann von Hürnheim stirbt als letzter männlicher Nachkomme. Seine Tochter Cordula erbt Hochaltingen und Niederhaus.
1597 Cordula von Hürnheim und ihr Gemahl Karl von Welden verkaufen Burg und Gut Hürnheim (Niederhaus) um 38 000 fl. an Graf Gottfried von Oettingen-Oettingen.
1633 Zerstörung der Burg durch einen schwedischen Reitertrupp. Vermutlich wird Niederhaus anschließend wieder instandgesetzt.
1709 Fürst Albrecht Ernst II. von Oettingen verkauft den Besitz für 53 000 fl. an die Komturei des Deutschen Ritterordens in Ellingen.
1805 Auflösung des Deutschen Ritterordens, Übergang von Burg und Amt Niederhaus an das Königreich Bayern.
1868 Erste Instandsetzungsarbeiten der Ruine.
1901 und 1985 Renovierung und Konservierung der Anlage durch den Freistaat Bayern.

Anlage

Burg Hürnheim, später Niederhaus genannt, ist noch als Ruine anschauliches Beispiel einer stauferzeitlichen Burg. Sie liegt am westlichen Ende eines Höhenrückens. Nach Süden und Westen schützt der steil abfallende Hang zum Karthäusertal (25), nach Norden ein aufwendiges Grabensystem. Ein innerer Graben (21) und ein äußerer Graben

Niederhaus

1 Palas
2 Bergfried
3 Staufische Bauphase
4 Spätere Bauphasen
5 Äußeres Tor der
  Kernburg
6 Torzwinger
7 Inneres Tor der
  Kernburg
8 Burghof
9 Südlicher Zwinger
10 Mauerreste eines
   Torhauses
11 Lage des sog. Hinteren
   Hauses
12 Lage eines
   Treppenhauses
13 Poterne am ehe-
   maligen Treppenhaus
14 Zisternenturm
15 Gedenktafel
16 Brücke
17 Halsgraben
18 Äußerer Ringgraben
19 Äußerer Wall
20 Innerer Wall
21 Innerer Graben
22 Lage des Tores der
   Vorburg
23 Lage der Vorburg
24 Niederhäuser Hof
   ehemaliger Wirt-
   schaftshof der Burg
25 Talseite

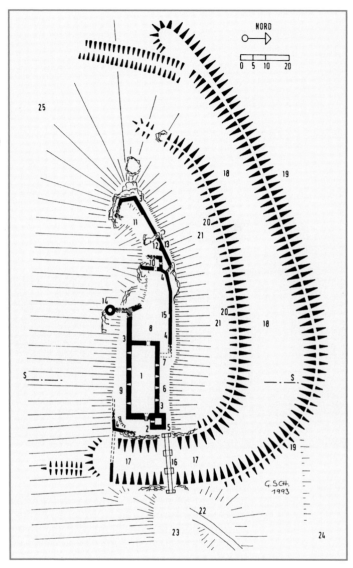

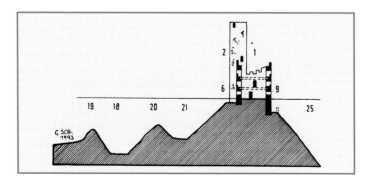

171

Bergfried und Palas von Süden

(18) von 30 m Breite und vorgelagertem Wall (19) umziehen bogenförmig die Nordseite. Beide Gräben enden zur Südseite im steilen Hang. Zur Ostseite verschmälert sich der äußere Graben zum tief eingeschnittenen Halsgraben (17).

Vorburg Im Osten lag die Vorburg (23), deren Ausmaße nicht mehr abzugrenzen sind. Am Zugangsweg vom Niederhauser Hof konnten 1978 Reste eines mit Türmen gesicherten Außentors (22) festgestellt werden.

Kernburg Die Kernburg umfaßt eine Fläche von etwa 90 x 27 m. Erhaltene Bauteile der stauferzeitlichen Anlage des 12. Jahrhunderts sind der Bergfried (2), der Palas (1) und Reste der Außenmauer des hinteren Hauses (11), die als Buckelquader- und Quadermauern erkennbar sind (3). Der Zisternen- oder Wasserturm (14) sowie die restlichen Mauerteile in verputztem Bruchsteinmauerwerk entstammen dem 13. und 14. Jahrhundert.

Erdgeschoßgrundriß
Bergfried

Obergeschoßgrundriß
von Palas und Bergfried

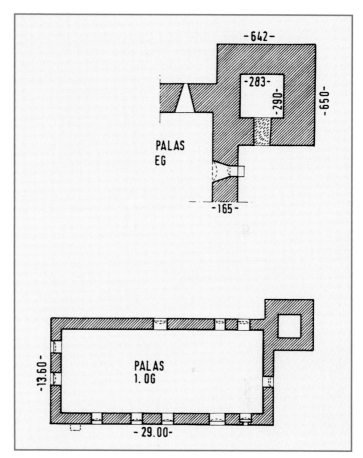

Bergfried

Hinter der Brücke (16), anstelle der ehemaligen Zugbrücke, erhebt sich der Bergfried (2), der, als Frontturm angelegt, zum Schutz der Anlage und des äußeren Tors (5) diente. Mit 6,42 x 6,5 m ist er fast quadratisch, die Mauerstärke im unteren Geschoß beträgt 1,72 m, im Innenraum 2,83 x 2,94 m. Die Wände verjüngen sich nach oben durch Rücksprünge. Der ursprüngliche Rundbogeneingang liegt südseitig über der Hälfte der Turmhöhe und wurde vermutlich durch einen hölzernen Steg vom 4. Geschoß des Palas aus erschlossen. Alle anderen Zugangsöffnungen entstammen späterer Zeit. Außenseitig ist der Bergfried im unteren Teil mit Quadern und eingestreuten Buckelquadern, nach oben mit Quadern und Flickschichten verblendet. Die Buckelquader aus sandsteinartigem Konglomerat besitzen roh- und plattenförmige Buckel. Eckquader auf gesamte Höhe z. B. (L x B x H) 72 x 37 x 56, 80 x 24 x 47, 70 x 25 x 40 cm.

Buckelquader Bergfried

173

Niederhaus

Palas

Der Bergfried steht auf der Nordostecke des Palas (1). Von dem ehemals 29 x 13,6 m großen, viergeschossigen Hauptwohn- und Repräsentationsbau sind die Außenwände von drei Geschossen und Teile des 4. Geschosses erhalten. Original sind noch die Geschoßteilung und das mit Scharten versehene Erdgeschoß, die Wände des Obergeschosses sind durch unterschiedlich breite Fensteröffnungen verändert. Aus jüngerer Zeit stammt der große Rundbogeneingang zum Hof.

Buckelquader Palas

Die Außenwände entsprechen denen des Bergfrieds. An der Nord- und Westseite zeigen sich geschlossene Buckelquaderflächen, Abmessungen z. B. (L x H) 55 x 33, 74 x 30, 65 x 37 cm, Buckel grob bis roh belassen, 4 bis 5 cm vorstehend, Randschläge sorgfältig 3 bis 4 cm breit.

Torzwinger Burghof

Auf der Nordseite führte der Torzwinger (6) entlang der Palasmauer zu einem inneren Tor (7) in den Burghof (8). Reste der Außenmauer zeigen den Wehrgangsansatz in 3,5 m Höhe.

Westlicher Ruinenbereich am Burghof mit Palaswand und Bergfried

Ruine Niederhaus, Gesamtanlage mit Niederhäuser Hof

Zisternenturm

Aus der Mauerflucht vorspringend, jedoch an den südlichen Zwinger (9) anschließend, steht die 8 m hohe Ruine des runden Zisternenturms (14). Das Innere mit 1,95 m Durchmesser ist noch 3 m sichtbar in den Fels gespitzt, dann verfüllt. Eine häufig angenommene Gangverbindung zum Tal ist nicht wahrscheinlich. Der gewaltsame Einstieg in die Burg 1633 dürfte eher durch eine Bresche in der 1,08 m starken Turmmauer entstanden sein.

Hinterhaus

Auf der verbleibenden westlichen Burgfläche stand das in Urkunden erwähnte Hinterhaus (11). Reste der polygonalen Außenmauer lassen den Grundriß nicht mehr nachvollziehen. An einem Felsen zur nördlichen Außenmauer ist an einer Rundung der Rest eines Treppenhauses zu erkennen (12). Eine Poterne (13) führte von hier ins Freie. Leibung und Riegelbalkenloch sind noch zu sehen.

Niederhaus

Besitzer	Freistaat Bayern
Plan	Topographische Aufnahme Schneider, Mahnkopf, Reißer, Klingler, in: „Archäologische Wanderungen im Ries"
Alte Ansichten (Auswahl)	Ansicht auf einem Wandbild im Speisesaal von Schloß Amerdingen, 18. Jahrhundert
	Ansicht von Joh. Müller, um 1790, Nördlingen, Stadtarchiv
	Aquarell von F. W. Doppelmayer, 1798, Nördlingen, Stadtarchiv
	Das Innere von F. W. Doppelmayer, 1798, Nördlingen, Stadtarchiv
	Aquarell von Joh. Müller, 1822, Nördlingen, Stadtarchiv
	„In den Ruinen", Aquarell von Joh. Müller, 1822, Nördlingen, Stadtarchiv
	Ansicht von F. Weinberger, 1860, Harburg, Fürstliche Bibliothek

Literaturhinweise

- Bauer, H.
  Versuch einer urkundlichen Geschichte der Edelherren von Hürnheim, in: „Jahresbericht d. H. V. Schwaben u. Neuburg", 29/30,1863/64
- Dettweiler, Herbert und Hüpfer, Karl
  Geschichten, Sagen und Legenden aus dem Ries und seiner Nachbarschaft
- Frei, Hans und Krahe, Günther
  Archäologische Wanderungen im Ries, 1988
- Führer zu vor- und frühgeschichtlichen Denkmälern, Band 41, mehrere Autoren
- Gröber, Karl und Horn, Adam
  Die Kunstdenkmäler von Schwaben, I, Bezirksamt Nördlingen, 1982
- Grünenwald, Dr. Elisabeth
  Burgen und Schlösser im Ries, in: „Rieser Kulturtage", Dokumentation, Band III, 1980
- Lingel, Klaus
  Führer durch das Ries, 1986
- Meyer, Werner
  Burgen in Schlösser in Bayerisch Schwaben, 1979
- Uhl, Stefan
  Buckelquader an Burgen der Schwäbischen Alb, in: „Zeitschrift für hohenzollerische Geschichte", Band 26, 1990
- Zirkel, Heinrich
  Die Geschichte der Herren von Hürnheim im Überblick, in: „Der Daniel", Heft 2/1968

Hochhaus und Hagburg

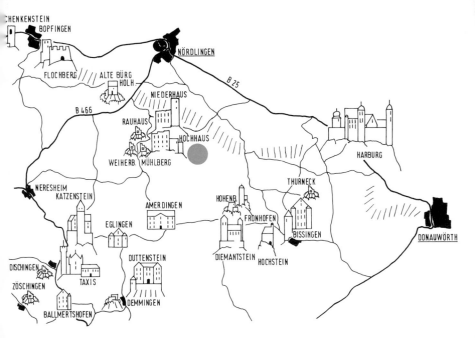

Lage

Südlich von Nördlingen erstreckt sich am Rand zum Ries-kessel das Karthäusertal. Zwischen dem kleinen Ort Anhausen und dem Karlshof erhebt sich der bewaldete Hochhauser Berg mit der Ruine Hochhaus.

Von der B 466 Nördlingen–Neresheim zweigt am Ortsende von Ederheim in Richtung Hohenaltheim eine Straße nach Christgarten ab. Bei Erreichen des Karthäusertals liegt an der Straßenkreuzung Anhausen–Karlshof ein Parkplatz. Dieser ist auch aus Richtung Aufhausen über Christgarten erreichbar. Man folgt der Schotterstraße talabwärts Rich-tung Karlshof. Nach Überquerung des Forellenbachs zweigt links ein markierter Weg ab (AV Dreiblock), der direkt zur Ruine führt.

Parkplatz – 0,7 km Hochhaus.

Zur Hagburg: Vom beschriebenen Parkplatz das Tal ab-wärts in Richtung Niederhaus. Man folgt der ersten Abzwei-gung links am Waldrand entlang, bis nach ca. 250 m links ein Fußpfad im Wald direkt hoch zur Hagburg führt.

Parkplatz – 1,1 km Hagburg.

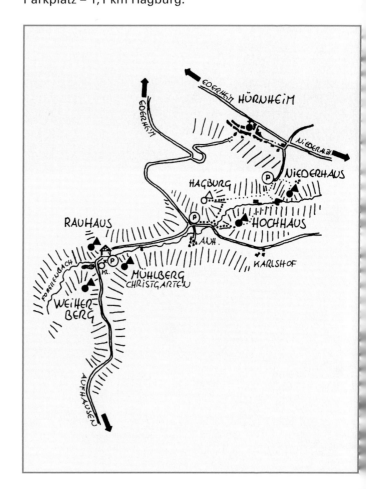

Wandervorschlag:
Ausgangspunkt dieser erlebnisreichen Wanderung ist der beschriebene Parkplatz. Zur Ruine Hochhaus aufsteigen. Am nördlichen Ende des Halsgrabens beginnt ein Fußweg, der zum Pulvermühlenweiher führt. Hinter der Brücke des Forellenbachs hoch zur Ruine Niederhaus und über den Niederhauser Hof ins Tal zurück zum Ausgangspunkt. Parkplatz – 0,7 km Hochhaus – 1,1 km Niederhaus – 1,8 km Parkplatz.

Gemeinde — Ederheim, Kreis Donau-Ries

Meereshöhe — Burg 555 m, Karthäusertal 460 m

Besichtigung — Frei zugänglich, Einsturzgefahr

Einkehrmöglichkeit — Gasthaus zur Sonne in Christgarten

Wilhelm Ludwig Wekhrlin, Gefangener auf Hochhaus 1787–1792 — Der Publizist und Satiriker der Aufklärung, Wilhelm Ludwig Wekhrlin, wird 1739 in Botnang bei Stuttgart geboren. Als Herausgeber und Schriftsteller wird er bekannt und gerät durch politische Schriften in Bedrängnis. Fürst Karl Ernst von Oettingen-Wallerstein deckt ihn bis zur Veröffentlichung seiner Hetzschriften gegen den Nördlinger Bürgermeister. 1787 wird er von Fürst Karl Ernst auf Hochhaus gefangengesetzt, 1792 entflieht Wekhrlin nach Ansbach, wo er noch im gleichen Jahr stirbt.

Geschichte — Neben den Grafen von Oettingen zählen die Edelfreien von Hürnheim zu den einflußreichsten Adelsfamilien am Ries. Bereits um 1200 bilden sich die drei Hauptlinien Hürnheim-Niederhaus-Hochaltingen, Hürnheim-Rauhaus-Katzenstein und Hürnheim-Hochhaus.

Um 1200 Entstehung der Burg Hochhaus als Stammburg des Hürnheimer Zweigs zu Hochhaus.
1236 Rudolf I. von Hochhaus („de alta domo") ist Zeuge bei einer Schenkung des Grafen Hartmann von Oettingen an das Kloster Neresheim.
1347 Konrad II. von Hochhaus verkauft seine Burg und die Vogtei Deggingen „mit all seinen Mannlehen und eigenen Leuten edel und unedel an die Grafen von Oettingen um 3 000 Pfd.". Hochhaus wird oettingen-oettingischer Amtssitz.
1353 Die ehemaligen Burgherren der Hochhauser Linie von Hürnheim sterben im Mannesstamme aus.
15./16. Jahrhundert Modernisierung der Burg und Ausbau der Befestigungsanlagen.
1719 Abtragung wesentlicher Teile der Burg und Grundsteinlegung zum Neubau des Schlosses unter Kraft Wilhelm Maximilian Anton Reichsgraf von Oettingen-

Baldern in Gegenwart des kurmainzischen Hofmeisters Pater Loyson.

1749 Ein Brand zerstört den Herrschaftsbau mit Turm und Kapelle. Die ausgebrannten Teile bleiben Ruine. Der mittelalterliche Palas (13) wird als Sitz des Oettingen-Wallersteinschen Oberamts genutzt.

1807 Auflösung als Amtssitz und anschließender Zerfall der gesamten Anlage.

Anlage

Den gesamten Hochhauser Berg überziehen Befestigungsmerkmale unterschiedlicher Zeitstellung. Abschnitte gliedern die 350 m lange Oberfläche in einen östlichen (30), mittleren (31) und westlichen Bereich.

Der östliche und mittlere Bereich mit Außenwall (26), Graben (27), Innenwall (28) und mittlerem Graben (29) entstammen vermutlich einer frühmittelalterlichen Schutzanlage und keiner Burg im eigentlichen Sinn. Wieweit der mittlere Teil später als Vorburg genutzt wurde, ist nicht bekannt. Im westlichsten Bereich dieser Anlage errichteten die Edelfreien der neu entstandenen Hürnheimer Linie ihre Burg.

Drei Bauphasen können unterschieden werden:

Anlage um 1200 – Die stauferzeitliche Bauphase um 1200. Reste von Umfassungsmauer (4) und Palas (13).

Anlage 15./16. Jahrhundert – Die Modernisierungs- und Ausbauphase des 15. und 16. Jahrhunderts. Ausmauerung des Halsgrabens (1), Neubau der Ecktürme, des Geschützturms (5), des Torzwingers (9), des Nebengebäudes (15) und der Kasematten (22).

Schloß von 1719/1729 – Der Ausbau zum herrschaftlichen Schloß von 1719/20 mit völliger Neuplanung der Anlage. Auf den Mauern der stauferzeitlichen Anlage und der späteren Wehrmauern werden der Herrschaftsbau (20), der Südflügel (19), der Nordwestflügel (18) und der Verbindungsbau (21) errichtet.

Von Wald überwachsen bietet Hochhaus das Bild einer völlig dem Zerfall überlassenen Ruine.

Halsgraben

Den viereckigen Burgplatz der Kernburg (ca. 60 x 70 m) trennt von der Bergseite winkelförmig ein tiefer Halsgraben (1), dessen feldseitige Grabenwand ausgemauert ist (3) (Kuntereskarpe). An der südseitigen Bergflanke beginnt aus der Grabensohle der Zugang zur Burg.

Torzwinger

Neben dem in Resten erhaltenen südwestlichen Flankenturm (8) stand das äußere Schloßtor (7). Die folgende äußere Mauer des Torzwingers (9) besitzt beachtenswerte Schartenformen ähnlich der Harburg.

Umfassungs-mauer

Nach rechts erstreckt sich die 1,9 m starke, ehemalige Umfassungsmauer (4) der stauferzeitlichen Anlage, die auf der Rückseite der Kasematten (22) zum südöstlichen Eckturm (6) führt. Das folgende innere Tor (10) mündete in ein

Hochhaus und Hagburg

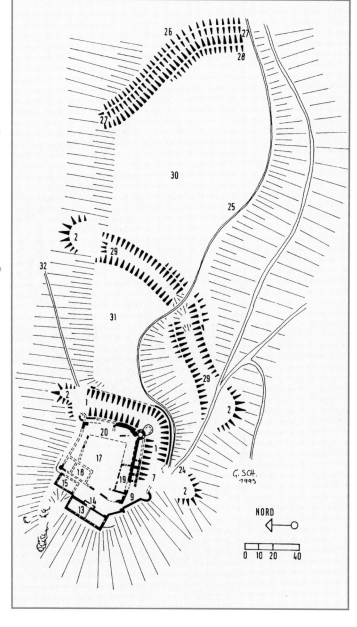

NORD

0 10 20 40

Torhaus

später errichtetes Torhaus mit Glockenturm als Dachreiter. Es stehen Reste der Außenmauer mit unterschiedlichen Scharten. Rechts an einer Rundung ist der Ansatz einer angewendelten Treppe zu erkennen.

Der Torhausruine folgt ein Zwischenhof (14), den nordseitig die Ruine eines Nebengebäudes (15) und im Westen der ehemalige Palas (13) begrenzen.

181

Hochhaus und Hagburg

1 Halsgraben
2 Grabenauswurf
3 Kontereskarpe
4 Mauerwerk mit
  Quader und Buckel-
  quader
5 Geschützturm
6 Südöstlicher Eckturm
7 Lage des äußeren
  Tores
8 Flankenturm
9 Torzwinger
10 Inneres Tor
11 Lage einer Treppe des
   Torhauses
12 Kellerzugang
13 Palas
14 Vorhof
15 Nebengebäude
16 Tor zum inneren
   Burghof
17 Innerer Burghof
18 Nordwestflügel
19 Südflügel
20 Herrschaftsbau
21 Verbindungsbau
22 Kasematten
23 Nordöstlicher Eckturm
24 Burgweg
25 Fußweg

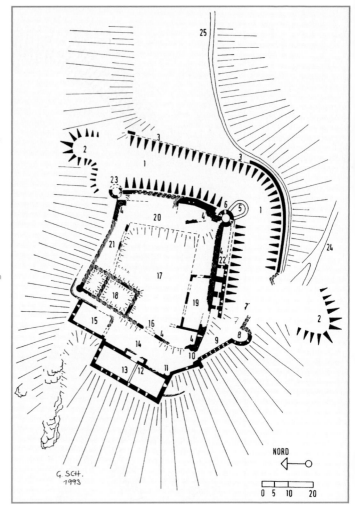

G. SCH.
1993

NORD

0 5 10 20

Palas

Die noch drei Geschosse hoch aufragenden Außenmauern des Palas entstammen jedoch im wesentlichen nicht mehr der stauferzeitlichen Anlage. Der stattliche Bau von 29,2 x 10,5 m besitzt im Untergeschoß Scharten, im 1. Obergeschoß kleinere Fenster unterschiedlicher Größe und im 2. Obergeschoß große, hohe Fenster mit Segmentbogen zur West- und Südseite. Mauerstärke im Untergeschoß 1,40 m, im Obergeschoß 1,20 m. Eine Wand trennt das Untergeschoß in zwei Bereiche: Der südliche war 3 x 2 und der nördliche mit 4 x 2 kreuzgratgewölbeüberdeckt. Aus der Schloßbauzeit stammt auch der in die Außenmauer eingelassene Abortschacht (Mauerwerk: hammerrechtes, unregelmäßiges Quadermauerwerk, Bruchstein, eingestreute Quader, Flickstellen und Öffnungseinfassungen in Ziegelsteinen).

182

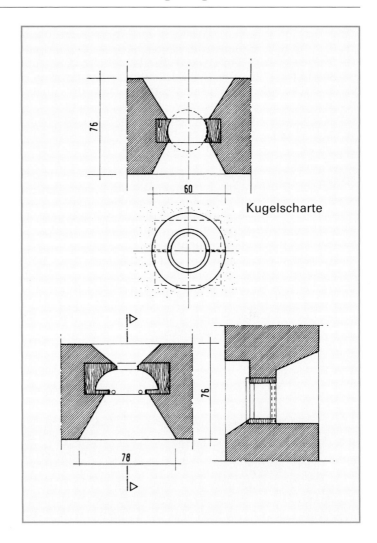

Kugelscharte

Schloßhof

Herrschaftsbau

Eckturm

Gegenüber dem Palas lag das Hauptschloß. Ein 4,5 m breites Rundbogentor (16) in der mittelalterlichen Mauer führte in den großen Schloßhof (17). Schuttriegel und geringe Mauerreste weisen auf die Lage der vier den Schloßhof umgebenden Gebäude (18, 19, 20, 21).
An höchster Stelle zum Graben lag der viergeschossige, satteldachgedeckte Herrschaftsbau (20).

In der Südostecke steht noch ein Teil des Eckturms (6) mit vorgelagertem, in den Graben reichenden Geschützturm (5). Der Rundturm reichte bis über die Traufe des Herrschaftsbaus. Über eine steinerne Treppe gelangt man in das kuppelgewölbeüberdeckte 2. Geschoß mit zwei sogenannten Hosenscharten. Abmessung: Außendurchmesser 5,7 m, Innendurchmesser 2,5 m, Wandstärke 1,6 m.

183

Buckelquader

Links (nördlich) am Turm zeigt die Außenmauer eine Bruchstelle. Hinter der im 15. Jahrhundert vorgestellten, 2,3 m starken Wand erscheint die staufische Umfassungsmauer mit Buckelquaderverblendung. Diese und andere Teile weisen starke Verwitterungserscheinungen auf. Abmessungen der Buckelquader z. B. (L x H) 49 x 42, 69 x 46, 75 x 40 cm, in geschlossenen Flächen, Randschläge 5 bis 8 cm breit, Buckel meist stark verwittert, 6 bis 7 cm und auch vereinzelt bis 15 cm vorstehend.

Hagburg

Gegenüber der Ruine Hochhaus liegt am nordöstlichen Ende eines bewaldeten Höhenrückens die Wallanlage Hagburg. Ein dreifaches Wall-Graben-System begrenzt eine dreiecksförmige Restfläche von etwa 5 500 qm. Der ehemalige Zugang ist auf der Nordseite aus Richtung Hürnheim anzunehmen.

Zuordnung und Zeitstellung der Hagburg sind unklar. Möglicherweise ist die Anlage in das 8. bis 10. Jahrhundert zu datieren. Sie ist nicht als Burg im eigentlichen Sinne anzusehen. Otto Schneider und Kurt Böhler vermuten in der Hagburg die „Birg" der nächstgelegenen karolingischen Hofstelle.

Hochhaus von Nordwesten, Ölbild um 1750/1760, Harburg, Fürstliche Bibliothek

184

Südwestansicht, Ölbild um 1750/1760

Runder Eckturm

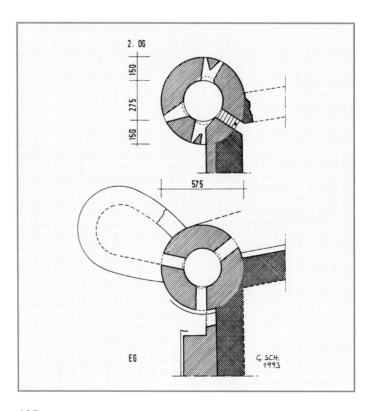

Hochhaus und Hagburg

Besitzer	Fürsten von Oettingen-Wallerstein
Pläne	Lageplan von Ruine und Wallanlage in: „Archäologische Wanderungen im Ries" Grundriß der Ruine in: „Die Kunstdenkmäler von Bayern"
Alte Ansichten (Auswahl)	Die Burg von Nordwesten und von Südwesten, Öl auf Leinwand, um 1750/1760, Harburg, Fürstliche Bibliothek Ansicht auf einem Wandbild im Speisesaal von Schloß Amerdingen, um 1790 Sepiazeichnung von E. W. Doppelmayer, 1808, Nördlingen, Stadtarchiv Im Inneren, Skizze, 1829, Nördlingen, Stadtarchiv Lithographie F. Weinberger, 1861, Nördlingen, Stadtarchiv Weitere Ansichten in Nördlingen, Stadtarchiv, und Harburg, Fürstliche Bibliothek

Literaturhinweise	– Bauer, H.
	  Versuch einer urkundlichen Geschichte der Edelherren von Hürnheim, in: „Jahresbericht d. H. V. Schwaben u. Neuburg", 29/30,1863/64
	– Dettweiler, Herbert und Hüpfer, Karl
	  Geschichten, Sagen und Legenden aus dem Ries und seiner Nachbarschaft
	– Frei, Hans und Krahe, Günther
	  Archäologische Wanderungen im Ries, 1988
	– Führer zu vor- und frühgeschichtlichen Denkmälern, Band 41, mehrere Autoren
	– Gröber, Karl und Horn, Adam
	  Die Kunstdenkmäler von Schwaben, I, Bezirksamt Nördlingen, 1982
	– Grünenwald, Dr. Elisabeth
	  Burgen und Schlösser im Ries, in: „Rieser Kulturtage", Dokumentation, Band III, 1980
	– Lingel, Klaus
	  Führer durch das Ries, 1986
	– Meyer, Werner
	  Burgen in Schlösser in Bayerisch Schwaben, 1979
	– Uhl, Stefan
	  Buckelquader an Burgen der Schwäbischen Alb, in: „Zeitschrift für hohenzollerische Geschichte", Band 26, 1990
	– Zirkel, Heinrich
	  Die Geschichte der Herren von Hürnheim im Überblick, in: „Der Daniel", Heft 2/1968

Rauhaus

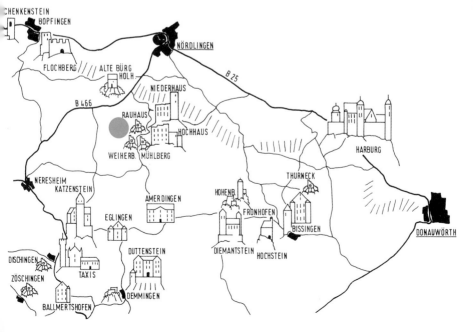

SCHENKENSTEIN
BOPFINGEN
NÖRDLINGEN
FLOCHBERG
ALTE BÜRG
HOLH
B 25
NIEDERHAUS
B 466
RAUHAUS
HOCHHAUS
HARBURG
WEIHERB. MÜHLBERG
NERESHEIM
KATZENSTEIN
THURNECK
HOHENB.
AMERDINGEN
FRONHOFEN
EGLINGEN
BISSINGEN
DONAUWÖRTH
DISCHINGEN
DUTTENSTEIN
DIEMANTSTEIN
HOCHSTEIN
ZÖSCHINGEN
TAXIS
BALLMERTSHOFEN
DEMMINGEN

Lage

Das „Karthäusertal" ist einer der besuchenswertesten Abschnitte der Ostalb. Es erstreckt sich südlich von Nördlingen zwischen Hürnheim und Forheim. Mittelpunkt ist Christgarten mit seiner romantischen Klosterruine. Auf einem Bergvorsprung im Norden des Klosters stand die Burg Rauhaus.
Von der B 466 zwischen Nördlingen und Neresheim führt bei Ederheim eine beschilderte Straße nach Christgarten. Parkplatz beim Gasthaus zum Schwan. Der Ort ist auch aus Richtung Neresheim oder Amerdingen über Aufhausen erreichbar.
Vom Parkplatz geht der Weg in westlicher Richtung an der Klosterruine vorbei zur Hauptstraße. Man überquert diese das Tal einwärts bis zum Forsthaus (Wildgehege). Der bezeichnete Wanderweg HW 1 (AV Dreieck) führt direkt hoch zum Felskopf mit der anschließenden Burgstelle.
Parkplatz – 0,6 km Burgstelle.

Rauhaus

Gemeinde	Ederheim, Kreis Donau-Ries
Meereshöhe	Burg 540 m, Karthäusertal 480 m
Besichtigung	Frei zugänglich
Einkehrmöglichkeit	Gasthaus zum Schwan in Christgarten
Weitere Sehenswürdigkeit	Ruine des Kartäuserklosters in Christgarten

Burgstelle der ehemaligen Kernanlage mit Halsgraben am Ende eines Talhangsporns

Rauhaus

Geschichte

Das einflußreiche Adelsgeschlecht der Edelfreien von Hürnheim teilt sich um 1200 in die Hauptlinien Hürnheim-Niederhaus-Hochaltingen, Hürnheim-Hochhaus und Hürnheim-Rauhaus (siehe Niederhaus und Hochhaus). Rauhaus wird namengebende Stammburg.

Um 1200 Mögliche Entstehung der Burg Rauhaus.
1238 Erste urkundliche Erwähnung des „Rudolfus de castro quod dicitus ruheshus, nobilis de hurnhain".
1252 Rudolf von Rauhaus und seine Gemahlin Adelheid schenken dem Kloster Stahelsberg (Stahlmühle) das Dorf Zimmern mit Pfarrkirche unter der Bedingung, die Grabstätte der Familie in dem nach Zimmern zu verlegenden Kloster einzurichten.
Vor 1262 Rudolf II. von Hürnheim-Rauhaus erwirbt Katzenstein, verlegt seinen Wohnsitz dorthin und nennt sich

Felskopf mit südwestlichem Graben

190

Rauhaus

1 Kernburg
2 Vorburg
3 Halsgraben
4 Lage des Donjon oder
   Turmhauses
5 Untere Burg
6 Ehemaliger Burgweg
7 Südwestlicher Graben
8 Südwestlicher Wall
9 Äußerer Wall
10 Äußerer Graben
11 Späterer Walldurch-
   bruch für Wegebau
12 Innerer Wall
13 Felskopf
14 Hangterrasse
15 Bergseite
16 Von Christgarten
17 Erste Vorburg

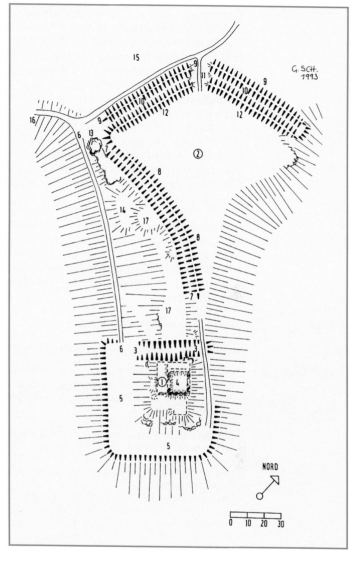

G. SCH.
1993

NORD

0 10 20 30

von Hürnheim-Rauhaus zu Katzenstein. Burg Rauhaus
wird bald darauf als Wohnsitz aufgegeben und dem
Zerfall überlassen.
1354 Rauhaus ist nur noch eine Lagebezeichnung.
1419 Mit Georg von Hürnheim-Rauhaus-Katzenstein
stirbt die Familie aus. Das Erbe fällt an die Linie Hürnheim-Niederhaus-Hochaltingen.

Anlage   Rauhaus liegt auf einem nach Südosten gerichteten, dreiseitig steil abfallenden Talhangsporn. Geländespuren auf
einer Fläche von ca. 230 m Länge und 60 bis 120 m Breite
kennzeichnen die Anlage.

191

Die etwas ungewöhnliche Zuordnung des mittigen Wall-Graben-Abschnitts (7 + 8) läßt folgende Interpretation zu: Zuerst entstand die Kernburg (1) mit einer kleinen Vorburg (17) zwischen Halsgraben (3) und Felskopf (13). Wall (8) und Graben (7) schützten die Anlage nach Norden. Hinter dem Felskopf sind Gebäude denkbar (14). Etwas später erfolgte die Erweiterung zu einer größeren Vorburg (2) im nördlich anschließenden Bereich. Diesen schützte ein Doppelwall (9 + 12) mit Graben (10). Der Zugang erfolgt über einen am Felskopf beginnenden Weg (6). Er führt an der westlichen Bergflanke durch die Vorburg zum Halsgraben (3) mit der zweiseitig am Fuß der Kernburg angelegten unteren Burg (5). Die Ränder sind künstlich nachgesteilt.

Kernburg

Aus dem Fels gespitzt ist der 5 m tiefe Halsgraben (3), der die etwa 28 x 22 m große Kernburg begrenzt. Hauptbauwerk war ein etwa 13 m breites und 15 bis 18 m langes Turmhaus oder Donjon (4). Geringe Reste von Kernmauerwerk und Schuttriegel weisen auf dieses früh abgegangene Bauwerk.

Besitzer

Fürsten von Oettingen-Wallerstein

Plan

Lageplan, in: „Archäologische Wanderungen im Ries"

Literaturhinweise

– Frei, Hans und Krahe, Günther
  Archäologische Wanderungen im Ries, 1988
– Führer zu vor- und frühgeschichtlichen Denkmälern, Band 41, mehrere Autoren
– Grünenwald, Dr. Elisabeth
  Burgen und Schlösser im Ries, in: „Rieser Kulturtage", Dokumentation, Band III, 1980
– Kudorfer, Dieter
  Historischer Atlas von Bayern, Teil Schwaben, Heft 8, 1974
– Zirkel, Heinrich
  Die Geschichte der Herren von Hürnheim im Überblick, in: „Der Daniel", Heft 2/1968

Weiherberg und Mühlberg

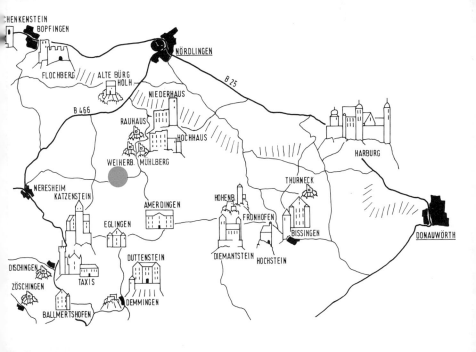

Lage

Zwischen Neresheim und Nördlingen erstreckt sich am nordöstlichen Albrand zum Rieskessel das „Karthäusertal". Seine Talränder beherrschten Befestigungsanlagen unterschiedlicher Zeitstellung, eine der umfangreichsten befand sich am Eingang des „Karthäusertals" südlich von Christgarten.

Beschilderte Straßen führen aus Richtung Neresheim und Amerdingen über Aufhausen und von Nördlingen über Ederheim nach Christgarten.

Zum Weiherberg:

An der Straße von Christgarten in Richtung Forheim/Aufhausen beginnen nach 1,2 km rechts zwei Forstwege (Parkmöglichkeit), die beide durch ein Sperrgitter (Umzäunung Wildgehege) zur umfangreichen Anlage auf dem Weiherberg führen.

Straße – 0,8 km Ringwall.

Zum Mühlberg:

Von der Hoppelmühle (Parkmöglichkeit) zwischen Christgarten und Anhausen dem Waldweg in südlicher Richtung bergwärts folgen, dann rechts im Wald zur Hochfläche. Wälle und Gräben liegen an höchster Stelle am Talrand.

Hoppelmühle – 0,5 km Mühlberg.

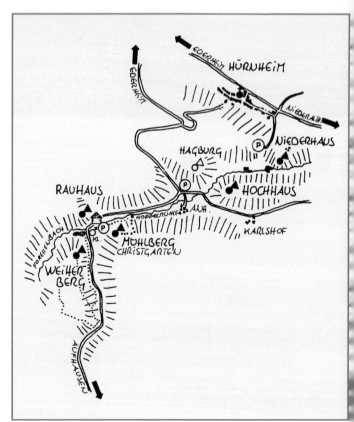

Weiherberg und Mühlberg

Wandervorschlag:
Ausgangspunkt zur Besichtigung beider Anlagen ist der Parkplatz beim Gasthaus zum Schwan in Christgarten.
Zum Weiherberg: An der Klosterruine vorbei über die Straße zum einmündenden Weg in Richtung Wildgehege. Er führt direkt zur Anlage auf dem Weiherberg.
Christgarten – 1,4 km Weiherberg.
Zum Mühlberg: Vom Parkplatz in südlicher Richtung über den Forellenbach zum Wald. Dem Weg talabwärts bis zur Hoppelmühle folgen, weiter wie beschrieben.
Christgarten – 1,2 km Mühlberg.

Gemeinde	Ederheim, Kreis Donau-Ries
Meereshöhe	Burgstelle Weiherberg 580 m, Weiherberg-Taubenstein 600 m, Mühlberg 555 m, Christgarten 480 m
Besichtigung	Beide Anlagen frei zugänglich
Einkehr-möglichkeit	Gasthaus zum Schwan in Christgarten
Weitere Sehens-würdigkeit	Ruine des Kartäuserklosters in Christgarten
Geschichte	Über die Anlagen auf dem Weiherberg und dem Mühlberg gibt es keine urkundlichen Nachweise. Für den Weiherberg gelten Entwicklungsphasen unterschiedlichster Zeitstellung. Auf dem Taubenstein (4) konnte aufgrund archäologischer Funde eine Besiedlung aus der Hügelgräberbronze-, der jüngeren Urnenfelder- und der Frühlatènezeit nachgewiesen werden. Die umfangreiche Wallanlage ist somit dieser Zeit zuzuordnen. Als letzte Ausbauphase wird die Vorbefestigung des Abschnittswalls zur Zeit der Ungarneinfälle im 10. Jahrhundert angesehen (Fliehburg). Lediglich die als Schanze bezeichnete Nordostecke kann als Stelle einer frühmittelalterlichen Burg um die Jahrtausendwende bezeichnet werden. Die Entstehung der Anlage auf dem Mühlberg könnte ebenfalls dieser Zeit entsprechen. Genauere archäologische Untersuchungen stehen noch aus.
Anlage Weiherberg	Die gesamte Schutzanlage auf dem Weiherberg umfaßt eine Fläche von ca. 600 m Länge und 350 m Breite. Um etwa 20 m differiert die Höhe der Burgstelle (1) zur höchsten Erhebung des Taubensteins (4). Am auffälligsten ist die Schutzanlage gegen die Hochfläche mit einem 390 m langen Hauptwall (5), einer Berme (7) und zwei Sohlgräben (8+9). Die Vorfeldsicherung (10) wird als Reiterhindernis zur Zeit der Ungarneinfälle gedeutet. In dieser Zeit könnte auch der Hauptwall (5) eine Trockenmauer getragen haben.

195

Weiherberg und Mühlberg

Übersichtsplan auf Grund-
lage der top. Aufnahme
von M. Spindler und
E. Ixmeier

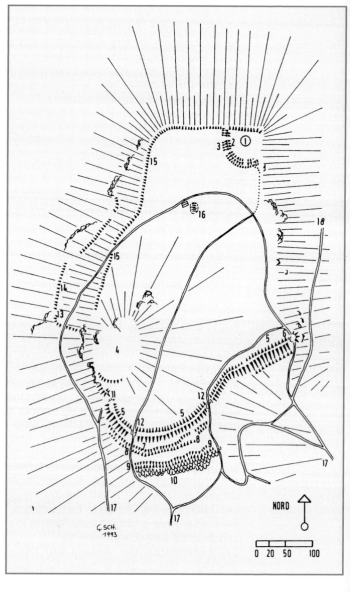

Als frühmittelalterlich gilt die Befestigung der nördlichen Spornkuppe (1). Wall (2) und Graben (3) begrenzen bogenförmig die ca. 55 x 48 m große Bergecke mit nachgesteilten Traufkanten. Von den vier Walldurchbrüchen sind drei jüngeren Ursprungs.
Eine 1937 durchgeführte Grabung von E. Frickhinger ergab im Wall eine 1,9 m starke Trockenmauer, eine 0,9 m breite Berme und einen 1 m tiefen Graben.

Weiherberg und Mühlberg

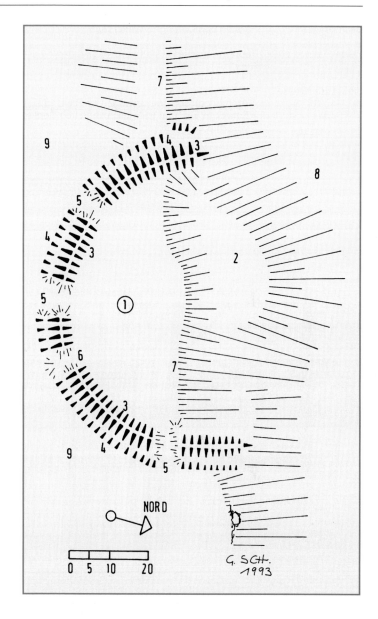

NORD

0 5 10 20

G. SCH.
1993

Anlage Mühlberg

An der erhöhten Traufkante des Mühlbergs zum „Karthäusertal" liegt die wenig bekannte Stelle. Graben (4) und Wall (3) umfassen eine halbkreisförmig verebnete Fläche von ca. 65 m Länge und 25 m Breite. Das Niveau liegt im Mittel etwa 1,5 bis 2 m über dem angrenzenden Gelände. 1919 führte E. Frickhinger Grabungen durch (6). Im bis zu 1,2 m hohen Schuttwall stecken eine 2,2 m starke Trockenmauer und eine 2,75 m breit vorgelegte Berme. Der Sohlgraben (4) ist 2 m breit und 1,5 bis 1,8 m tief. Scherbenfunde entstammen dem frühen Mittelalter.

197

Weiherberg und Mühlberg

Besitzer	Fürsten von Oettingen-Wallerstein
Pläne	Topographische Aufnahmen, in: „Archäologische Wanderungen im Ries"
Literaturhinweise	– Frei, Hans und Krahe, Günther Archäologische Wanderungen im Ries, 1988 – Führer zu vor- und frühgeschichtlichen Denkmälern, Band 41, verschiedene Autoren

Wall und Graben der Burgstelle Mühlberg von Südwesten

Holheim (Alte Bürg)

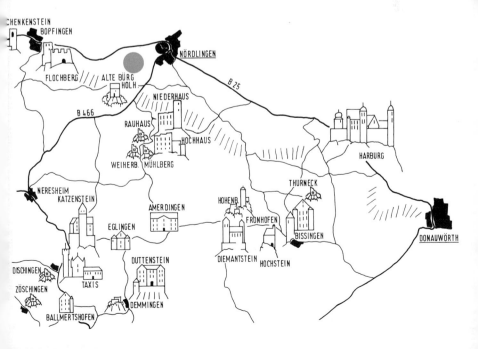

Holheim (Alte Bürg)

<table>
<tr><td>Lage</td><td>Südwestlich von Nördlingen erstreckt sich am Rande der Schwäbischen Alb zwischen Utzmemmingen und Ederheim das Maienbachtal. Nahe seinem Ursprung lag die Burg Holheim, heute „Alte Bürg" genannt. Von der B 466 Nördlingen–Neresheim zweigt an der Straßenkreuzung in Richtung Ederheim ein beschilderter Fahrweg nach „Alte Bürg" ab. Er führt direkt zum Parkplatz vor der Waldschenke „Alte Bürg". Man folgt dem bezeichneten Wanderweg durch den Hof und an der Scheuer rechts vorbei direkt zur Burgstelle. Gasthaus – 0,2 km Burgstelle.

Wandervorschlag:
Ausgangspunkt ist der Parkplatz rechts des Fahrwegs von der B 466 nach „Alte Bürg". Man folgt dem Wanderweg links taleinwärts am Spielplatz vorbei nach „Alte Bürg" und am Burggraben talseitig links (nördlich) zurück zum Ausgangspunkt. Parkplatz – 1,0 km „Alte Bürg" – 1,1 km Parkplatz.</td></tr>
<tr><td>Gemeinde</td><td>Utzmemmingen, Ostalbkreis</td></tr>
<tr><td>Meereshöhe</td><td>Burg 525 m, Maienbachtal 500 m</td></tr>
<tr><td>Besichtigung</td><td>Frei zugänglich, Kapelle geschlossen</td></tr>
<tr><td>Einkehrmöglichkeit</td><td>Waldschenke „Alte Bürg"</td></tr>
<tr><td>Weitere Sehenswürdigkeiten</td><td>Ofnethöhlen, Ausgrabung römischer Gutshof</td></tr>
</table>

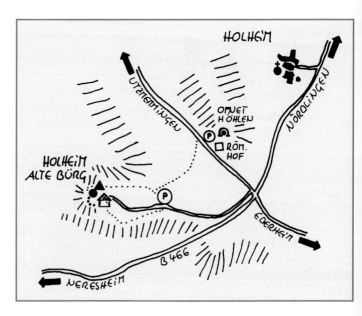

Holheim (Alte Bürg)

Geschichte

Die Burgstelle am Rand des Maienbachtals ist die Burg der Edelfreien von Holheim. Nach dem frühen Zerfall wird sie „Alte Bürg" genannt.

1153 Erstmalige Erwähnung der Edelfreien von Hürnheim.
1274 Graf Ludwig und Konrad von Oettingen verkaufen das „castrum dictum urbem antiquam in Holhaim" an das Kloster Zimmern. Die Burg ist bereits abgegangen.
1293 Die Edelfreien von Holheim sind ausgestorben.
1318 Der Burgstall mit Zugehörungen kommt durch Tausch an Hermann und Herdegen von Hürnheim zu Katzenstein.

1 Vorhof
2 Kapelle St. Hippolyt
3 Lage des Tores
4 Innerer Burghof
5 Lage der nördlichen Bebauung
6 Lage der westlichen Bebauung
7 Lage der südöstlichen Bebauung
8 Burgweg
9 Halsgraben
10 Wall
11 Scheuer
12 Vom Gasthof
13 Walldurchbruch

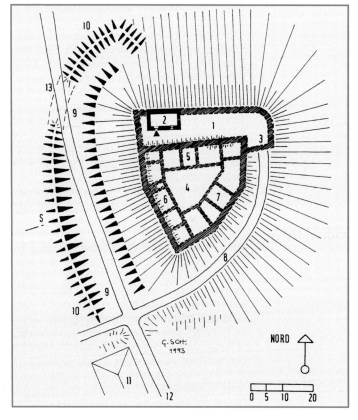

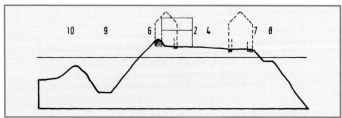

201

Holheim (Alte Bürg)

1395 Die Edelfreien von Hürnheim zu Katzenstein verkaufen den Besitz an Nördlinger Bürger.
1413 Übergang an das Spital in Nördlingen.
1665 Burgstelle und Hof kommen wieder an die Grafen von Oettingen-Wallerstein, die eine Domäne einrichten.
1926 Der Besitz gelangt durch Tausch an Nördlingen.
1934/35 Freilegung der Grundmauern.

Anlage

Die Kuppe eines west-ost-gerichteten Sporns bildet den Burgplatz. Ein gekrümmter, tiefer Halsgraben (9) mit äußerem Wall (10) durchschneidet den Übergang des 12 m tiefer gelegenen Spornrückens zur Kuppe. Durch Wegebau entstand später die Bresche im Wall (13) auf der Nordseite. Aus der südlichen Grabensohle steigt der Burgweg (8) hoch zur Ostseite. Die Oberfläche der Kuppe ist verebnet und umfaßt eine Fläche von etwa 45 x 45 m. Ein 1 bis 1,5 m hoher Schuttriegel zur Grabenseite weist auf die westliche Umfassungsmauer. An einer Schürfstelle ist die Mauerverblendung einer Zwischenwand mit hammerrecht bearbeiteten Kleinquadern zu erkennen.
E. Frickhinger hat von 1934 bis 1935 die Grundmauern freigelegt und den Befund dokumentiert. Danach führte der Burgweg in einen nordseitig gelegenen Vorhof (1). Zur Südseite gerichtet lag die Kernburg, die annähernd die Grundform eines gleichschenkligen Dreiecks (ca. 35 bis 40 m Seitenlänge) bildete. Ihre Bebauung (5, 6, 7) lehnte sich an die 2 m starke Umfassungsmauer an, wodurch ein ebenfalls dreieckiger, innerer Burghof (4) entstand. Der Grabungsbefund ist heute nicht mehr ersichtlich.

Burgkapelle St. Hippolyt

Erhalten ist die romanisch-frühgotische Burgkapelle St. Hippolyt (2) in der Nordwestecke der Anlage. Der einfache Rechteckbau (10,9 x 6,35 m) besitzt ein steiles Satteldach und quaderverblendete Wände. In die Südwand führt ein spitzbogiges Eingangsportal. Romanisch sind die Bausubstanz, das steinerne Kreuz, der verwitterte Kopf am Gesims und die beiden Rundbogenfenster. Im Inneren überdeckt ein Kreuzrippengewölbe den Chorbereich. Auf den Konsolen standen in Holz geschnitzt St. Hippolyt und die Apostel. Sie sind im Nördlinger Stadtmuseum untergebracht.

Besitzer

Stadt Nördlingen

Pläne

Grabungsbefund von E. Frickhinger, in: „Führer zu vor- und frühgeschichtlichen Denkmälern"

Literaturhinweise

– Grünenwald, Dr. Elisabeth
  Burgen und Schlösser im Ries, in „Rieser Kulturtage", Dokumentation, Band III, 1980
– Beschreibung des Oberamts Neresheim, 1972
– Lingel, Klaus
  Führer durch das Ries, 1986
– Führer zu vor- und frühgeschichtlichen Denkmälern, Band 41, verschiedene Autoren

Flochberg

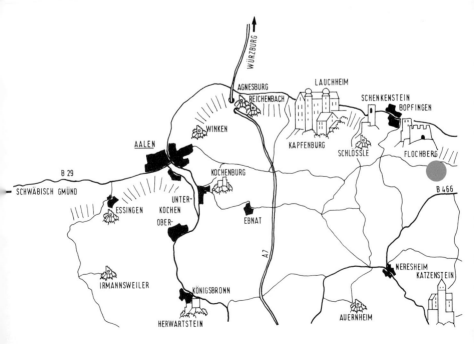

Flochberg

Lage	Den nordöstlichsten Randbereich der Schwäbischen Alb begrenzt das Egertal mit der mittelalterlichen Stadt Bopfingen. Auf dem Flochberg nahe der Stadt erheben sich bedeutende Reste der einst mächtigen Stauferburg. Bopfingen liegt an der B 29 von Nördlingen in Richtung Aalen und Lauchheim. Am Stadteingang aus Richtung Nördlingen zweigt eine beschilderte Straße nach Neresheim ab, der man bis zur Einmündung der „Welfenstraße" folgt. Sie führt in südöstlicher Richtung bergwärts. Links beginnt die „Burgsteige", die zu einem kleinen Parkplatz am Ende der Siedlung führt. Der Burgweg endet nach ca. 0,2 km an der Ruine.
Gemeinde	Stadt Bopfingen
Meereshöhe	Burg 579 m, Egertal 450 m
Besichtigung	Frei zugänglich
Weitere Sehenswürdigkeiten	Altstadt von Bopfingen, Museum, Kirche, Ipf

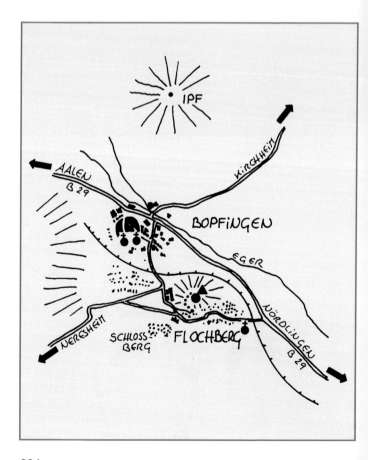

Flochberg

Belagerung von Flochberg 1150

Während der Auseinandersetzungen zwischen Staufer und Welfen unternimmt Welf VI. 1149 einen Vorstoß in das staufische Kernland und belagert Flochberg. Heinrich, Sohn des Konrad III., bereitet auf der Harburg mit seinen Gefolgsleuten den Gegenschlag vor. Am 8. Februar 1150 besiegt er das Heer des Welf VI. und nimmt 300 welfische Ritter gefangen, Welf VI. selbst kann jedoch entfliehen. Flochberg bleibt uneingenommen.

Geschichte

Flochberg gehört als staufischer Hausbesitz zu den bedeutenden Burgen des staufischen Stammlandes. In der ersten Hälfte des 12. Jahrhunderts nennen sich Edelfreie nach der Burg. Auch staufische Ministerialen tragen den Namen.

1138 und 1152 Urkundliche Nennung des „Reginhardus de Vlochperch".
1149/50 Belagerung der Burg durch Welf VI.
1150 Erstmalige Erwähnung der Burg. König Konrad III. schreibt an die griechische Kaiserin Irene von „castellum nostrum" (unsere Burg).
1153 Der Edelfreie Willingus nennt sich von Flochberg.
Um 1175 Adelheit von Flochberg ist Nonne im elsässischen Kloster Odilienberg.
1188 Flochberg wird im Verzeichnis der schwäbischen Herzogsgüter aufgeführt.
1270–1284 Mehrfache Erwähnung des Edelfreien Marquard von Flochberg.
1293 Erwähnung der edelfreien Brüder Albert und Konrad von Flochberg.
Um 1319–1322 Vermutliche Zerstörung der Burg durch die Württemberger im Zuge der Auseinandersetzungen um die Thronfolge zwischen Friedrich von Österreich und Ludwig dem Bayern.
1330 König Ludwig belehnt die Grafen Ludwig und Friedrich von Oettingen mit dem Burgstall Flochberg und erlaubt ihnen die Wiederbefestigung.
1338 Flochberg ist bewohnbar. Urkunden werden ausgestellt.
1347 König Karl IV. erneuert die Belehnung und die Befestigungserlaubnis.
1423–1430 Jörg von Weiler verwaltet als oettingischer Vogt die Burg.
1438 Albrecht von Schwabsberg ist oettingischer Vogt.
1476–1488 Hans von Wittstedt verwaltet Flochberg.
1525 Erfolglose Bestürmung der Burg durch die aufständischen Bauern.
1547 Kaiser Karl V. hält sich während des Schmalkaldischen Kriegs in der Burg auf.
1634 Flochberg wird Sperrfestung gegen das kaiserliche Heer.

Flochberg

1648 Besetzung der Burg durch die Kaiserlichen, worauf sie von den Schweden belagert und eingenommen wird. Flochberg wird stark beschädigt, aber nicht zerstört.
1682 Die Burgkapelle St. Nikolaus erhält ein neues Dach.
1689 Das Schloßgut wird parzelliert und verkauft.
1722 Gründung der Siedlung „Schloßberg". Zum Bau der Häuser wird das Baumaterial aus der im Zerfall befindlichen Burg verwendet.
1743 Die Orgel der Kapelle wird an das Kloster Heilig-kreuz in Donauwörth verkauft.

Anlage

Der Bergkegel des Flochberg ist im Gegensatz zum Zeugenberg Ipf (Weißjura) eine Fremdscholle aus Kalkstein. Er war topographisch und strategisch idealer Standort zum Bau einer bedeutenden Burganlage.

Vorhöfe

Nach einer Beschreibung aus dem Jahre 1663 bestand Flochberg aus der Kernburg (1) und drei Vorhöfen. Diese drei Vorhöfe waren im einzelnen ein unbefestigter, mittelalterlicher Vorhof auf der Südseite (4) und zwei stauferzeitliche Vorhöfe (7 + 8). Der Burgweg führte durch das äußere Tor (6) mit Zugbrücke in den zweiten Vorhof mit Stallungen (9). Darauf folgte zur Nordwestseite der dritte Vorhof (8) mit weiteren Stallungen und einer Futterkammer.

Kernburg

An höchster Stelle lag die Kernburg (1), die eine nahezu rechteckige Grundfläche von etwa 33 x 70 m überdeckte. An der gefährdeten Zugangsseite standen ähnlich der Harburg zwei quadratische Bergfriede (10 + 11). Die Baulichkeiten an der Umfassungsmauer umgaben einen inneren Burghof (26) mit Ziehbrunnen (13). An der Nordwestseite lagen Brot- und Fleischkammer (12), Backhaus und Badstüble (15), Wohnungen für das Gesinde sowie die Burgkapelle St. Nikolaus (16). Zur Südseite orientiert stand der Palas (17). Zwischen östlichem Bergfried und Palas gab es einen direkten Durchgang (14) zum zweiten Vorhof.
Nach der Einnahme durch die Schweden 1663 war vor allem die Kernburg schwer beschädigt. So waren die Wohngebäude zerstört, Bergfriede und Burgkapelle jedoch erhalten.

Bergfriede

Der heutige Ruinenbestand zeigt noch deutlich Reste der Kernburg. Während das Fundament des östlichen Bergfrieds (11) im Gelände steckt, steht der Stumpf des nördlichen (10) noch aufrecht. Mit 7,6 x 6,8 m ist er fast quadratisch (Mauerstärke 2,05 m).

Westbau

An der anschließenden, 3 m starken, nördlichen Umfassungsmauer ist der Wehrgang zu erkennen. Hinter dem folgenden Mauerbruch steht noch die dreigeschossige Außenwand des westlichen Gebäudes (16), mit der ehe-

Flochberg

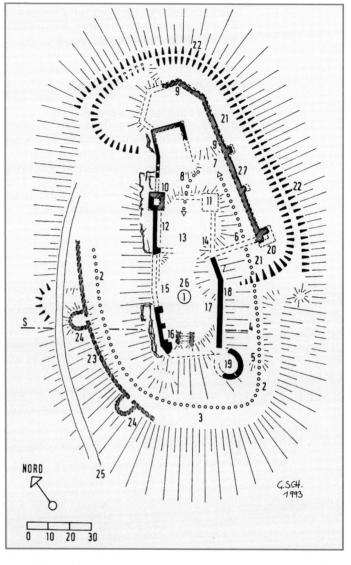

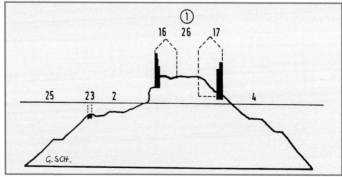

Flochberg

maligen Kapelle, dessen fensterloses Erdgeschoß 3,5 bis 4 m hoch ist (Mauerstärke Erdgeschoß 1,7 m, Obergeschoß: Raumhöhe 3,2 m, Mauerstärke 0,9 m).

Palas

13 m hoch ragt noch die Südostwand des Palas (17). Die sonst fensterlose, 2,5 m starke Wand zeigt im 3. Geschoß gereihte Fensterdurchbrüche. Eine große Rundbogenöffnung ist später entstanden und erweckt fälschlicherweise den Eindruck eines Tors. Im bergseitigen Schuttkegel stecken noch Teile der großen Tonnengewölbe.

Das Mauerwerk der Kernburg besteht aus Kalksteinquaderverblendung mit vereinzelt eingestreutem Material aus Tuff und braunem Sandstein. Die Quader sind hammerrecht, meist grob bearbeitet und besitzen unterschiedliche Formate. Abmessungen z. B. (L x H) 138 x 20, 85 x 43, 115 x 32, 58 x 40, 154 x 27 cm.

Gesamtanlage von Nordosten

Flochberg

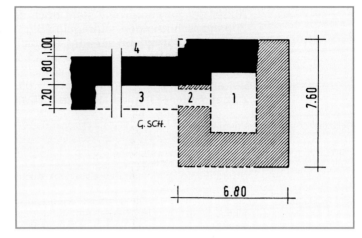

Außenwandruine des westlichen Gebäudes

Außer der Kernburgruine steht noch der Stumpf des den Zugang schützenden, unregelmäßig runden Geschützturms, „Lindturm"(19) genannt. Die östliche äußere Mauer mit Strebepfeilern (27) ist mit 3 m hohen Kernmauerwerkresten und Teilen des Torturms (20) erhalten. Im Schuttriegel am westlichen Zugang stecken die Fundamente von Außenmauer (23) und halbrunden Türmen (24).

Besitzer	Privat
Pläne	Grundrißschema von Kaplan Neher nach Unterlagen des „Compilationslibells" von 1663 Grundriß und Schnitt der Ruine von K. A. Koch, um 1900.
Alte Ansichten	Schematische Darstellung auf der topographischen Karte des Härtsfeldes, 17. Jahrhundert, Neresheim, Abtei-Archiv Ansicht als Hintergrund des Hochaltarantependiums, Öl, 18. Jahrhundert, Flochberg, Kirche Aquarell der Ruine, Wallerstein-Fürstliches Archiv

Literaturhinweise

– Beschreibung des Oberamts Neresheim, 1872
– Das Land Baden-Württemberg
  Amtliche Beschreibung nach Kreisen und Gemeinden, Band IV, 1980
– Dörr, Gerd
  Schwäbische Alb, Burgen, Schlösser, Ruinen, 1988
– Frei, Hans und Krahe, Günther
  Archäologische Wanderungen im Ries, 1988
– Grünenwald, Dr. Elisabeth
  Flochberg, in: „Bopfingen – Landschaft, Geschichte, Kultur", Heimatbuch, 1992
– Krause, Rüdiger
  Vom Ipf zum Goldberg. Archäologische Wanderungen am Westrand des Rieses, Band 16, 1992
– Wais, Julius
  Albführer, Band I, 1962
– Zirkel, Heinrich
  Harburg und Flochberg 1150, in: „Der Daniel", Heft 3/1969

Schenkenstein und Burgstall Schlößle

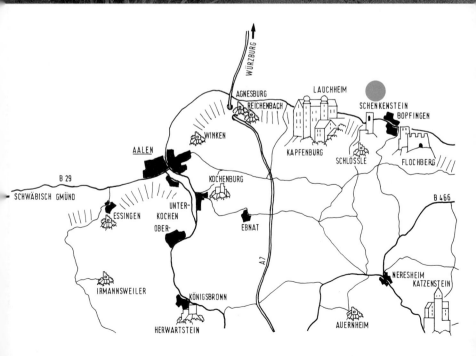

Lage

Östlich von Bopfingen liegt am Ursprung der Eger die Ortschaft Aufhausen mit der Ruine Schenkenstein. Die B 29 geht von Bopfingen in Richtung Aalen und Lauchheim direkt durch Aufhausen. Im Ort zweigt eine Straße Richtung Michelfeld/Oberriffingen ab. Nach 0,5 km gelangt man auf der südlich einmündenden „Schenkensteinstraße" unter dem Bahndamm hindurch zum Parkplatz beim Friedhof. Ein Wanderweg (AV Dreieck) führt bergwärts am jüdischen Friedhof vorbei; erste Weggabelung links, dann nächste wieder links direkt zur Ruine.
Parkplatz – 0,7 km Schenkenstein.
Zum Burgstall Schlößle:
Von Aufhausen folgt man der Straße in Richtung Michelfeld. Nach 1,2 km (ab Bahndamm) münden von links Forstwege in die Straße (Parkmöglichkeit). Auf dem nördlichen Forstweg erreicht man nach wenigen Metern ein Quellbecken. Die nächste Abzweigung nach links führt am Trauf entlang direkt zum Graben der Burgstelle.
Straße – 0,9 km Burgstelle.

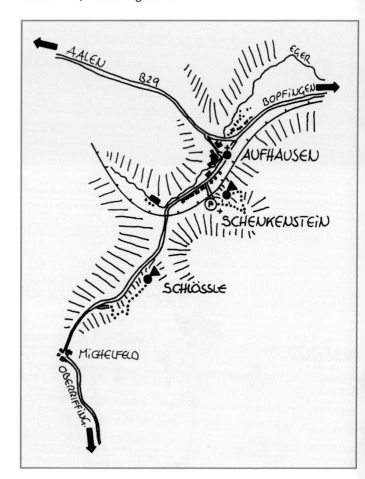

Gemeinde	Stadt Bopfingen, Ostalbkreis
Meereshöhe	Schenkenstein 573 m, Schlößle 590 m, Egertal 500 m
Besichtigung	Schenkenstein und Schlößle frei zugänglich

Geschichte Schenkenstein

Schenkenstein ist die Burg der Herren von Stein. Da sich im 12. und 13. Jahrhundert mehrere Adelsfamilien „von Stein" nennen (siehe auch Diemantstein), ist deren Zuordnung nicht immer eindeutig.

1138–1152 Chonradus de Stein, Edelfreier (liber de lapide), urkundlich nachgewiesen.

Um 1230 Bischof Hartmann von Augsburg, Sohn und Erbe des Grafen Hartmann von Dillingen, kauft von den Edelfreien von Stein die Burg.

1263 Rückgabe des Besitzes an den Verkäufer. Dieser übergibt die Burg Stein den Grafen von Oettingen. Burgherren werden die oettingischen Ministerialen, die Schenken von Ehringen, die sich nun Schenken von (Schenken-) Stein nennen.

1273 Gerung der Jüngere nennt sich „Schenk von Stein".

1347 Georg von Stein und sein Bruder Wilhelm geben dem Grafen von Oettingen eine Hube, das Huntzloch genannt, zu Lehen.

1367 Die Schenken von Stein verkaufen Dorf und Burg Nähermemmingen dem Spital Unserer Lieben Frau in Nördlingen.

1408 Besitzteilung; Georg, verheiratet mit Anna Adelmann von Adelmannsfelden, erhält die Burg (Schenken-) Stein.

1410 Georg von Stein tritt in Dienste der Stadt Nördlingen und erhält von dieser 200 fl. für das Öffnungsrecht der Burg.

1420 Georg verkauft eine Selde in Lauchheim an die Deutschordenskommende Kapfenburg. Ein Burgvogt bewohnt die Burg.

1525 Erstürmung und Verwüstung der Burg durch die aufständischen Bauern. Schenkenstein wird danach nicht mehr bewohnt und dem Zerfall überlassen.

1902 Max von (Schenken-)Stein stirbt als Letzter der Familie im südtirolischen Klausen.

1931 Eugen Fürst zu Oettingen-Wallerstein schenkt die Burgruine der Gemeinde Aufhausen.

Anlage Schenkenstein

Die Burg Stein, erst später Schenkenstein genannt, zählte zu den Satellitenburgen des staufischen Stammlandes. Sie lag am äußersten Ende eines von Nordost nach Südwest gerichteten, langen und schmalen Sporns des Schloßberges. Der Sporn bildet einen etwa 100 m langen Kamm, der von drei Quergräben getrennt war. Sie sind durch Wegebau verfüllt.

213

Schenkenstein und Burgstall Schlößle

Schenkenstein

1 Bergfried
2 Lage des Palas,
  Reste Kernmauerwerk
3 Lage des Palas,
  Mauerrest
4 Lage des Tores
5 Ehemaliger Zwinger
6 Unterburg,
  Wirtschaftshof
7 Reste Kernmauerwerk
8 Felsrippe
9 Verlauf der
  Umfassungsmauer
10 Felsrippe
11 3. Quergraben
12 Verfüllter Graben
13 Burgweg

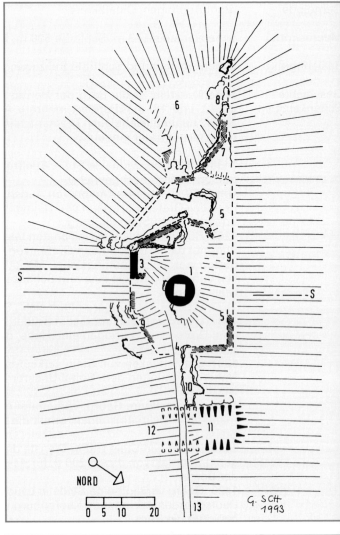

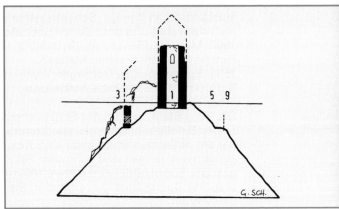

Schenkenstein und Burgstall Schlößle

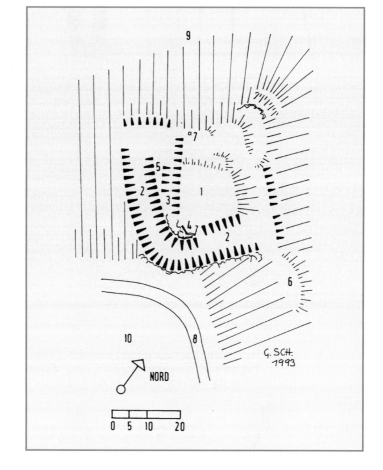

NORD

0 5 10 20

G. SCH.
1993

Bergfried

Quader

Palas

Hinter einer Felsrippe (10) beginnt die Kernburg, die eine Fläche von etwa 30 x 38 m überdeckte. Die Umfassungsmauer (9) umzog polygonal das nach drei Seiten abfallende Gelände.
In der Mitte steht noch die 16 m hohe Ruine des außen runden und innen quadratischen Bergfrieds (1). Er besitzt zur Burgseite (südwest) einen erhöhten Rundbogeneingang mit teilweise erhaltener Tuffquaderleibung. Original ist die Außenverblendung mit Quadern zur Nord- und Ostseite, neu verblendet dagegen die Süd- und Westseite. Über dem erhöhten Eingang ragt freiliegendes Kernmauerwerk. Abmessung der Quader z. B. (L x H) 92 x 33, 45 x 43, 75 x 31, 38 x 20 cm.
Am Bergfried zur Südseite stand der Palas (3). Von seiner Außenmauer ist noch ein 7 m langer und 4 m hoher Rest mit Quaderverblendung zu sehen. Der angrenzende Fels ist für die Innenseite des Palas auf 5 m Höhe abgespitzt. Darüber befindet sich noch ein Rest der westlichen Außenwand als Kernmauerwerk (2).

215

Feldseite des Burgstalls „Schlößle" mit Graben

Hinter der Kernburg stuft sich das Gelände in Terrassen zur Talseite ab (Kernmauerwerk und Schuttriegel). Auch die unterste (6), durch eine hohe Felsrippe (8) geschützte Ebene war bebaut.

Burgstall Schlößle

Über die Geschichte der vermutlich früh abgegangenen Burg und ihrer Besitzer ist nichts bekannt. Ihre Lage ist durch die von der Remstal-Ries-Straße abzweigende Verbindung über das Härtsfeld an Burg Katzenstein vorbei zur Donau zu begründen (E. Grünenwald). Von der vermutlich hochmittelalterlichen, kleinen Burg war noch im Fundbericht aus Schwaben 1896 zu lesen: „Der obere Raum mit alten Mauerresten ist 35 m lang, 20 m breit und vom Plateau durch einen in Felsen gerissenen, 10 bis 12 m breiten und 7,5 m tiefen Graben getrennt."
Jetzt ist nur der winkelförmig angelegte Graben zu sehen, der die Burgstelle aus der Talecke schneidet.

Besitzer

Schenkenstein und Burgstall Schlößle: Stadt Bopfingen

Alte Ansicht

Zeichnung der Ruine von J. Müller, gestochen von B. F. Leizel, um 1790

Literaturhinweise

– Führer zu vor- und frühgeschichtlichen Denkmälern, Band 22, verschiedene Autoren
– Grünenwald, Dr. Elisabeth
  Bopfingen – Landschaft – Geschichte – Kultur, Heimatbuch, 1992
– Karg, Hans Hartmut
  Die Schenken von Schenkenstein, in: „Der Daniel", Nr. 4/1985

Kapfenburg

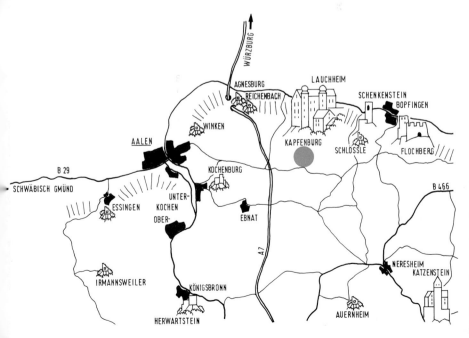

Lage

Den Albtrauf östlich von Aalen prägt die imposante, landschaftsprägende Kapfenburg, die sich auf einer Kuppe am Rande des Jagsttals über dem mittelalterlichen Lauchheim erhebt.
Die B 29 Nördlingen–Aalen führt direkt an der Kapfenburg vorbei. Von der A 7 Ellwangen–Heidenheim besteht Anschluß zur B 29 über die Ausfahrt Westhausen. Die Kapfenburg ist auch von der Ausfahrt Aalen/Oberkochen über Waldhausen und Hülen erreichbar. Ein Parkplatz befindet sich direkt bei der Burg.

Wandervorschlag:
Ausgangspunkt ist der Wanderparkplatz zwischen Lauchheim und Aufhausen (B 29) gegenüber der Abzweigung nach Baldern (über dem Bahntunnel). Man folgt dem bezeichneten Wanderweg (AV Dreiblock, Schwäbische Alb – Nordrandweg Hw 1) vorbei am „Schönen Stein" durch den Wald. Bei Erreichen der freien Hochfläche geht man nicht geradeaus nach Hülen, sondern rechts am Waldrand entlang zur Domäne und Kapfenburg.
Wanderparkplatz – 5,5 km Kapfenburg.

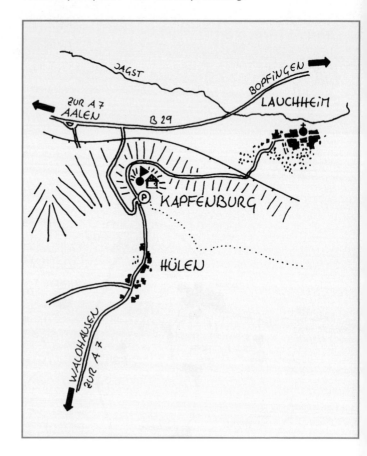

Kapfenburg

Gemeinde	Lauchheim, Ostalbkreis
Meereshöhe	Burg 625 m, Jagsttal 480 m
Besichtigung	Vorburg und Burghof sind frei zugänglich. Besichtigung Museum nach Voranmeldung von 10 bis 11 Uhr und von 14 bis 18 Uhr (außer montags). Führungen Schloßkapelle, Rittersaal und Heimatmuseum nach Voranmeldung bei der Schloßverwaltung, Telefon 0 73 63 / 56 08. Besichtigung der Räume im 2. Obergeschoß des Westernachbaus im Zuge öffentlicher Ausstellungen.
Einkehrmöglichkeit	Schloßgaststätte Kapfenburg
Komtur Johann Eustach von Westernach	Am 21. Dezember 1545 wird Johann Eustach von Westernach als jüngster von vier Brüdern geboren. 1566 tritt er in den Deutschen Orden zu Horneck ein. Zunächst wird er Küchenmeister im Ordenshaus Ellingen, dann Trappier in Frankfurt-Sachsenhausen, 1580 Hauskomtur zu Ellingen, 1585 Hauskomtur zu Mergentheim. Nach kurzer Statthalterschaft im Stift Fulda kehrt er nach Mergentheim zurück. Johann Eustach von Westernach wird als zielstrebiger, aber auch gnadenloser Verfechter der habsburgischen Politik bekannt. 1590 erhält er die Kommende Kapfenburg, die nun Sitz seiner Aktivitäten wird. Während der Türkenkriege ist er Kaiserlicher Kommissar bei den fränkischen Reichstagen (1598–1604) und ab 1619 Reichskriegs- und Reichsmusterungskommissar. 1625 wählt ihn der Ordenskonvent zum Hoch- und Deutschmeister. Am 25. Oktober 1627 stirbt er und wird in der Mergentheimer Schloßkirche des Deutschen Ordens beigesetzt. Unter Johann Eustach von Westernach wird die Kapfenburg zum repräsentativen Schloß umgebaut und der Hauptbau (Westernachbau) neu erstellt.
Bericht des Komturs von Westernach aus der Inquisitionsakte	1606 Juli – Kapfenburg J. E. von Westernach, Komtur zu Kapfenburg, an des Hoch- und Deutschmeisters Maximilian von Österreich Statthalter, Kanzler und Räte zu Mergentheim: Am 25. Januar 1605 erschlug Georg Rupprecht, Schneider zu Lauchheim, bei der Heimkehr in den Abendstunden im Rausch mit einem Scheit Holz seine dreizehn Jahre alte Stieftochter, da er über die Anwesenheit Fremder erzürnt war. Das Kind verstarb am nächsten Morgen, der Stiefvater war jedoch schon um Mitternacht zunächst zu Verwandten nach Lippach und dann in die „Freyung" nach Dürrwangen bei Dinkelsbühl (oettingisches Gebiet) geflüchtet. Eine Bittschrift seines Vaters fand kein Gehör. Nach einem Zwischenaufenthalt im Kloster Neresheim kehrte Georg Rupprecht am 11. Juli 1606 nach Lauchheim zurück. Er wurde sofort

gefangen genommen und am 15. Juli verhört. Als Anlage übersendet der Komtur das Verhörprotokoll. Von Mergentheim wurde am 20. Juli 1606 die Hinrichtung durch das Schwert angeordnet.

Geschichte

Zur Zeit der salisch-welfischen Auseinandersetzungen (1077–1125) soll die Kapfenburg bereits existiert haben. Sie müßte dann zu den Burgen des staufischen Stammlandes gezählt werden. Nachweise hierfür gibt es jedoch nicht. Die sichtbaren Bauteile der mittelalterlichen Anlage entstammen dem 13. Jahrhundert.

Ihre Blütezeit erreicht die Kapfenburg ab dem 14. Jahrhundert unter dem Deutschen Orden.

1198 Deutsche Fürsten gründen in der eroberten Stadt Akkon in Palästina den Deutschen Ritterorden.

Um 1250 Erweiterung oder Entstehung der Kapfenburg. Ein Burgmann Eberhard von Gromberg wird erwähnt.

1311 Die Kapfenburg ist in Besitz der Grafen von Oettingen.

1340 Brunn ist oettingischer Burgvogt auf der Kapfenburg.

1353 Eberhard von Gromberg verwaltet die Burg.

1364 Die Grafen von Oettingen verkaufen die Kapfenburg mit Hülen und Waldhausen um 4100 Pfund Heller an das Deutschordenshaus Mergentheim unter seinem Komtur Marquardt der Zoller von Rottenstein.

1372 Erstmalige Erwähnung eines Komturs zu Kapfenburg im Zusammenhang mit einer Geldanweisung.

Um 1380 Johann von Kötz, Komtur der Kapfenburg, erwirbt den Burgstall Gromberg (ehemalige Burg zwischen Lauchheim und Röttingen).

1384 Erwerb der Hälfte des Dorfrechts von Lauchheim.

1398 Der Kommende Kapfenburg wird ein eigenes Halsgericht verliehen.

1402 Die Kommende erhält das Marktrecht für Lauchheim.

1431 König Sigismund verleiht der Kommende das Stadtrecht für Lauchheim.

1465 Die Ordenshäuser Kapfenburg, Ulm und Donauwörth unterzeichnen ein Schutzbündnis mit Pfalzgraf Ludwig, Herzog von Ober- und Niederbayern.

1490 Kapfenburg steht auf seiten des Schwäbischen Bundes.

1525 Dreimaliger vergeblicher Erstürmungsversuch der aufständischen Bauern des Ellwanger Haufens. Die Ordensritter der Ballei Franken beraten nach der Niederwerfung der Bauern auf der Kapfenburg über die Folgen des Aufstands sowie über den Abfall des Hochmeisters Albrecht von Brandenburg.

1534 Verstärkung der Befestigungsanlagen durch den Neubau der Torbastei (18).

Gesamtanlage Kapfenburg aus südöstlicher Richtung. Die Baumreihe am unteren Bildrand zeigt den Verlauf der äußersten Umfassungsmauer

1538 Komtur Johann Graf von Hohenlohe läßt anstelle mittelalterlicher Gebäude den „Hohenlohebau" (3) errichten.

1539 Umbau des Kaplaneigebäudes (4).

1545 Modernisierung des Kaplaneigebäudes unter Komtur Balthasar Graf von Nassau.

1546 Plünderung der Kapfenburg im Schmalkaldischen Krieg durch Graf von Reifenberg.

1552 Erneute Plünderung durch Markgraf Albrecht von Brandenburg.

1585 Neubau der Schloßscheuer (23) durch Jerg Uhl aus Westerhofen.

1590 Johann Eustach von Westernach wird Komtur der Kapfenburg.

221

*Umfassungsmauer und Turmrest der Burg des
13. Jahrhunderts*

1591 Neubau des „Westernachbaus" (2) auf den Substruktionen der mittelalterlichen Burg. Umgestaltung der Kapfenburg zu einem repräsentativen Residenzschloß. Baumeister ist vermutlich Balthasar Reißler aus Lauchheim.
1593 Fertigstellung der oberen Schloßkapelle (30) im Westernachbau.
Um 1610 Fertigstellung des Rittersaals (32) im Westernachbau.
1627 Nach dem Tod von Johann Eustach von Westernach wird Georg Wilhelm von Eckershausen Komtur der Kapfenburg.
1630 Beratung des kaiserlichen Feldherrn Wallenstein mit dem Hoch- und Deutschmeister Kaspar von Stadion. Die Kapfenburger Wertgegenstände werden zur Verwahrung zum Hauptwaffenplatz der Liga nach Ingolstadt gebracht.

Kapfenburg

1632 General Gustav Horn läßt die Kapfenburg durch Oberst Degenfeld besetzen.

1633 Der schwedische Kanzler Oxenstierna schenkt die Kapfenburg und das Kommendegebiet dem Grafen Friedrich dem Jüngeren von Hohenlohe-Langenburg.

1634 Nach dem Sieg der kaiserlichen Truppen über die Schweden und ihre Verbündeten wird die geplünderte Kapfenburg wieder Sitz der Kommende.

1645 Nach der Schlacht von Alerheim verbrennen die französischen Truppen unter Duc d'Enghien fast die ganze Stadt Lauchheim.

1716 Komtur Carl Heinrich Freiherr von Hornstein beauftragt den Deutschordensbaumeister Franz Keller und den Baumeister Franz Joseph Roth mit der Modernisierung der oberen Wohngeschosse des Westernachbaus.

1717 Erneuerung des Hohenlohebaus (3) und Neubau des Trysoleigebäudes (20).

1718 Erneuerung des Küchenbaus (6).

1719 Erneuerung des Bräuhauses (17) und Weihe der von Franz Keller erbauten Lorenzkapelle (15) am unteren Schloßhof.

1720 Neubau des Stallbaus (16) mit Pferdestallungen im Erdgeschoß und Knechtskammern im Obergeschoß.

1721 Neubau des Ochsenkastenbaus (22).

1743 Im Graben der ehemaligen Kernburg wird ein Torhaus (7) errichtet.

1805 Durch den Okkupationserlaß des Kurfürsten Friedrich sollen sämtliche Besitzungen des Deutschen Ordens an Württemberg gelangen.

1806 König Friedrich erhält von Napoleon die Kapfenburg zugesprochen. Prinz Paul residiert auf Befehl seines Vaters Friedrich in unfreiwilliger Verbannung auf der Kapfenburg. Der Übergang der Deutschordenskommende Kapfenburg an Württemberg ist vollzogen.

1808 Zur Verwaltung wird ein Kameralamt eingerichtet.

1809 Aufhebung des Deutschen Ordens durch Napoleon.

1810 Kapfenburg mit Hülen und Waldhausen wird dem Oberamt Neresheim zugeteilt.

1811 Einrichtung eines Forstamts.

1907 Besuch des regierenden Hoch- und Deutschmeisters Erzherzog Eugen von Österreich auf der Kapfenburg.

1957–1962 Restaurierung der oberen Schloßkapelle, Freilegung der Wandmalereien und Restaurierung des Rittersaals im Westernachbau. Erneuerung des Portals am Kaplaneigebäude.

1960 Stillegung der Kapfenburger Bierbrauerei.

1961 Verlegung der Gaststätte von der Domäne in den Hohenlohebau (3).

1971–1972 Renovierung der Lorenzkapelle (15).

1973 Auflösung des Kapfenburger Forstamts.

1986 Einrichtung des Lauchheimer Heimatmuseums im Erdgeschoß des Westernachbaus.

Die verschiedenen Bauphasen des Hochschlosses werden von der Ostseite deutlich

Die Komture der Kapfenburg

Johann von Kötz	1380(?)–1384
Walter von Kaltental	1384–1396(?)
Johann von Venningen	1396(?)–1421(?)
Simon von Leonrod	1421(?)–1466(?)
Albrecht von Venningen	1454–1457
Johann von Finsterlohe	1467–1477(?)
Christian Truchseß von Höffingen	1477(?)–1481
Georg von Diemar zu Wiesenfeld	1481–1492(?)
Hartmann von Stockheim	1493(?)–1499
Johann von Nothaft	1499–1510(?)
Wilhelm von Neuhausen	1510(?)–1526
Johann Graf von Hohenlohe	1527–1540
Alexius von Diemar zu Wiesenfeld	1540–1542 und 1568–1570
Balthasar Graf von Nassau	1542–1564
Philipp von Altdorf, genannt Wollschläger	1564–1568
David von Wasen	1570–1572
Johann von Hördt	1572–1589
Johann Eustach von Westernach	1590–1627
Georg Wilhelm von Elkershausen, genannt Klüppel	1628–1635
Ulrich Graf von Wolkenstein zu Rodenegg	1635–1639
Johann Conrad von Liechtenstein	1639–1655

Westernachbau mit Trysolei- und Ochsenkastenbau von Süden

Eustaphus Adolphus Freiherr von Traundorf	1655–1656
Johann Adolf Lösch Freiherr von und zu Hilkertshausen auf Walkersdorf	1657
Philipp Freiherr von Grafeneck, Herr zu Burgberg, Eglingen und Osterhofen	1657–1668
Johann von Weingarten	1669–1675(?)
Liborius Christian Freiherr von Sparr, Herr auf Greifenberg	1676–1684
Johann Adolf Rau von und zu Holzhausen	1685–1691
Philipp Adolf Freiherr von Hoheneck	1691–1702
Maximilian Rudolf von Westernach	1703–1709
Karl Heinrich Freiherr von Hornstein	1713–1718
Franz Conrad Freiherr von Reinach	1718–1724
Georg Daniel von Buttlar	1724–1729
Philipp Erwin Anton Freiherr von Grosschlag	1730–1732
Konrad Christoph Freiherr von Lehrbach	1732–1755
Reinhard Adrian Freiherr von Hochstetten	1756–1765
Rudolph Heinrich Carl Aloys von und zu Werdenstein	1767(?)–1782
Johann Baptist Christoph von Andlau	1784–1788
Adolf von Reichlin auf Meldegg	1789–1799
Caspar Carl Ludwig Magnus Freiherr Reuttner von Weyl	1799–1806

Kapfenburg

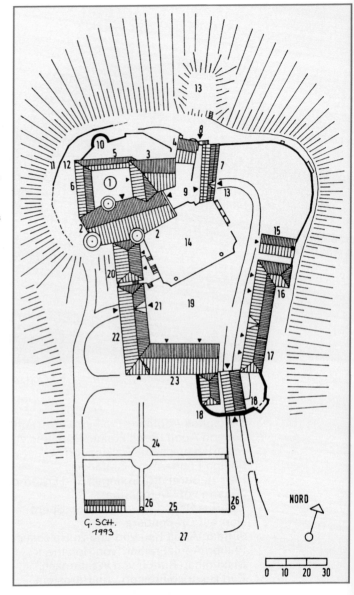

G. SCH.
1993

NORD

0 10 20 30

Anlage

Die Kapfenburg bildet trotz unterschiedlicher Bauformen ein geschlossenes, harmonisch wirkendes Gesamtes. Aufgrund ihrer Lage und Grundrißstruktur ist ihr das Bild einer wehrhaften Anlage geblieben.

Vier entscheidende Bauphasen haben die Kapfenburg geprägt:

1. Anlage
um 1100(?)–1250

1. Die Burg des Mittelalters, deren Gründungszeit jedoch unbestimmt ist. Ihre Entstehung ist möglicherweise um 1100, spätestens jedoch um 1250 anzunehmen. Nähere

226

Forschungen stehen noch aus. Spätere Bautätigkeiten beschränken sich stets auf die Grundfläche der Burg. Sämtliche Grundmauern zur Feldseite mit schlüsselschartenbestückten Rundtürmen entstammen dieser Zeit. Frei steht noch die nordwestliche äußere Mauer mit den Resten eines Rundturms (10) und Teilen der Zwingermauer (11) aus dem 13. Jahrhundert. Bauweise: Bruchsteinmauerwerk.

Um 1534–1539 2. Die erste große Veränderung der Anlage unter dem Komtur Johann Graf von Hohenlohe. Es erfolgt der Abbruch von vermutlich zwei parallel verlaufenden Burggebäuden. An deren Stelle entstehen der Hohenlohebau (3) und am äußeren Graben die Torbastei (18).

Um 1590–1610 3. Die entscheidende Veränderung unter dem Komtur Johann Eustach von Westernach. Die Kapfenburg wird zur repräsentativen Residenz. Es entsteht der beherrschende Westernachbau (2).

Um 1716–1722 4. Die letzte große Erweiterung und Veränderung unter den Komturen Karl Heinrich Freiherr von Hornstein (1713–1718) und Franz Conrad Freiherr von Reinach (1718–1724). Am Hochschloß wird der Hohenlohebau modernisiert und der Küchenbau erneuert. Entscheidend wird die gesamte Umgestaltung und Neubebauung der ehemaligen Vorburg um den unteren Schloßhof.

Besichtigung

Weiträumig umzieht eine noch in Teilen erhaltene, äußere Mauer die gesamte Anlage. In einem nordöstlichen Wehrturm wurde um 1720 die Nische für eine Kreuzigungsgruppe geschaffen.

Torbastei

Der Besucher betritt die Kapfenburg von der Feldseite durch die mächtige Torbastei (18), die 1534 zum Schutz der Anlage nach dem Vorbild italienischer Festungsbauweise und der daraus resultierenden Erkenntnisse von Albrecht Dürer entstand. Im Zuge der Erneuerungsmaßnahmen wurde sie 1727 im Inneren völlig umgebaut und erweitert. Das maulförmige Rundbogentor besitzt eine ausgeprägte Einfassung mit Rustikaquadern (Prismen- und Prallbuckelquader). Darüber befindet sich zwischen Rundfenstern das Wappen des Komturs Johann Eustach von Westernach, das anstelle eines bei der Inbesitznahme durch Württemberg abgeschlagenen Deutschordenskreuzes steht. Die Bastei mit Zinnenkranz besteht gänzlich aus Braunjuraquadern, deren Oberflächen Steinmetzzeichen aufweisen.

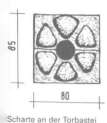

Scharte an der Torbastei

Steinmetzzeichen an der Torbastei

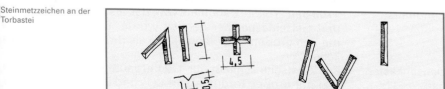

Torbastei von 1534 mit rustikaquadergefaßtem Tor

Unterer Schloßhof

Hinter der Tordurchfahrt öffnet sich der weiträumige, untere Schloßhof (19) mit prächtigem Blick zum Hochschloß. Der Hof ist durch eine dem Hochschloß vorgelagerte, mauerumfaßte, erhöhte Gartenterrasse (14) und der Auffahrtsrampe (13) gegliedert. U-förmig umschließt die Bebauung zur Südseite den Hof. Sie steht anstelle der Vorburg und erhielt ihre völlige Neugestaltung durch den Deutschordensbaumeister Franz Keller von 1716 bis 1721.

Bandhaus

Den südlichen Abschluß des Schloßhofs bildet das große, 1708 neu erbaute Bandhaus (23), das als Schmiede, Küferei und Getreidespeicher genutzt wurde. Das Untergeschoß mit den großen Gewölben diente als Braun- und Weißbierkeller.

Ochsenkastenbau

Zur Westseite schließt der 1721 erbaute Ochsenkastenbau (22) mit großer Tordurchfahrt (21) und Zwerchhaus an. Er steht anstelle eines früheren Stalls und der Roßmühle.

Überwölbte Tordurchfahrt des Hochschlosses

Trysoleigebäude

Die Verbindung zum Hochschloß bildet das auf alten Mauern 1717 neu aufgebaute Trysoleigebäude (20), in dem Wohnung und Amtsräume des Trysoleiverwalters (Finanzen) sowie das Urkundenarchiv der Kommende untergebracht waren.

Bräuhaus

Die Ostseite des Hofs prägen das eine Einheit bildende, 1719 erneuerte Bräuhaus (17) und der 1720 neuerbaute Stallbau (16), das spätere Forstamtsgebäude.

Lorenzkapelle

Den Abschluß der Ostseite bildet die untere Schloßkapelle, die Lorenzkapelle (15), die 1716 als Begräbnisstätte der Deutschordenskomture erbaut wurde. Die Deutschordenspatrone Maria, Elisabeth und Georg zieren als Sandsteinfiguren den Westgiebel. Die Stuckarbeiten des Innenraums wurden von Franz Roth aus Wien gestaltet.

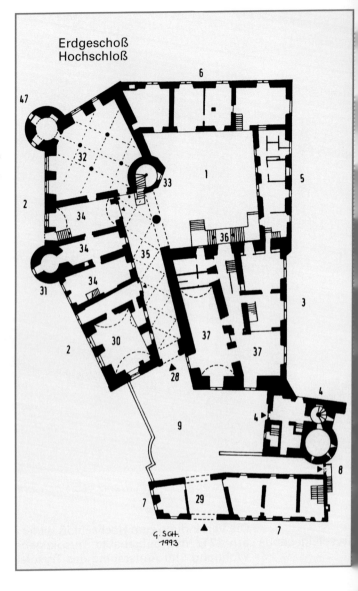

1 Hochschloß
  Oberer Schloßhof
2 Westernachbau
3 Hohenlohebau,
  Gaststätte
4 Kaplaneigebäude –
  Grombergbau
5 Zwischenbau
6 Küchenbau
7 Oberes Torhaus
8 Durchgang
9 Zwischenhof
28 Eingangsportal zum
  Westernachbau
29 Tordurchfahrt oberes
  Torhaus
30 Obere Schloßkapelle
31 Südöstlicher
  Rundturm
32 Rittersaal
33 Treppenturm
34 Museum
35 Überwölbte
  Tordurchfahrt
36 Eingang Gaststätte
37 Schloßgaststätte
38 Turmzimmer
39 Wohnung
40 Gästezimmer
41 Gang
42 Flur
43 Turmzimmer
44 Saal
45 Festräume
46 Vorplatz
47 Südwestlicher
  Rundturm

Grundrisse nach Plänen
des Staatlichen
Hochbauamts

**Erdgeschoß
Hochschloß**

Oberes Torhaus

An der Lorenzkapelle vorbei zieht der Burgweg hoch zum schmucken, mansardendachgedeckten, oberen Torhaus (7), das 1743 anstelle einer Zugbrückenanlage einfach in den Graben gestellt wurde.

Das obere Torhaus wird von den mächtigen Giebeln des Westernachbaus (Renaissance), des Hohenlohebaus (Barock) und des Kaplaneigebäudes (Gotik) überragt. Qualitätvoll nebeneinander, spiegeln sie den Bauwillen verschiedener Zeitabschnitte.

230

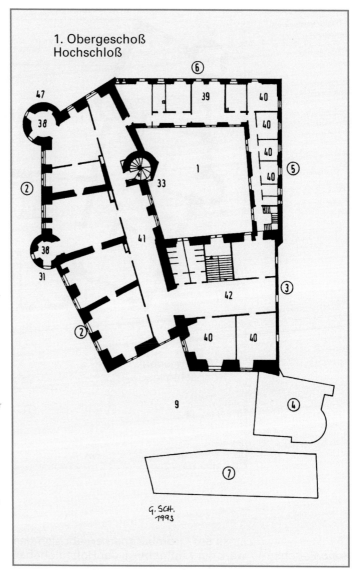

1. Obergeschoß
Hochschloß

G. SCH.
1993

Scharte mit Buckelquader
am Kaplaneigebäude

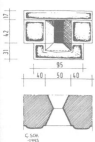

G. SCH.
1993

Grombergbau
Kaplanei-
gebäude

Ganz rechts steht der Grombergbau (4), auch Kaplaneigebäude genannt. In ihm stecken noch substanzielle Reste
der Burg. Aus dieser Zeit stammt auch der in das Gebäude
integrierte, äußere Rundturm (Vogelturm), der in einem
Erker mit dem Wappen des Komturs Balthasar von Nassau
endet. Das zur Auffahrt gerichtete, säulenflankierte Rusti-
kaportal in Muschelkalk entstammt der Bauzeit des
Westernachbaus von 1591 (1962 erneuert).
Eine Pforte (8) zwischen Rundturm und oberem Torhaus
führt in den nördlichen Zwinger (12) mit den Resten eines
runden Turms und Mauern der Burg.

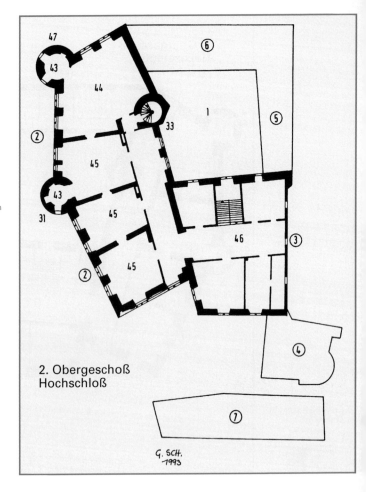

2. Obergeschoß
Hochschloß

G. SCH.
1993

Hohenlohebau

Links am Grombergbau erhebt sich das zweitgrößte Bauwerk der Kapfenburg, der Hohenlohebau (3), benannt nach dem Bauherrn Komtur Johann Graf von Hohenlohe, der auf den Grundmauern der alten Burg 1538 diesen Bau erstellen ließ. 1717 wurde dieser unter dem Baumeister Franz Keller jedoch bis auf das Erdgeschoß wieder abgerissen und durch einen kolossalen Barockbau ersetzt. Diese Bautätigkeit repräsentiert der schwungvolle Volutengiebel auf einem eher behäbig wirkenden, schmucklosen Unterbau. Im Erd- und Untergeschoß lassen sich noch die Strukturen der mittelalterlichen Grundmauern ablesen. In den Räumen ist heute die Schloßgaststätte (37) untergebracht.
Bedeutendstes und herausragendstes Bauwerk der Kapfenburg ist der von 1591 bis 1593 unter Komtur Johann

Hochschloß mit Westernach-, Hohenlohe- und Kaplanei-gebäude sowie vorgelagerten Schloßhofgebäuden von Osten

Westernachbau

Schlüssel-scharte am westlichen Rundturm

Schlüssel-scharte am südlichen Rundturm

Eustach von Westernach erbaute Westernachbau (2). Für die Planung war der Nördlinger Festungsbaumeister Wolfgang Walberger verantwortlich. Benutzt wurde die Grundlage der mittelalterlichen Anlage, so daß sich heute an der feldseitigen Außenwand die Grundmauern der Burg mit zwei Rundtürmen widerspiegeln. Besonders eindrucksvoll wirkt der Ostgiebel mit dem Renaissancetreppengiebel des Baumeisters Balthasar Reißer aus Lauchheim. Den rechten Teil der Fassade bestimmt das Renaissancetor mit Bossenpilastern und schmuckreicher Sopraporta. Die Tafeln zeigen die Wappen des Hoch- und Deutschmeisters Maximilian I., Erzherzog von Österreich (oben), des Landkomturs der Ballei Franken, Volkart von Schwalbach (links), und des Bauherrn, Komtur Johann Eustach von Westernach (rechts).

233

Torhalle

Die anschließende Torhalle (35) mit Kreuzgratgewölben führt rampenartig hoch zum oberen Schloßhof (1).

Obere Schloßkapelle

Im Erdgeschoß des Westernachbaus befindet sich in der Südostecke die obere Schloßkapelle oder Muttergotteskapelle (30). Sie besitzt in der Wand zur Torhalle zwei Emporennischen, deren rechte Empore fehlt. Die Wände zieren Fresken und mehrere Grabdenkmäler der Kapfenburger Komture, das gotisierte Sterngewölbe mit wappenbesetzten Schlußsteinen zeigt Evangelisten und Propheten.

Heimatmuseum

In den folgenden drei Räumen (34) mit südöstlichem Rundturm (31) ist das Zweigmuseum der Stadt Lauchheim untergebracht.

Rittersaal

Am Ende des Torgewölbes führt ein Renaissanceportal in den Rittersaal (32). Der fünfeckige Raum besitzt eine Mit-

Eingangsseite der oberen Schloßkapelle mit Emporennische im Erdgeschoß des Westernachbaus

telachse, an deren Ende zur Burgseite der Treppenturm (33) und zur Feldseite der südwestliche Rundturm (47) stehen. Vier kräftige Säulen mit Blockkapitellen tragen stuckierte Kreuzrippengewölbe. Der Stukkateur Gerhard Schmidt aus Rothenburg schuf in den äußeren Gewölbefeldern acht Medaillons mit den vier Elementen Feuer, Wasser, Luft und Erde sowie die damals bekannten Erdteile Europa, Afrika, Amerika und Asien. Im Mittelpunkt stehen Medaillons mit von weiblichen Genien gehaltenen Wappen von Ordensrittern der Erbauungszeit – Hoch- und Deutschmeister Maximilian I., Landkomtur der Ballei Franken, Johann Schutzbar, Komtur Johann Eustach von Westernach und Wilhelm von Bubenhofen.

Die Rittersaaldecke schmücken Medaillons. Weibliche Genien halten das Wappen des Komtur Johann Eustach von Westernach

Ein Wendelturm (33) führt in das 1. und 2. Obergeschoß. 1716 veränderte der Deutschordensbaumeister diese Geschosse, indem er durch Wandveränderungen breite Gänge schuf und die Fenster vergrößerte. Die nun neu gestalteten Fürstensäle entsprachen mit den Stuckdecken sowie Mosaikfußböden dem Geschmack der Zeit.

Besitzer	Land Baden-Württemberg
Pläne	Grundrisse, Schnitte und Ansichten als Bestandspläne beim Staatlichen Hochbauamt Ellwangen
Alte Ansichten (Auswahl)	Ansicht auf der topographischen Karte des Härtsfeldes, 17. Jahrhundert, Neresheim, Abtei-Archiv
	Ansicht auf einer Forstkarte von C. Fröhlich, 1752, Kapfenburg, Forstamt
	Burg und Lauchheim, Radierung von 1820
	Südansicht in „Delineation geometrica" von 1740

Literaturhinweise
- Beschreibung des Oberamts Neresheim, 1872
- Die Kapfenburg, vom Adelssitz zum Deutschordensschloß, 800 Jahre Deutscher Orden, verschiedene Autoren, 1990
- Dörr, Gerd
  Schwäbische Alb, Burgen, Schlösser, Ruinen, HB-Atlas, 1988
- Gerlach, Dr. August
  Das Schloß Kapfenburg, in: „Blätter des Schwäbischen Albvereins", Nr. 2, 1909
- Gerlach, Dr. August
  Chronik von Lauchheim, Geschichte der ehemaligen Deutschordenskommende Kapfenburg, 1907/1969
- Gradmann, Wilhelm und Bizer, Christoph
  Burgen und Schlösser der Schwäbischen Alb, 1980/1994
- Kießling, Winfried
  Burganlagen um Lauchheim, in: „Rieser Kulturtage", Dokumentation, Band VII/I, 1988
- Kießling, Winfried
  Deutschordensburg Kapfenburg, Schnell Kunstführer Nr. 982, 1990
- Kießling, Winfried
  Deutschordenskommende Kapfenburg, 1990
- Lingel, Klaus
  Führer durch das Ries, 1986
- Mayer, Eugen
  Schloß Kapfenburg, Schnell Kunstführer Nr. 982, 1973
- Merten, Klaus
  Schlösser in Baden-Württemberg, 1987

Agnesburg und Reichenbach

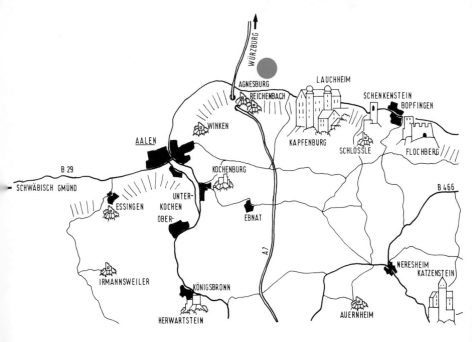

Agnesburg und Reichenbach

Lage

Die Autobahn (A 7) überwindet den Albaufstieg von Ellwangen nach Heidenheim östlich von Aalen. Ein Tunnel leitet durch den Bohlerberg am nördlichen Albtrauf, der auf der nordwestlichen Bergkante nahe der Tunneleinfahrt die Agnesburg trug.

Von der A 7, Ausfahrt Westhausen, erreicht man die B 29 in Richtung Nördlingen. Nach 1,6 km zweigt vor Reichenbach bei einer Tankstelle nach rechts ein Fahrweg ab, der direkt in den Wald am Talhang zu einem ausgeschilderten Wanderparkplatz führt. Man geht zurück zum Fahrweg (AV Raute), folgt diesem bergwärts und dem folgenden, bezeichneten „Bohlersteig" (Tafel). 20 m nach dieser Tafel beginnt rechts im Wald ein Fußsteig, auf dem man am nördlichen Talhang entlang direkt hoch zur Burgstelle gelangt.

Wanderparkplatz – 1,2 km Burgstelle.

Zur Burgstelle Reichenbach:

Von der B 29 nach Reichenbach abzweigen. Man folgt der Ortsstraße bei der Kirche zur „St.-Georg-Straße" am südlichen Ortsende und dem folgenden Schotterweg bis zur Gabelung vor dem Fahrverbotsschild. Auf dem Weg geht es bergwärts weiter, an der Abweigung rechts haltend zur Burgstelle nahe der Autobahn.

Ortsende Reichenbach – 0,3 km Verbotstafel – 0,6 km Burgstelle.

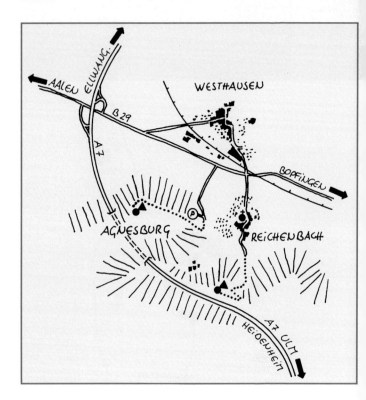

Burgplatz Agnesburg mit U-förmig angelegtem Graben

Gemeinde	Westhausen, Ostalbkreis
Meereshöhe	Agnesburg 620 m, Burgstelle Reichenbach 600 m, Reichenbach 520 m
Besichtigung	Agnesburg und Burgstelle Reichenbach frei zugänglich
Geschichte Agnesburg	Über die sogenannte Agnesburg und deren Besitzer sind bisher keine urkundlichen Nachweise bekannt. Vermutlich handelt es sich um die Höhenburg der 1147 bis 1394 genannten ellwangischen Ministerialenfamilie von Westhausen. Dort sind vier mittelalterliche Burgstellen belegt. Erst der Sagenmythos bringt Agnes von Westhausen mit der Burg auf dem Bohlerberg in Verbindung. Sie soll die Letzte der Westhauser gewesen sein. Zur Erinnerung an ihre wohltätigen Stiftungen an Pfarrei und Gemeinde wurde ihr beim Neubau der Westhauser Kirche 1780 eine Gedenktafel gewidmet.

239

Agnesburg

1 Kernburg
2 Graben
3 Verflachter Wall
4 Wall
5 Grabenauswurf
6 Gruben
7 Felskante zum Tal
8 Talseite
9 Hochfläche
10 Felskopf
11 Fußpfad

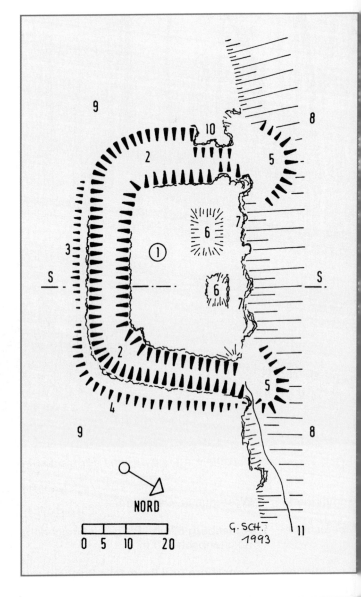

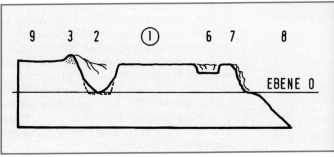

Anlage Agnesburg

Die Burg lag am nordwestlichen Rand des 670 m hohen Bohlerbergs. Ein u-förmig angelegter, aus dem Fels gebrochener Sohlgraben (2) begrenzt eine rechteckige Burgfläche (1) von etwa 25 x 35 m. Der 6 m tiefe Graben mündet beidseitig in den felsigen Steilhang. Am westlichen Grabenende bildet ein Felskopf (10) als Auflager einer Brücke den möglichen Zugang zur Burg. Auf der Nordost- und Südostseite des Grabens sind Reste des vorgelagerten Walls (3 + 4) bis zu 3 m Höhe geblieben. Innerhalb der Kernburg (1) weisen zwei 1,5 bis 2 m tiefe Mulden (6) (7 x 9 und 5 x 7 m) auf Keller von Gebäuden oder eine Zisterne.

Burgstelle Reichenbach von Norden mit späterem Geländedurchbruch an der rechten Bildseite

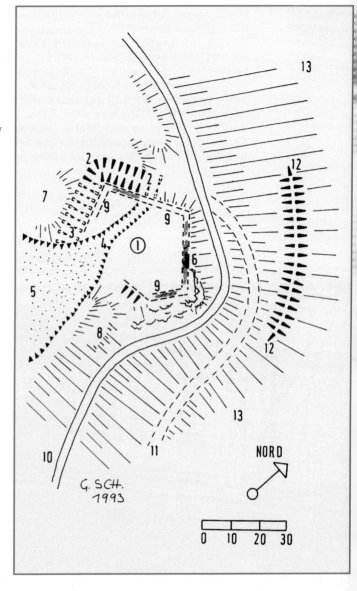

G. SCH.
1993

NORD

0 10 20 30

Geschichte
Reichenbach

Die Burgstelle am nördlichen Albrand über Reichenbach ist die ehemalige Burg des Ortsadels. Da es mehrere Ortschaften gleichen Namens gibt, ist die Zuordnung nicht immer eindeutig.

1240 Heinrich von Reichenbach wird in einem Güterverzeichnis des Klosters Ellwangen erwähnt.
1260 Der Freie Engelhard von Reichenbach ist mit Eberhard von Gromberg und Konrad von Stein Zeuge in einer Urkunde des Klosters Mödingen.

242

Agnesburg und Reichenbach

1283 Engelhard schenkt seinen Hof zu Westerhofen dem Kloster Kaisersheim.
1331–1354 Ein Heinrich von Reichenbach nennt sich zu Trochtelfingen.

Anlage Reichenbach

Zwischen dem Bohlerberg und dem Erbisberg lag auf einem Sporn der Winterhalde am Talhang die Burg Reichenbach. Die Anlage ist durch Wegebau, einem älteren Steinbruch (5) und daraus resultierenden Erdaufschüttungen (7) völlig verändert. Auch sind mögliche Vorbefestigungen zur Bergseite durch den tiefen Einschnitt der Autobahn verschwunden.

Die Umfassungsmauer (9) umschloß polygonal die Kernburg mit einer Fläche von etwa 45 x 35 m. Auf der Westseite sind noch der Rest eines abgewinkelten Grabens (2)

Unter Erde und Wurzeln liegen Umfassungsmauerreste der ehemaligen Burg Reichenbach

und die Umfassungsmauer durch Schuttriegel dokumentiert. An der östlichen Felsecke liegt ein 2,5 m hoher und 4 m langer Rest der Umfassungsmauer (Futtermauer)(6) frei. Die Außenverblendung besteht aus Kalksteinquadern kleinerer und mittlerer Formate. Der Sockel ist abgesetzt. Wenige Meter unterhalb am Hang war der ursprüngliche, jetzt verwachsene Burgweg (11) durch einen vorgelagerten Wall (12) geschützt.

Besitzer	Agnesburg: Land Baden-Württemberg Reichenbach: Gemeinde Westhausen
Plan	Lageplan von J. Steiner, bei: „Burganlagen um Lauchheim"

Literaturhinweise	– Beschreibung des Oberamts Ellwangen, Band II, 1886
	– Das Land Baden-Württemberg
	  Amtliche Beschreibung nach Kreisen und Gemeinden, 1980
	– Kießling, Winfried
	  Burganlagen um Lauchheim, in: „Rieser Kulturtage", Dokumentation, Band VII/I, 1988
	– Pfeifer, Hans
	  Führer zu vor- und frühgeschichtlichen Denkmälern, Band 22, 1973

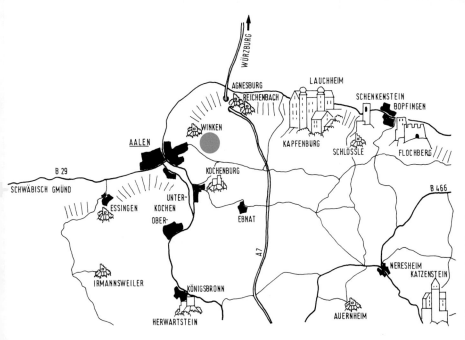

Winken

Lage

Östlich von Aalen bildet die Schwäbische Alb steil aufragende Hänge mit bewaldeten Höhenrücken. Der Ursprung des zur Kocher fließenden Hirschbachs beginnt im Winkental. Hier lag am Talhang die Burg der Herren von Winken.

Am Ende des östlichen Neubaugebiets der Stadt Aalen in Richtung Waldhausen zur Autobahn (A 7) zweigt nach links eine Straße zum Wanderparkplatz „Weiße Steige" am Waldrand ab. Man folgt dem „Winkensteig" (AV Dreieck) bergwärts und an der zweiten Gabelung dem bezeichneten „Schanzenweg" links direkt zur Burgstelle.
Parkplatz – 1,5 km Burgstelle.

Wandervorschlag:
Vom Wanderparkplatz zur Burgstelle wie beschrieben. Der bezeichnete „Schanzenweg" führt weiter zum „Naturfreundehaus Braunenberg". Von hier folgt man dem Weg abwärts nach Röthardt zum Besucherbergwerk „Tiefer Stollen" und schließlich von Röthardt auf der „Heugasse" zurück zum Ausgangspunkt.
Parkplatz – 1,5 km Burgstelle – 1,8 km Naturfreundehaus – 2,2 km Bergwerk – 1,7 km Parkplatz.

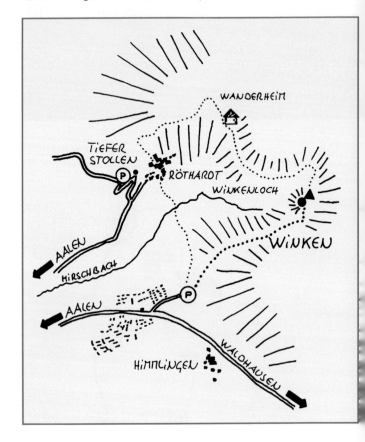

Winken

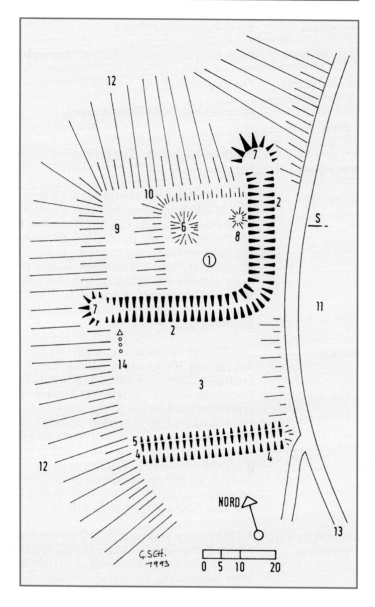

1 Kernburg
2 Graben
3 Vorburg oder
  Vorbefestigung
4 Äußerer Graben
5 Wall
6 Mulde
7 Grabenauswurf
8 Schutthügel
9 Vermuteter Hof
10 Zwinger
11 Hangseite
12 Talseite
13 Forstweg
14 Vermuteter
   Burgzugang

G. SCH.
1993

NORD

0 5 10 20

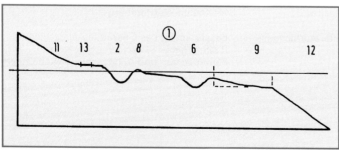

Winken

Gemeinde	Stadt Aalen, Ostalbkreis
Meereshöhe	Burg 625 m, Winkental 500 m, Grunenberg 730 m
Besichtigung	Frei zugänglich
Einkehr-möglichkeit	Naturfreundehaus Braunenberg
Weitere Sehens-würdigkeit	Besucherbergwerk „Tiefer Stollen" (Einfahrt mit Gruben-bahn von April bis Oktober)

Geschichte

Über die Burg der Herren von Winken, auch Herren von den Winken und Herren von Winkental bezeichnet, ist urkundlich nichts bekannt. Im späten Mittelalter werden die Burgherren als Bürger der Stadt Aalen nachweisbar. Die Bezeichnungen Winkental, Winkenhalde, Winkenteich, Winkensteig und Winkenloch lassen die namengebende Burg anstelle der Befestigungswerke im Gelände der Winkenhalde vermuten. Keramische Lesefunde lassen zwar eine Entstehungsdatierung nicht zu, bestätigen jedoch die Besiedlung im Mittelalter.

Anlage

Die Burgstelle liegt auf einer Hangterrasse am Talein-schnitt des Hirschbachs (Winkental). Ein neu angelegter Forstweg „Schanzenweg" (13) führt direkt daran vorbei. Der winkelförmig angelegte, 3 bis 4 m tiefe Graben (2) schneidet die Kernburg (1) aus der Geländeecke, nach der Nord- und Westseite schützt das steil abfallende Gelände. Es verbleibt eine Fläche von etwa 33 x 40 m. Einziger Hinweis auf die Bebauung ist eine 3,5 m tiefe und 7 x 9 m große Mulde (6).
Südlich der Kernburg vorgelagert ist die Vorburg oder Vorbefestigung (3). Ein flacher Wall (5) und Graben (4) begrenzen eine Fläche von etwa 30 x 45 m.

Ehemalige Burg Eggenberg

An der Straße von Unterkochen nach Waldhausen liegt der Weiler Geiselwang. 1594 wird bei Geiselwang „ein Burg-ställlein zum Steinhof" erwähnt. In ihm wird die ehemalige Burg Eggenberg vermutet. Sie war die Burg des im 14. Jahrhundert mehrfach erwähnten Eckart von Eggenberg.

Besitzer

Land Baden-Württemberg

Literaturhinweise

– Beschreibung des Oberamts Aalen, 1854
– Pfeifer, Hans
  Führer zu vor- und frühgeschichtlichen Denkmälern, Band 22, 1973

Kochenburg

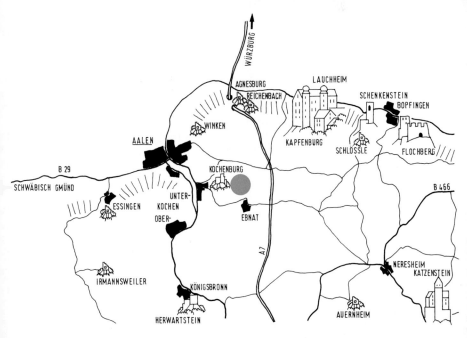

Kochenburg

Lage

Südlich von Aalen liegt am Zusammenfluß von Weißer und Schwarzer Kocher die Ortschaft Unterkochen. Die bekannte Kochenburg erhob sich östlich auf einem Sporn am Ursprung der Weißen Kocher. Die B 19 führt von Aalen in Richtung Heidenheim direkt an Unterkochen vorbei, wo in Ortsmitte eine beschilderte Straße nach Waldhausen abzweigt. Am Ortsende von Unterkochen beginnt nach 0,5 km rechts der bezeichnete „Kocher Burgweg" (eingeschränkte Parkmöglichkeit). Er führt nach 0,2 km direkt durch den Halsgraben der Ruine.

Wandervorschlag:
Ausgangspunkt ist der Parkplatz beim Sportgelände am Ortsausgang in Richtung Waldhausen. Man folgt dem bezeichneten Wanderweg taleinwärts zum Kocherursprung, geht diesen weiter bergwärts und überquert die Straße zu den Wällen der vorgeschichtlichen Anlage. Ein Weg führt am südlichen Trauf entlang zum Aussichtspunkt „Hohler Stein", weiter zur Ruine Kochenburg und zurück zum Ausgangspunkt.
Parkplatz – 0,7 km Kocherursprung – 1,7 km „Hohler Stein" – 0,6 km Kochenburg – 0,6 km Parkplatz.

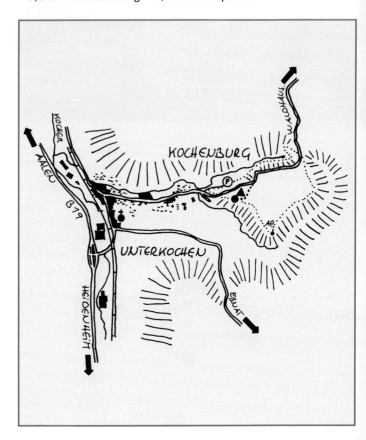

Kochenburg

Gemeinde	Stadt Aalen, Ostalbkreis
Meereshöhe	Burg 573 m, Kochertal 480 m
Besichtigung	Frei zugänglich
Einkehr-möglichkeit	Gasthäuser „Zum Felsen" und „Lauterhäusle" am Ortsende von Unterkochen

Die Sagen der Kochenburg

Mehrere Sagen ranken sich um die Kochenburg und deren Bewohner. Eine davon berichtet vom letzten Ritter als Räuber und Bedränger der umliegenden Bauern. Diese, schließlich des Ritters überdrüssig, ziehen mit Unterstützung eines adeligen Herrn vor die Burg zur Belagerung. In einer mondhellen Nacht werden sie durch Geräusche in der Burg aufgeschreckt. Der Burgherr als weiße Gestalt jagt auf schäumendem Roß die zinnenbewehrte Mauer entlang und stürzt unter gellendem Aufschrei über die Mauer in die Tiefe. Am anderen Morgen waren Roß und Reiter verschwunden.
Weitere Sagen berichten von zwei Schwestern der Burg, von Junker Hans und vom schwarzen Pudel.

Geschichte

Die Kochenburg ist die namengebende Stammburg des Ortsadels, der Herren von Kochen. Sie erbauen ihre standesgemäße Höhenburg am Rande eines bereits in der Bronze- und Hallstattzeit befestigten Berges. Im 15. Jahrhundert werden sie als Aalener Bürger nachgewiesen.

1136 Erste Erwähnung der Herren von Kochen in der Schmähschrift eines unbekannten Mönches: „Rapoto von Kochen besitzt eine für ein Ewiges Licht zu Ehren der hl. Maria gestiftete Hofstätte an der Kirchhofmauer."
Um 1200 Entstehung oder Erneuerung der Burg.
1240 Konrad und Werner von Kochen werden als ellwangische Dienstleute in einem Ellwanger Bürgenverzeichnis aufgeführt.
1300 Erste Erwähnung der Burg als Eigentum der Ritter von Ahelfingen.
1317 Konrad von Ahelfingen tauscht mit der Abtei Ellwangen seinen Besitz Kochenburg und Unterkochen gegen die Burg Hoheneybach. Die Burg wird Obervogtssitz des ellwangischen Oberamts Kochenburg.
1397 Abt Albrecht der Hagge bewohnt die Burg.
1461 Die Kochenburg wird Ruhesitz des Fürstpropstes Johann von Hürnheim.
1522 Im Streit zwischen den Landesherren und dem Kapitel ziehen die Streitkräfte des Kapitels unter Führung des Kanonikus Andreas Funk gegen Unterkochen. Die Bürger ergeben sich, worauf die Übergabe der Burg gefordert wird. Nach erfolglosem Angriff und Abweisung der Übergabe erfolgt der Rückzug.

1627–1632 Propst Johann Jakob Blarer von Wartensee läßt mit einem Kostenaufwand von 8034 Gulden die Gebäude abbrechen und eine neue Burg errichten. Baumeister ist Hans Alberthal von Roveredo.
1645 Zerstörung der Burg durch die Schweden.
1649 Entnahme von Steinmaterial zum Bau eines neuen Amtshauses.
1764 Abfuhr von Baumaterial zum Bau der Pfarrkirche in Unterkochen.
1913/14 Freilegung der Grundmauern unter Leitung des Burgenforschers Konrad Albert Koch.

Die Vögte der Kochenburg

Fritz von Schnaitberg 1357 und 1366; Heinrich Wolf der Dinkelsbühler 1396; Ulrich Kestlin 1400; Fritz von Schnaitberg der Eisenschmied 1425; Ulrich von Ahelfingen 1427; Fritz von Holzingen 1436; Veit von Rechenberg 1439; Konrad Hafner von Sontheim 1442; Ulrich von Wellwart 1454; Heinrich Stettner 1456; Konrad Hafner von Sontheim 1466; Fritz von Holzingen 1483; Kaspar Speth, genannt Merz 1519; Eustachius Zinkenrieder 1530; Jerg Konrad von Helmstatt 1539; Eck von Reischach 1560; Jakob von Tannenburg 1562; Rudolf von Westerstetten 1620; Franz Blarer von Wartensee, der Bruder des Fürstpropstes Johann Jakob.

Anlage

Drei Anlagen können bei der Entwicklung der Kochenburg unterschieden werden: die mittelalterliche Burg in Buckelquaderbauweise um 1200, der Ausbau als Sitz des Obervogts im 14. Jahrhundert und der völlige Neubau von 1627 bis 1632 durch den Baumeister Hans Alberthal von Roveredo. Erhalten sind noch Baupläne von 1627 für den Bau eines dreiflügeligen Spätrenaissanceschlosses. Den Grabungsbefunden zufolge kamen diese Pläne jedoch nicht zur Ausführung. Der Neubau muß unter Berücksichtigung der vorhandenen Gegebenheiten vollzogen worden sein. Die Weiße Kocher und der Häselbach begrenzen den Berg „Schloßbaufeld" mit einem schmalen, nach Westen gerichteten Sporn. Ein aus dem Fels gebrochener Halsgraben (11), durch den der Forstweg führt, schützt die Anlage von der Bergseite. Die verbleibende Fläche gliedert sich in zwei Hauptabschnitte und wird durch Schutthügel, Mauerreste und Mauerschutt bestimmt. Der von dem Burgenforscher Koch dokumentierte Grundriß ist nicht mehr in allen Bereichen nachvollziehbar.

Vorburg

Hochschloß

Der untere Abschnitt (16) trug die Vorburg. Von der Nordseite führte der Burgweg aus dem Tal zum äußeren Tor (22) in den Hof der Vorburg. Vorbei an einem Rundturm erreichte man das innere Tor (10) der Kernanlage mit anschließendem Hof und Zwinger (9). Mittelpunkt war ein drei- oder vierflügeliger Gebäudekomplex um einen Lichthof (23). Erhalten sind Teile der Frontmauer zur Südost-

Kochenburg

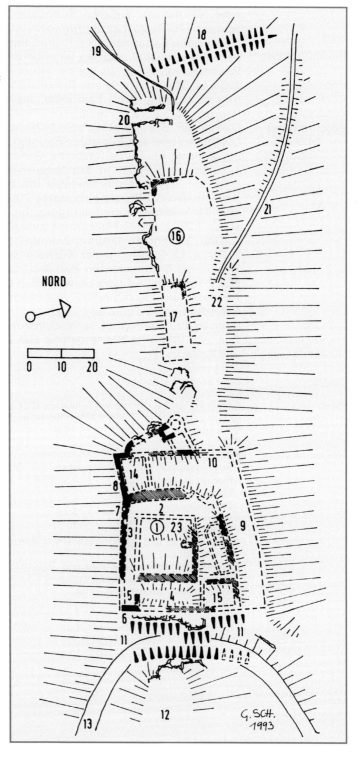

NORD

0 10 20

G. SCH.
1993

Buckelquader

ecke (6) und der äußeren Südmauer mit einem Abort-schacht (7). Reste der Burgmauern stehen daneben als 1,6 m hohe Futtermauern mit Buckelquaderverblendung. Buckelquader sind auch im Innenbereich (5), teilweise in Wiederverwendung, zu sehen. Abmessung z. B. (L x H) 105 x 44, 56 x 38, 41 x 29 cm, Buckel platten- und kissenför-mig ausgeprägt, grob bearbeitet, bis 5 cm vorstehend, Randschlag 3 bis 9 cm breit.

Beschreibung von 1626

Nach einer Beschreibung von 1626 bestand das Schloß (zweite Anlage) aus folgenden Räumen:
Ein Zimmer für Seine fürstliche Gnaden den Propst mit 4 Türen und 9 Fenstern, ein Nebenzimmer, 7 Türen und 6 Fenster, das Präzeptoratsstüble mit 2 Türen und 5 Fen-stern, gegen die Brücke eine starke Türe samt 2 Fenstern, eine Türe seitwärts ins Silbergewölbe, in der Schneider-stube 1 Türe und 2 Fenster, im Junker Obervogtzimmer 2 Türen 11 Fenster, darunter 2 doppelte, in der Tafelstube 2 Türen, 13 Fenster, in der Küche 1 Türe und 3 Fenster, 1 kupferner Brunnenkasten, Bad und Vorstüble mit 3 Türen und 2 Fenstern, auf dem Söller und in der Nebenkammer 7 Fenster und 1 Kammertüre, in der Amtsstube und in der Nebenkammer 2 Türen und 2 Fenster, im oberen Höfle ein eiserner Brunnenkasten, samt Zubehör und den bleinen Teicheln. Unten im Hause befand sich ein Stall, Gewölbe und Keller.

Besitzer

Land Baden-Württemberg

Pläne

Baupläne zum Bau des neuen Schlosses 1627
Grabungsbefund von Konrad Albert Koch, in: „Blätter des Schwäbischen Albvereins", Nr. 7, 1914

Literaturhinweise

– Bauer, Karlheinz
  Sagen aus Aalen, in: „Aalener Jahrbuch", 1990
– Beschreibung des Oberamts Aalen, 1854
– Palm, Adolf
  Die Kochenburg und ihr Gebiet, in: „Blätter des Schwäbischen Albvereins", Nr. 7, 1914
– Pfeifer, Hans
  Führer zu vor- und frühgeschichtlichen Denkmälern, Band 22, 1973
– Theurer, Hugo
  Unterkochen in Vergangenheit und Gegenwart, Heimatbuch, 1954
– Theurer, Hugo und Bauer, Karlheinz
  Unterkochen, Heimatbuch, 1989
– Uhl, Stefan
  Buckelquader an Burgen der Schwäbischen Alb, in: „Zeitschrift für hohenzollerische Geschichte", Band 26, 1990

Essingen und Irmannsweiler

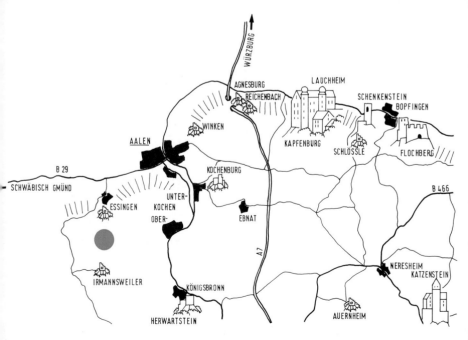

Lage

Östlich von Aalen liegt am Fuße der Schwäbischen Alb Essingen, südlich auf der Albhochfläche und östlich von Bartholomä der kleine Ort Irmannsweiler. Essingen wird von mehreren Albbergen umsäumt. Der nördliche Sporn des Stürzelbergs nahe des Remstalursprungs trug eine mittelalterliche Burg.

Die B 29 führt von Aalen in Richtung Schwäbisch Gmünd nach Essingen. Im Ort folgt man der „Tauchenweilerstraße" in südlicher Richtung und nach dem Ortsende der Abzweigung rechts zum Parkplatz. Danach Fahrverbot. Der hier vorbeiführende Wanderweg (AV Dreieck) geht zur westlichen Talseite und in Kehren hoch zur Burgstelle, die sich rechts der letzten Kehre vor Erreichen der freien Hochfläche des Stürzelbergs befindet.

Parkplatz – 0,9 km Burgstelle.

Gemeinde

Burgstall Essingen: Essingen, Ostalbkreis
Irmannsweiler: Steinheim, Landkreis Heidenheim

Meereshöhe

Burgstall Essingen 555 m, Remstal 500 m,
Stürzelberg 612 m
Irmannsweiler 683 m

Besichtigung

Burgstall Essingen: Frei zugänglich
Irmannsweiler: Privatbesitz, Außenbesichtigung möglich

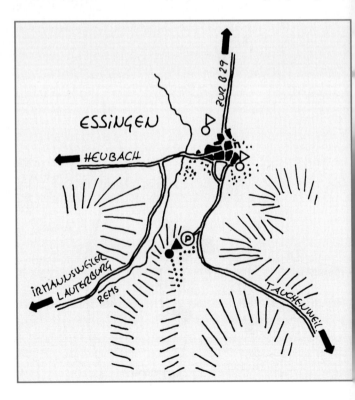

Geschichte Burgstall Essingen

Über die Burg auf dem Stürzelberg sind bisher keine urkundlichen Nachweise bekannt. Vermutlich ist sie Sitz des Essinger Ortsadels.

Um 1090 Erwähnung von Essingen.
1241 Ein Teil oder ganz Essingen ist staufischer Reichsbesitz.
1349–1364 Diemar von Essingen nennt sich „Ich, Diemar der Essinger von Irmbolzweiler". Diemars Sitz ist somit die Burg in Irmannsweiler. Die Essinger Stammburg besteht vermutlich bereits nicht mehr.
1375 Adelheid von Essingen.

Anlage Burgstall Essingen

Rems und Stürzelbach umfließen einen schmalen Bergsporn mit den Resten einer Burganlage. Ein 8 m breiter und 4 bis 5 m tiefer Halsgraben (2) sowie ein Quergraben (4) mit etwa gleichem Querschnitt begrenzen die trapezförmige Fläche (1), die 33 m Länge, 21 m Breite zur Tal- und 7 m zur Feldseite mißt. Beide Bergflanken schützen Wall (7) und Graben (5). Diese münden jeweils in die angrenzenden Hauptgräben. Im feldseitigen Burgbereich weist eine 2,5 m tiefe Mulde (8) auf die Lage eines größeren Bergfrieds oder Wohnturms. Der Burgvorbereich ist durch den Bau des Fahrwegs verändert.

Östliche Bergflanke mit Wall- und Grabenresten

Essingen

1 Kernburg
2 Halsgraben
3 Verfüllter Halsgraben
4 Quergraben
5 Seitliche Gräben
6 Westlicher Wall
7 Östlicher Wall
8 Mulde
9 Grabenauswurf
10 Hochfläche
11 Fahrweg von Essingen

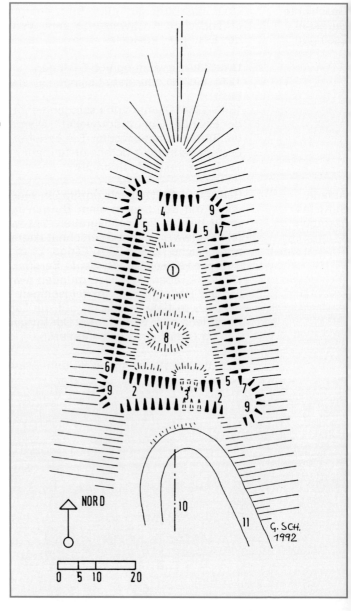

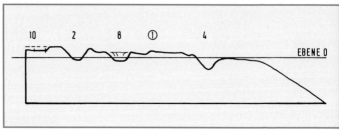

258

Geschichte Irmannsweiler

Irmannsweiler ist die Siedlung des Irminbold. Über die Entstehung der Ortsburg und ihrer Bauherren ist nichts bekannt.

1143 Nennung Irmboldeswilare.
1349–1364 Diemar von Essingen nennt sich Diemar der Essinger von Irmannsweiler.
1356 Irmannsweiler ist in Besitz des Grafen Ulrich von Helfenstein.
Vor 1463 Aufgabe der Burg und Zerfall.
1576 Niclas Wohnhard und Peter Merk aus Schwäbisch Gmünd verkaufen ihren Burgstall Irmannsweiler für 92 fl. an Herzog Ludwig von Württemberg. Neubau eines Forsthauses.
Bis 1855 Sitz eines Revieramts.

Anlage Irmannsweiler

Am südlichen Ortsrand von Irmannsweiler erhebt sich der aufgeschüttete Erdhügel der ehemaligen Ortsburg. Die Oberkante liegt 4 m über Gelände und ist etwa 16 x 18 m

Irmannsweiler

1 Burghügel, Kernburg
2 Verfüllter Graben
3 Nebengebäude, Neubau
4 Stallgebäude, Neubau
5 Ortsstraße
6 Nebenstraße

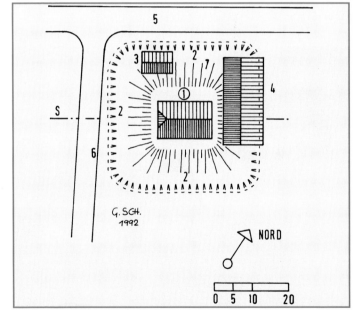

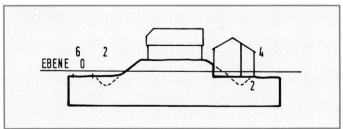

groß (1). Darauf steht das heute privat genutzte und veränderte ehemalige Württembergische Forsthaus. Der nordöstliche Teil wurde abgebrochen, an dessen Stelle entstand ein in den Burghügel gestelltes Ökonomiegebäude (4).

Der Graben (2) ist nur noch muldenförmig erkennbar. Er umzog ein Viereck von etwa 40 x 40 m. Um die Jahrhundertwende war der Wassergraben, über den eine Brücke führte, noch ringsum vorhanden.

Besitzer	Burgstall Essingen: Gemeinde Essingen Irmannsweiler: Privat

Literaturhinweise	– Beschreibung des Oberamts Aalen, 1854
	– Das Land Baden-Württemberg
	  Amtliche Beschreibung nach Kreisen und Gemeinden, Band IV,
	  1980
	– Gradmann, Dr. Eugen
	  Die Kunst- und Altertumsdenkmale im Königreich Württemberg,
	  Jagstkreis, Oberamt Heidenheim, 1913
	– Reichardt, Lutz
	  Ortsnamenbuch des Kreises Heidenheim, 1987

Burghügel Irmannsweiler mit ehemaligem Forsthaus

Herwartstein

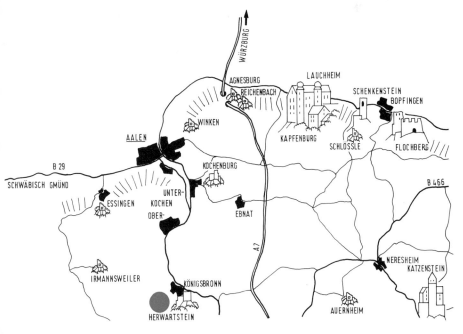

Herwartstein

Lage

Eines der bekanntesten Täler der Ostalb mit zahlreichen touristisch erschlossenen Abschnitten ist das Brenztal, dessen Ursprung nördlich von Heidenheim in Königsbronn beginnt. Auf einem aus dem nordwestlichen Talrand herausragenden Felsen lag die Burg Herwartstein.
Die B 19 führt von Heidenheim in Richtung Aalen direkt durch Königsbronn. Der Ort ist auch von der A 7, Ausfahrt Heidenheim, zuerst in Richtung Heidenheim (B 466), dann zur B 19 über Schnaitheim erreichbar.
Von der Durchgangsstraße in Königsbronn zweigt bei der Königsbronner Bank eine Straße, beschildert, Richtung Brenzursprung ab. Man folgt dieser bis zum Parkplatz beim Gasthaus „Weißes Rößle" oder zum renovierten Rathaus. Ein bezeichneter Wanderweg (HW 4) geht am parkartig angelegten Brenzursprung vorbei hoch zur Burgruine (zuletzt links, AV Winkel).
Parkplatz – 1,4 km Herwartstein.

Gemeinde

Königsbronn, Landkreis Heidenheim

Meereshöhe

Burg 570 m, Brenztal 495 m

Besichtigung

Frei zugänglich

Einkehrmöglichkeiten

Gaststätte „Brauereiausschank Weißes Rößle", Gartenwirtschaft, Kiosk am Brenzursprung

Weitere Sehenswürdigkeit

Brenzursprung

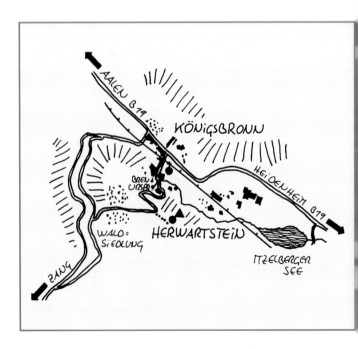

Belagerung und Einnahme der Burg 1287

Im Konflikt zwischen König Rudolf von Habsburg und Württemberg steht Graf Ulrich II. von Helfenstein auf seiten Württembergs. Zunächst zieht der König gegen Graf Eberhard und zerstört sieben seiner Burgen um Stuttgart, danach wendet er sich den Helfensteinern zu und belagert nach Überlieferungen deren Stammburg bei Geislingen. Am 16. September trifft Rudolf von Habsburg mit großem Gefolge in Giengen ein. Mit seinem Sohn Rudolf, seinem Schwiegersohn Herzog Ludwig II. von Bayern, Graf Ludwig von Oettingen, Graf Gebhard von Hirschberg, Burggraf Friedrich von Nürnberg, Kraft und Gottfried von Hohenlohe sowie mehreren Freiadligen trifft er Vorbereitungen zur Belagerung der Burg Herwartstein. Durch Unterminieren der Mauern und unter Einsatz von sechs Wurfmaschinen soll die Belagerung erfolgt sein. Dies muß jedoch länger als geplant gedauert habe, denn man bittet um Zufuhr von Getreide, um möglichem Mangel an Lebensmitteln vorzubeugen. Mitte Oktober 1287 wird Herwartstein schließlich doch eingenommen und schwer beschädigt, aber nicht zerstört. Die Grafen von Oettingen übernehmen die Burg.

Geschichte

Herwartstein ist die Burg des Heriwart oder Herwart. Die Herren von Herwartstein sind staufische Ministerialen und als Schenken Inhaber eines Hofamts. Mit dieser Vertrauensstellung stehen sie standesgemäß über den anderen Ministerialen.

Um 1050 Mögliche Entstehung der Burg Herwartstein.
Um 1150–1200 Erweiterung oder Neubau der Burg in Buckelquaderbauweise.
Um 1240 Der Abt von Ellwangen schließt mit zwei Brüdern von Herwartstein einen Vertrag „Pincerna dictus de Herwartstain".
1287 Belagerung und Einnahme der Burg durch König Rudolf von Habsburg.
1302 Graf Ulrich von Helfenstein verkauft die Burg („castrum nostrum") mit der Herrschaft und weiteren Besitzungen aus wirtschaftlichen Gründen an König Albrecht.
1303 Die Herzöge Otto, Heinrich und Ludwig von Kärnten verzichten auf Wunsch ihres Schwagers König Albrecht und ihrer Schwester, der Königin Elisabeth, auf alle ihre Besitzungen „in dicto loco Herwartstein". Herwartstein kann als noch bewohnt angenommen werden.
Um 1308 Zum Neubau des Zisterzienserklosters Königsbronn wird das Steinmaterial der Burg verwendet, Herwartstein wird Ruine.
1953/1959/1960 Grabung und Freilegung von Grundmauern.

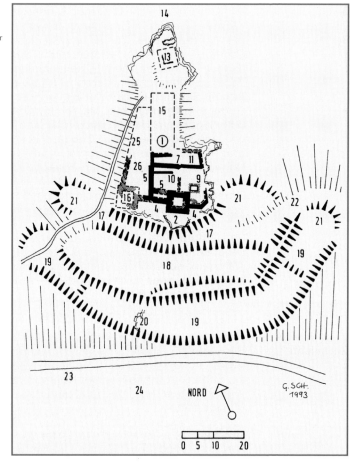

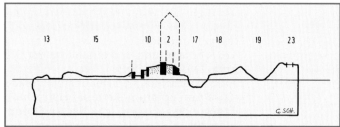

Anlage

Die Hauptbauphase der Burg Herwartstein ist von 1150 bis 1200 anzunehmen, ihre Entstehung ist um 1050 denkbar. Aus dieser Zeit stammen zwölf Münzfunde von Tübinger Pfennigen. Verschiedene Zwischenphasen mit unterschiedlichen Mauertechniken verunklären den freigelegten Bestand. Offensichtlich wurde häufig umgebaut. Die mit Kleinquadern vermauerten Wände könnten der Gründungsphase zuzuordnen sein, die Buckelquadermauern entstammen der Phase um 1150 bis 1200.

264

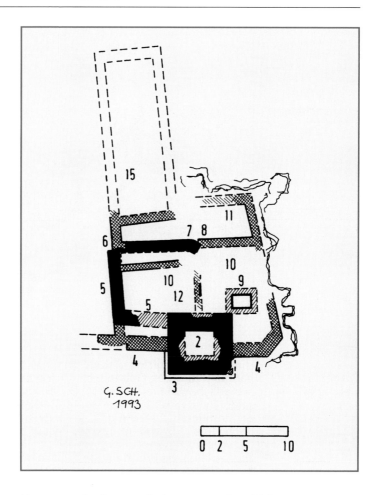

Kernburg
Südwestlicher Bereich
mit Bergfried

G. SCH.
1993

0 2 5 10

Graben

Bergfried

Buckelquader

Herwartstein liegt auf einem aus dem Talhang vorspringenden, hohen Fels. Dessen vielgegliederte Oberfläche ist 55 m lang und an der Feldseite 30 m breit. Das Vorfeld sichert am Übergang zur Hochfläche ein felsiger, 7 m breiter Halsgraben (17). Davor liegen am Rand zur Hochfläche eine 13 m breite Berme (18) und ein 15 m breiter, bogenförmig angelegter, äußerer Graben (19). Am Halsgraben stand der Bergfried (2) als Frontturm. Ein Stumpf mit drei Reihen Buckelquader steht noch (siehe Zeichnung), mit 7,2; 7,45; und 6,75 m Seitenlängen ist er fast quadratisch. Buckelquaderabmessung z. B. (L x H) 114 x 74, 92 x 65, 97 x 38, 69 x 65 cm, Buckel meist roh belassen, bis 20 cm vorstehend, Randschläge 3 bis 4 cm breit, oft nur angedeutet. Der Bergfried stand zwischen Quadermauern (4), die später der ursprünglichen Frontmauer vorgeblendet wurden. Am westlichen Grabenende befand sich ein weiterer Turm (16), der als Torturm, großer Eckturm oder als zweiter Bergfried interpretiert werden kann.

265

Herwartstein

Anschluß der
Vorsatzmauer an den
Bergfried (Westseite)

A Außenseite
   Bergfried
B Vorsatzmauer
C Sockel
D Fehlende Bergfriedecke
E Aussparung

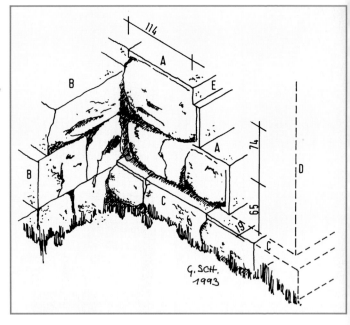

Vorderes Gebäude

Hinter dem Bergfried stehen die Grundmauern des sogenannten Vorderen Gebäudes (10). Sie bestehen aus unterschiedlichen Mauertechniken. Die burgseitige Außenwand
zeigt Quader und eingestreute Buckelquader mit einer
abgerundeten Ostecke (7). Im südöstlichen Bereich ist
noch eine 1,5 x 2,2 m große, rechteckig ausgemauerte
Zisterne (9) zu sehen.
Das verleibende Burggelände zeigt keine Mauerreste. Etwa
in der Mitte stand das sogenannte Hintere Gebäude (15)
und am äußersten Felsrand ein weiterer Turm (13).

Besitzer

Gemeinde Königsbronn

Literaturhinweise

- Beschreibung des Oberamts Heidenheim, 1844
- Bühler, Heinz
  Zur Geschichte der Burg Herwartstein, in: „Jahrbuch 1987/88 des
  Heimat- und Altertumsvereins Heidenheim an der Brenz e. V."
- Burr, Karl
  Königsbronn, Gesicht und Geschichte einer Gemeinde, 1980
- Gradmann, Dr. Eugen
  Die Kunst- und Altertumsdenkmale im Königreich Württemberg,
  Jagstkreis, Oberamt Heidenheim, 1913
- Müller, Hans
  Der Herwartstein bei Königsbronn, Bericht zur Ausgrabung, in:
  „Blätter des Schwäbischen Albvereins", Nr. 5, 1961
- Reichardt, Lutz
  Ortsnamenbuch des Kreises Heidenheim, 1987
- Uhl, Stefan
  Buckelquader an Burgen der Schwäbischen Alb, in: „Zeitschrift für
  hohenzollerische Geschichte, Band 26, 1990
- Wais, Julius
  Albführer, Band I, 1962

266

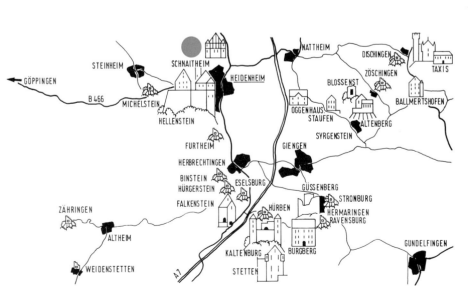

Schnaitheim (Snaiten) und Aufhausen

Lage	Nördlich von Heidenheim liegen im Brenztal die Ortschaften Schnaitheim und Aufhausen. Beide Orte besaßen von der Brenz umflossene Wasserburgen. In Schnaitheim ist das Schlößchen als Nachfolger der Burg noch erhalten. Es befindet sich am nördlichen Rand der älteren Ortsbebauung westseitig der Brenz. Schnaitheim ist von Heidenheim und Aalen auf der B 19 erreichbar. Auch der Autobahnzubringer (Ausfahrt Heidenheim B 466) führt direkt dorthin. Zwischen Bahnlinie und Brenz zweigt in Ortsmitte eine Straße nach Norden zum Schlößchen ab, Parkmöglichkeit am Gebäude. Aufhausen: Mauerreste im Garten bei der Mühle (Mühlweg) und im Gebäude an der Brenz, nördlich der Ortschaft.
Gemeinde	Stadt Heidenheim, Ortsteile Schnaitheim und Aufhausen, Landkreis Heidenheim
Meereshöhe	Schlößchen Schnaitheim 492 m Aufhausen Burgstelle 491 m
Besichtigung	Schnaitheim: Außenbesichtigung möglich, innen nicht zugänglich Aufhausen: nicht zugänglich

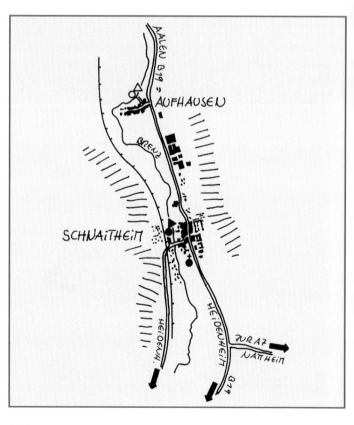

Schnaitheim (Snaiten) und Aufhausen

Geschichte Schnaitheim

Die Erstanlage des Schnaitheimer Adelssitzes ist Stammburg der staufischen Ministerialen von Snaiten.

Um 1235 Siboto von Snait und seine beiden Brüder gehören zu den Geächteten im Streit König Heinrichs VII. mit seinem Vater Kaiser Friedrich II.

1328 Urkundliche Erwähnung der „veste Snaiten" als Eigentum des Friedrich von Snaiten, Chorherr in Augsburg.

1337 Nach dem Tod des Friedrich von Snaiten geht das oettingische Lehen an Konrad von Scharenstetten.

1375, 1410 Jakob von Scharenstetten bewohnt die Burg „zu Schnaiten".

1426 Übergang der Wasserburg an Jakob den Jüngeren von Scharenstetten.

1450 Ulrich von Scharenstetten, Bruder des Jakob, ist in Besitz von Snaiten. Er wird von Graf Ulrich von Oettingen mit der „Behausung Burgberg" belehnt.

1456 Friedrich von Eben kauft das oettingische Lehen Schnaitheim von den Brüdern von Scharenstetten. Die Wasserburg ist nicht mehr bewohnbar und wird als Burgstall bezeichnet.

1536 Sigmund von Eben verkauft Schnaitheim an Rudolf von Eltershofen.

1539 Erwerb durch Sigmund von Götzendorf.

1548 Ludwig Schertlin, Vetter des Söldnerführers Sebastian Schertlin von Burtenbach (siehe Bissingen), erwirbt den Burgstall Schnaitheim.

Um 1548–1556 Ludwig Schertlin erbaut auf den Grundmauern der ehemaligen Wasserburg das neue Schloß.

1556 Verkauf des neu erbauten Schlosses an Haug-Dietrich von Eben, Sohn des Sigmund.

1563 Haug-Dietrich verkauft das Schloß um 5400 Gulden an seinen Schwager Hans Kaspar von Wöllwarth.

1571 Übergang durch die Erben des 1564 verstorbenen von Wöllwarth an Georg Reuß von Reußenstein.

1573 Verkauf an Puppelin vom Stein.

1580 Hans Ludwig von Sperberseck erwirbt den Besitz für 6000 Gulden.

Um 1630 Philipp Heinrich von Sperberseck verkauft das Schloß für 13 500 Gulden an seinen Schwager Eitel Hieronymus Besserer von Schnirpflingen.

1662 Übergang des Besitzes an die Erbengemeinschaft Herwarth-Pfadler, Schloß Schnaitheim ist Wohnsitz des Forstmeisters.

Um 1665 Das Schloß wird württembergischer Besitz.

1681– um 1686 Das Schloß ist Sitz der Obervogtei.

1689 Der Forstmeister bewohnt wieder das Schloß.

1701–1714 Im Schloß ist zeitweise eine „Salva Guardia" des Durlachischen Regiments untergebracht.

1865 Das ehemalige Schloß wird Schulhaus der Gemeinde.

1925 Freilegung der Fachwerkfassaden.
1991 Aufgabe als Schulhaus.
1992 Einrichtung der Sozialstation.

Forstmeister als Bewohner des Schlosses

Friedrich Albrecht Schleicher 1658–1680, begraben in Schnaitheim
Marx Albrecht Schleicher 1680–1684
Simon Brandstetter 1684–1686
Georg Philipp Bidembach von Treuenfels zu Oßweil 1686–1695
Friedrich Christoph Leutrum von Ertingen 1695–1698
Wilhelm Ulrich Schilling von Canstatt 1701–1737, begraben in Schnaitheim
Philipp Christoph Leutrum von Ertingen 1735 und 1737–1744
Johann August von Brandenstein 1744–1747/1748
Christoph Ludwig von Brandenstein 1748–1760
Johann Wilhelm Dietrich Schilling von Canstatt 1760–1780, begraben in Schnaitheim
Karl August Wilhelm Schilling von Canstatt 1780–1798, 1799–1802, begraben in Schnaitheim
Christian von Hunoltstein 1802–1806
von Gemmingen 1806–1812
von Steube 1812–1815
Christian Wilhelm Ludwig (?) von Schott 1815–1818
von Steube 1818–1826
Pfizenmaier, Amtsverweser 1826–1827
Friedrich von Lützow 1827–1838
von Blattmacher 1838–1841
Johann Jakob Kuttler 1841–1846
Christoph Heinrich von Seutter 1846–1849
Franz Ferdinand Niethammer 1849–1854
Eberhard Ludwig Wilhelm Mehl 1854–1877, übersiedelt 1864 nach Heidenheim

Anlage Schnaitheim

Das Schloß Schnaitheim ist Nachfolgebau einer Wasserburg der Ritter von Snaiten. Nach der Erwähnung als „daz Berffrit und das Gesezz ze Schnaiten" kann von einer Anlage mit Bergfried und Palas oder einem Wohnturm ausgegangen werden. Ob der Neubau des Schlosses im 16. Jahrhundert noch mit den Grundmauern der Burg zu tun hat, ist nicht erforscht.
Der noch stehende Schloßbau ist der Teil einer Anlage. Er liegt heute am Rande der Brenz und wird nicht mehr von ihr umflossen.

Das satteldachgedeckte Gebäude ist zweigeschossig, 25 m lang und 13,75 m breit. Vier Achtecktürme mit Helmdach zieren die Gebäudeecken. An den Traufseiten sind axial angeordnete Zwerchhäuser aufgebaut, die später entstanden sind. Das Erdgeschoß ist massiv und besitzt 65 cm starke Außenwände. Obergeschoß und Giebel besitzen

1 Haupteingang
2 Treppenturm
3 WC-Anlagen
4 Eingangsflur
5–7 Ecktürme
8 Brenzseite
9 Museum des
Heimatvereins
10 Räume der
Sozialstation

Grundrisse nach Plänen
des Städtischen Hochbau-
amts Heidenheim

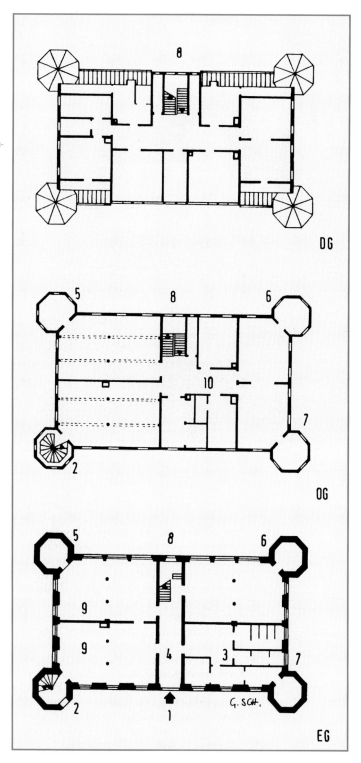

Ehemaliges Schloß Schnaitheim von der Brenzseite

Sichtfachwerk in verzapfter Ständer-Riegel-Konstruktion und verputzte, mit Beistrichen gezierte Ausfachungen.
Das Innere ist durch den Umbau zum Schulhaus durch Ausbruch von Wänden stark verändert. Axial angeordnet ist der Haupteingang (1) mit dahinterliegendem Treppenhaus. Erneuerung fand die massive Wendeltreppe im nordwestlichen Eckturm (2). Zur Zeit beherbergen der Südteil des Obergeschosses die Sozialstation und das Erdgeschoß die Heimatkundliche Sammlung des Heimatvereins.
1580 wird das Schnaitheimer Schloß von Forstmeister Hans Jakob Koch wie folgt beschrieben:
„Dieses Schlößlein hat drei Stuben, sechs oder sieben Kammern, Keller, Küche, einen Fruchtspeicher, eine Stallung für sechs Pferde, ist mit einer Ringmauer und vier kleinen Türmlein umbaut, hat eine aufziehbare Brücke und einen Wassergraben außerhalb der Mauern. Vor dem Schlößlein hat es ein kleines Gesindehäuslein, eine Scheuer, Roß- und Viehstallung."

Burgstall Aufhausen

Aufhausen besaß auf der Nordseite des Burgweilers eine Wasserburg. Gleich der Schnaitheimer Anlage kann sie als staufische Ministerialenburg angesehen werden.

1143 Bei der Ausstattung des Klosters Anhausen als Ufhusen, die oberhalb gelegene Siedlung, erwähnt.
1328 Die Burg ist oettingisches Lehen.
1400 „Aufhusen die Burg an der Brenz gelegen" gehört Jakob Vetzer.
Um 1430 Übergang des Besitzes an die Grafen von Helfenstein.
1449 Zerstörung der Burg.
1463 Aufhausen, „das gebrochen Schloß".

Von der ehemaligen Viereckanlage steht nur noch der Teil einer Mauer. Reste stecken auch in Gebäudeteilen der Neubebauung. Aufgefundene Buckelquader weisen auf die Entstehungszeit um 1200. Das gesamte Gelände ist Privatbesitz.

Südgiebelaufriß Staatsbauschule Stuttgart 1957/58

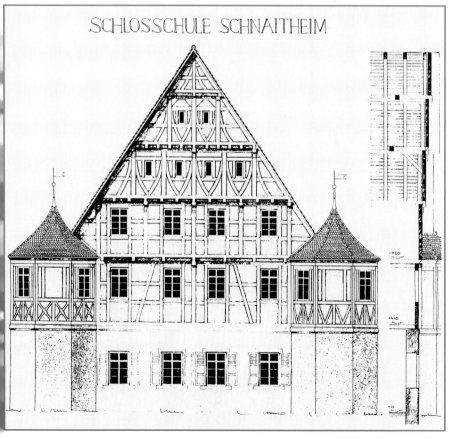

SCHLOSSCHULE SCHNAITHEIM

Schnaitheim (Snaiten) und Aufhausen

Besitzer	Schloß Schnaitheim: Stadt Heidenheim Burgstall Aufhausen: Privat
Pläne	Bestands- und Umbaupläne des Städtischen Hochbauamts Heidenheim
Literaturhinweise	– Bayer, Lore Damals in Alt-Schnaitheim, Heimatchronik – Beschreibung des Oberamts Heidenheim, 1844 – Bühler, Heinz Zur Geschichte des Schnaitheimer Schlößleins, in: „Jahrbuch des Heimat- und Altertumsvereins Heidenheim an der Brenz e.V. ", 1985/86 – Das Land Baden-Württemberg Amtliche Beschreibung nach Kreisen und Gemeinden, Band IV, 1980 – Gradmann, Dr. Eugen Die Kunst- und Altertumsdenkmale im Königreich Württemberg, Jagstkreis, Oberamt Heidenheim, 1913 – Müller, Karl Schnaitheim und das Geschlecht der Schilling von Canstatt, in: „Jahrbuch des Heimat- und Altertumsvereins Heidenheim an der Brenz e. V.", 1987/88 – Reichardt, Lutz Ortsnamenbuch des Kreises Heidenheim, 1987 – Wulz, Hans Baudenkmäler in Stadt und Kreis Heidenheim an der Brenz, 1977

Versuch einer rekonstruktiven Darstellung der ehemaligen Wasserburg Aufhausen in der Schnaitheimer Heimatchronik

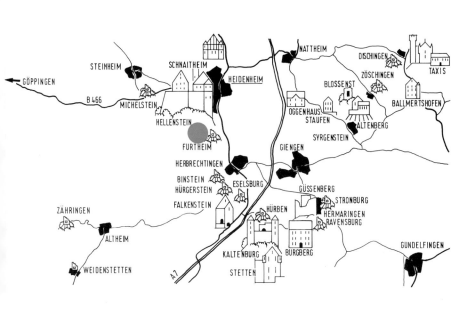

Hellenstein

Lage

Eines der längsten und bekanntesten Albgewässer ist die zur Donau fließende Brenz, die geographisch den Bereich Albuch und Härtsfeld trennt. Dazwischen liegt die Stadt Heidenheim als größtes Ballungszentrum der Ostalb mit seiner herausragenden Kulisse von Schloß Hellenstein.
Heidenheim liegt am Kreuzungspunkt der Bundesstraßen B 19 Ulm–Aalen und B 466 Göppingen–Nördlingen. Auch die Autobahn A 7 Ulm–Würzburg führt an Heidenheim vorbei (bezeichnete Ausfahrt Heidenheim).
In Heidenheim folgt man der B 466 Richtung Göppingen/Böhmenkirch. Nach 1,0 km ab der Stadtmitte zweigt links (südlich) eine beschilderte Straße „Schloß Hellenstein" ab, die direkt zu den Parkplätzen bei der Anlage führt.

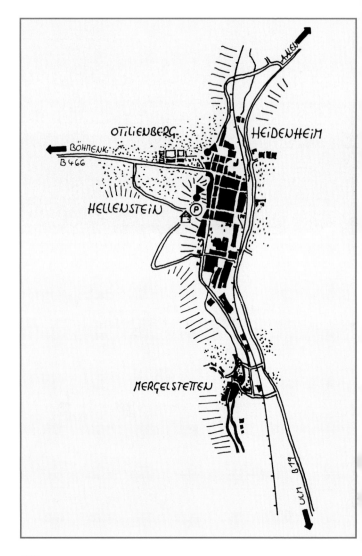

Hellenstein

Gemeinde	Stadt Heidenheim, Landkreis Heidenheim
Meereshöhe	Schloß 560 m, Brenztal 485 m
Besichtigung	Außenbereich und Schloßhof frei zugänglich Museum Schloß Hellenstein Öffnungszeiten: Ostersonntag bis 31. Oktober täglich 10 bis 12 Uhr und 14 bis 17 Uhr (außer Montag) Telefon 0 73 21 / 4 33 81 und 32 73 96
	Museum für Kutschen, Chaisen, Karren im Fruchtkasten Öffnungszeiten: 15. März bis 30. November täglich 10 bis 12.30 Uhr und 14 bis 17 Uhr (außer Montag) Telefon 0 73 21 / 32 73 94 und 32 73 83
Einkehr- möglichkeit	Café und Gaststätte neben der Schloßanlage
Veranstaltungen	Opernfestspiele Heidenheim in der Burgruine Heidenheimer Volksschauspiele – Naturtheater vor der Schloßanlage
Weitere Sehens- würdigkeiten	Altstadt, Michaelskirche, Museum im Römerbad, Kunstmuseum Heidenheim – Galerie der Stadt
Freizeit- einrichtung	Freizeitpark Schloß Hellenstein, Wildgehege
Ein Unfall am Schloßbrunnen 1884	„Bei Benützung des Schloßbrunnens war den Webern der Jacquard-Weberei von Fr. Holl das schwere Seil in die Tiefe gefallen und hatte sich vom Wellbaum vollständig losgelöst. Herr Fröhlich wurde mit einem Hilfsseil, in einer Kufe stehend, in den Brunnen hinabgelassen, wo es ihm glückte, mit einem Haken das Tau aus dem Wasser zu fischen. Nachdem Fröhlich mit seiner Last knapp unter der Brunnenmündung angelangt war, brach an der Aufzugs-vorrichtung ein Zahnrad aus. Durch den Ruck brachen die übrigen Zähne und Speichen des eisernen Kammrades, so daß Mann und Seil in die Tiefe zurückrutschten. Feuer und Rauch erfüllten minutenlang das Brunnenhäuschen, Eisen- und Holzstücke durchschlugen das Dach. Wie durch ein Wunder überlebte Fröhlich den gebremsten Sturz und mußte bis zu seiner Rettung drei Stunden, bis an den Hals im Wasser stehend, ausharren. Halb ohnmächtig begrüßte er wieder das Tageslicht."
Rechte und Güter der Herrschaft von 1463	Gericht, Zwing und Bann, Ehaften, Hirtenämter. Kir-chensätze der Pfarrei, Frühmesse, Schloßkapelle, Marien- und Michaelspfründe. In der Stadt Feuerzins aus 70 Häu-sern, Hofstattzins von 4 Häusern; Zinsen und Gülten von 6 halben Höfen, Brunnenmühle, Fischwasser, 6 Lohstöcken; Vogtrecht von St.-Veits-Gut (Ellwangen). Im Dorf und in

Hellenstein

der Vorstadt Hofstattzins von 40 Hofstätten, davon 7 überbaut.

**Wasser-
versorgung
vor Errichtung
eines Brunnen-
schachts
Bericht von 1603**

Das Wasser wurde aus der Quelle bei der Brunnenmühle
mittels eines Wasserrades in bleiernen Röhren etwa 300
Fuß hoch hinaufgepumpt in einen Wasserkasten südlich
vom Schloß; von dort floß es mit Gefäll in den Schloßhof,
wo es drei eiserne Kästen und mit dem Ablauf noch eine
Roßwette speiste. In demselben Wasserhaus, das 1603 an
Stelle eines älteren städtischen für die Schloßwasserlei-
tung erbaut wurde, befand sich auch der Hochbehälter für
die städtische, aus Holzteicheln bestehende Wasserlei-
tung, deren Legung der Werkmeister Eberlin überwachte.

Geschichte

Die Gründung von Stadt und Burg kann im Zusammenhang gesehen werden. Friedrich I. Barbarossa würdigt die
Dienste seines Lehensmannes Degenhard von Hellenstein
mit dessen Ernennung zum „Procurator über alle königlichen Güter in Schwaben". Vielfach wird Gozpert „de
Holinsteine" als Bauherr angesehen, doch die Herleitung
des Namens ist nicht eindeutig. Die Herren von Hellenstein
sind wappen- und stammesgleich mit den Herren von
Gundelfingen.

Um 1150–1180 Entstehung der Burg Hellenstein zur Zeit
des staufischen Ministerialen Degenhard von Hellenstein.
In Folge entsteht die Stadt Heidenheim als staufische
Gründung.
1150–1182 Mehrfache Erwähnung des Degenhard von
Hellenstein als Zeuge in Urkunden König Konrads III. und
Kaiser Friedrichs I. Barbarossa. Degenhard begleitet
Barbarossa auf seinem dritten Italienfeldzug und nimmt
an der Belagerung von Mailand teil.
1171 Degenhard von Hellenstein stiftet dem Kloster
Herbrechtingen ein Gut.
1182 Degenhard stiftet das Dorf Hausen bei Mindelheim
dem Stift Ursberg.
1183 Hellenstein kommt als Erbe an seinen Schwiegersohn Ulrich I. von Gundelfingen.
Um 1220 In Besitz des Ulrich II. von Gundelfingen-Hellenstein. Seine Söhne Ulrich III., Degenhard und Siboto
nennen sich von Gundelfingen-Hellenstein, Ulrich III. wird
Erbnachfolger.
1273 Die Witwe des Ulrich III., Sophia von Burgau, übergibt die Herrschaft ihrem Bruder, dem Markgrafen Heinrich II. von Burgau.
Um 1280 König Rudolf I. von Habsburg fordert Hellenstein als Reichsgut zurück.
1292 Ein Reichsvogt namens Vetzer hat seinen Sitz auf
Burg Hellenstein. Danach mehrfache Verpfändung, unter
anderem an die Herren von Rechberg.

Hellenstein, Gesamtanlage aus südöstlicher Richtung

Um 1300 Nennung der Burgkapelle St. Kilian als mögliche Stiftung des Würzburger Bischofs Andreas von Gundelfingen.

1351 Übergang der Herrschaft Hellenstein durch Erblehensbrief des Kaisers Karl IV. an die Grafen Ulrich den Älteren und Ulrich den Jüngeren von Helfenstein.

1448 Graf Ulrich XV. von Helfenstein zu Blaubeuren verkauft aus finanzieller Not die Herrschaft Hellenstein an Graf Ulrich V., den Vielgeliebten, von Württemberg.

1449 Vergebliche Belagerung von Burg und Stadt im Städtekrieg.

1450 Graf Ulrich V. verkauft Hellenstein an seinen Schwager Herzog Ludwig den Reichen von Bayern-Landshut.

7. Februar 1462 Einnahme der Burg durch Graf Ulrich von Württemberg.

7. Juli 1462 Graf Ulrich zieht wieder ab.

1462–1463 Instandsetzung der Burg durch den Kastner Stefan Westholzer und den Zimmermeister Jorig.

1492–1494 Wiederherstellung oder Instandsetzung des Fruchtkastens.

1503 Übergabe der Herrschaft durch den Bayernherzog an seinen Schwiegersohn Herzog Ulrich I. von Württemberg.

1519 Im Krieg gegen Herzog Ulrich von Württemberg zieht der Schwäbische Bund mit seinem Heer nach Heidenheim und belagert die Burg. Nach acht Tagen Beschuß übergeben Max Stumpf von Schweinsberg und Stefan von Lierheim Burg Hellenstein.

1521 Der Schwäbische Bund verkauft die Herrschaft an die Reichsstadt Ulm.

1530 Ein Feuer zerstört die Burg.

1536 Rückgabe der Herrschaft an Württemberg.

Schloßhof mit Obervogteigebäude

1537, 1542–1544 Wiederaufbau der ausgebrannten Burg unter Herzog Ulrich von Württemberg durch den Baumeister Joachim Mayer von Kirchheim. Der Wiederaufbau für 13 800 Gulden beinhaltet Veränderungen, wie z. B. die Vergrößerung der Fenster und Neubau des Runden Turms.

1550–1568 Renovierungsarbeiten und möglicher Neubau des Fruchtkastens unter Christoph von Württemberg, Sohn des Ulrich.

1593 Herzog Friedrich I. von Württemberg beauftragt den Hof- und Landbaumeister Heinrich Schickhardt mit der Planung eines neuen Schlosses neben der mittelalterlichen Burg und dem Neubau von Festungsanlagen.

1596 Beginn der Bauarbeiten. Der Schorndorfer Zimmermeister Elias Gunzenhäuser wird mit der Bauleitung beauftragt.

1598 Fertigstellung der Brücke vor dem Südtor.

1604 Fertigstellung der Burgvogtei.

1605 Weihe der Schloßkirche durch Abt Melchior Hägele aus Königsbronn im Beisein des Herzogs Friedrich I. von Württemberg. Hellenstein wird Fürstliche Nebenresidenz.

1607 Fertigstellung des Altanenbaus.

1611 Abschluß der wesentlichen Bauarbeiten.

1620 Heinrich Schickhardt verändert Küche und Pfisterei.

1630 Wallenstein nimmt Quartier auf Hellenstein.

1634 Einnahme und Plünderung von Hellenstein durch die Kaiserlichen.

1648 Belagerung durch Turenne, Abzug der bayerischen Besatzung.

1656 Hellenstein ist Apanageschloß unter Eberhard III.

1657 Ein Forstmeister, ein adeliger Obervogt und ein Zeugwart mit Wächtern bewohnen Burg und Schloß.

1666–1670 Nebau des 78 m tiefen Brunnenschachts, des sogenannten „Kindlesbrunnen", für 6750 Gulden.

1680 Erneuerung der Orgel in der Schloßkirche durch Paul Prescher aus Nördlingen.

1693 Der fürstliche Hof nimmt Schutz auf Hellenstein.

1695 Anlegung eines Artilleriedepots.

1702 Abholzung des Waldes am Schloßberg, Bestückung beider Tore mit Pfahlwerk, Schlagbäumen und Wachthäusern. Hellenstein wird gerüstet und erhält Besatzung. Prinz Eugen von Savoyen nimmt Quartier.

1706 Kaminbrand in den fürstlichen Zimmern des Schlosses.

1728 Instandsetzung der Zugbrücke des Südtors.

1729 Erneuerung des Goßen Saals sowie Gesims und Wappen des Haupttors.

1734 Zuflucht des fürstlichen Hofs.

1739–1742 Instandsetzung der Bastion mit 7600 Ziegelsteinen.

1762 Die herzogliche Kameralverwaltung äußert die Absicht, das Schloß bis auf den Fruchtkasten und die

Schloßwächterräume abbrechen zu lassen. Notwendige Instandsetzungen unterbleiben.

1794 Abbruch des Wachthauses vor dem Südtor. Französische Gefangene werden im Schloß untergebracht.

1795 Die Tochter des Burgvogts stürzt durch die Scharten der Brustwehr des Rondells auf dem Altanenbau. Die Scharten werden vermauert.

1796 Erzherzog Karl von Österreich nimmt Quartier auf Hellenstein.

1797 Abbruch von Mauern und Gewölbe der ehemaligen Hofküche.

1801 Hellenstein wird Standort württembergischer Kompanien.

1805 Kaiser Napoleon I. nimmt Quartier auf Hellenstein.

1806 Unterbringung von württembergischen Kompanien.

1810 Abbruch des Obergeschosses des Runden Turms, damit verbunden ist die Zerstörung der Wand- und Deckenmalereien des Friedrich Sustris im Runden Saal.

1813–1814 Ein Militärspital wird eingerichtet.

1820 Verhandlungen über den Abbruch der Anlage und über die Unterbringung des Kameralamts. Genehmigung zum Abbruch von Dachwerk und Innenwänden der Burg. Die Stufengiebel sollen „der Ansicht willen" stehenbleiben. Der Abbruch unterbleibt zunächst.

1821 Die Papierfabrik Heinrich Völter brennt ab. Zum Wiederaufbau genehmigt die Finanzkammer in Ellwangen den Abbruch der inneren Wände und des Nordgiebels der Burg.

1827 Abbruch der beiden Gewölbe in der Burg.

1828 Abbruch des Südtoraufsatzes und Abdeckung mit Ziegelplatten.

1837 Die königliche Bauverwaltung verbietet die Entnahme von Steinmaterial aus den Mauern der Bastionen.

1857 Der Verschönerungsverein wehrt sich erfolgreich gegen den Abbruch des Fruchtkastens.

1860 Einrichtung einer Webereischule.

1867–1869 Instandsetzung von Toren und Türmen, Beginn von Maßnahmen zur Erhaltung der Anlage.

1861/1881 Instandsetzung der Bastion.

1878/1910 Sanierung der Umfassungsmauern.

1878/1890/1901 Ausbesserungsarbeiten an der Schloßkirche.

1898 Instandsetzung des tiefen Brunnenschachts und Überbauung durch ein schmiedeeisernes Gitterhaus.

1910 Einrichtung einer Altertumssammlung im Großen Saal der Obervogtei.

1977–1987 Umfangreiche Erneuerungs- und Instandsetzungsarbeiten an der gesamten Anlage durch das Land Baden-Württemberg (6,5 Mio. DM) und die Stadt Heidenheim (2,5 Mio. DM). Die Maßnahmen umfassen den Umbau und die Einrichtung eines Museums im Fruchtkasten durch die Architekten Dieter Herrmann und Knut

Hellenstein

Schloß Hellenstein von Süden um 1750, aquarellierte Tuschezeichnung

Lohrer, eine neue Wasserversorgung der gesamten Schloßanlage, eine Heizzentrale für alle beheizten Schloßteile, den Ausbau des Erdgeschosses des Altanenbaus für eine öffentliche WC-Anlage, einen Aufenthaltsbereich für das Museumspersonal, eine Restauratorenwerkstatt und ein Büro für die Museumsleitung.

1986 Übergabe des Fruchtkastens an das Württembergische Landesmuseum zur Einrichtung des Museums für Kutschen, Chaisen, Karren.

Anlage

Burg

Schloß

Hellenstein ist bauhistorisch betrachtet in zwei Hauptphasen zu unterscheiden:

1. Die mittelalterliche Anlage als staufische Ministerialenburg um 1150 bis 1180, dessen Ruine der Kernburg noch steht.
2. Der Neubau des repräsentativen Schlosses als Verwaltungssitz und zeitweise Residenz sowie die Bastionierung der Anlage von 1596 bis 1611 unter Herzog Friedrich I. von Württemberg und seinem Hof- und Landbaumeister Heinrich Schickhardt.

Die Anlage liegt an einer erhöhten Talecke über dem östlich verlaufenden Brenztal und dem von Westen einmündenden Stubental. Nach Süden schützt ein tiefer und breiter Graben, nach Westen der steil abfallende Hang der Kuppe. Hellenstein ist ein gutes Beispiel einer Synthese aus Burg und Schloß, das nicht ineinander, sondern nebeneinander ein Gesamtes bildet.

283

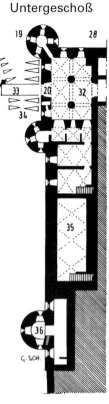

Untergeschoß

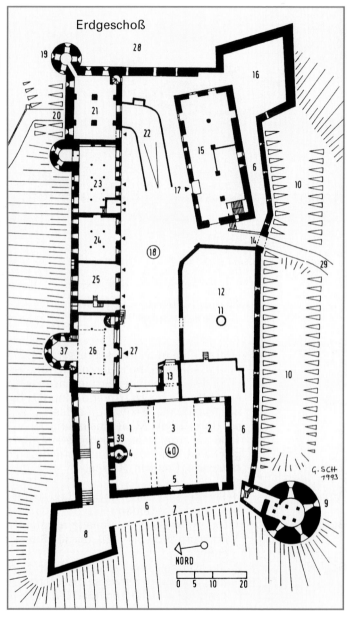

Erdgeschoß

NORD

0 5 10 20

Die Anlage gliedert sich in folgende Bauteile:

1. der Burgbau (1, 2, 3) als ältester Teil der Anlage;
2. die Schloßbauten als Nordtrakt, bestehend aus Schloßkirche (26), Obervogtei (24, 25, 30), Burgvogtei (23) und
   Altanenbau (21) mit dem Nordtor;
3. der Fruchtkasten (15) mit dem Museum für Kutschen,
   Chaisen, Karren;

Hellenstein

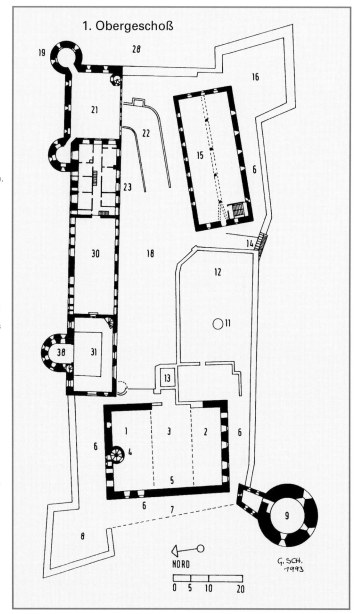

1. Obergeschoß

NORD

G. SCH.
1993

0   5   10   20

4. der Schloßhof (18);

5. der Brunnengarten (12);

6. die Befestigungsanlagen mit dem Südtor (14), den Bastionen (8, 16) und dem Runden Turm (9).

Die Umfassungsmauer mit Bastionen umfaßt ein Rechteck von etwa 120 m Länge und 55 m Breite. Kernburg und Fruchtkasten stehen innerhalb der Mauer, der Schloßtrakt auf der Nordmauer.

Hellenstein

Zeichnung des Südtores im ursprünglichen Zustand

Südtor

Eines der beiden Tore, das Südtor (14), führt flankiert von starken Mauern von der Hochfläche in die Anlage. Dem Tor fehlt der originale Aufsatz. Ihn zierte das Wappen des Bauherrn Herzog Friedrich I. von Württemberg, überragt und flankiert von Obelisken (siehe Zeichnung). Erhalten sind noch die das Tor einfassenden Halbsäulen auf Pilastern mit Rustikabändern. Wehrhaft wirken die angrenzenden Mauern mit halbrunden Brüstungsabschlüssen und eingeschrägten Scharten.

Altanenbau

Hinter dem Südtor öffnet sich der rechteckige Schloßhof mit der langen Front des Schloßtrakts. Vier Bauteile werden unterschieden. Der östlichste, Altanenbau (21) genannt, gilt als Torbau zur Nordseite. Feldseitig besitzt er einen helmdachgedeckten Rund- und einen Halbrundturm

286

Dreischiffige Torhalle des Nordtores

mit gestuften Geschützscharten. Das oberste Geschoß, 1656 walmdachüberdeckt, diente ursprünglich als offene Geschützplattform.

Nordtor

Gequaderte Pilaster mit vorgelegten Halbsäulen auf Postamenten säumen das Rundbogentor (20). Eine Volutenkonsole diente als Auflager für das Wappen des Herzogs von Württemberg. Hinter dem Tor und einer danebenliegenden Pforte öffnet sich eine imposante, dreischiffige Torhalle (32) mit Kreuzgratgewölben auf zwei kräftigen Pfeilern mit Sockel und Kämpfergesims. Tor und Pforte besaßen jeweils eine Zugbrücke, deren Mechanik in einem gewölbten Raum unter dem Torweg lag.

Torhalle

Eine tief eingeschnittene Rampe (22) überwindet den Höhenunterschied zwischen Torhalle und Schloßhof.

Hellenstein

Burgvogtei

Die Burgvogtei (23) überragt mit ihrem Staffelgiebel deutlich den Altanenbau. Im hangseitigen Untergeschoß befinden sich zwei gewölbte Keller und drei kasemattenartige Kammern mit Luken zur angrenzenden Torhalle (32). Im Erdgeschoß beeindruckt der ehemals herzogliche Marstall als dreischiffige, gewölbte Halle mit acht toskanischen Säulen auf Postamenten. Fachwerkwände gliedern die ehemaligen Wohnungen der beiden Obergeschosse.

Obervogtei

Unter gleichem Dach befindet sich die westlich anschließende Obervogtei mit schmuckem Aufzugshaus. Zwei direkte Zugänge vom Schloßhof erschließen das ehemalige Zeughaus (25) und den herzoglichen Leibstall (24) mit Kreuzgratgewölben auf vier toskanischen Säulen. Vom Hof erschlossen wird auch der große Gewölbekeller (35) mit hochliegenden Lichtscharten.

Schloßkirche

Westlichster Bauteil des Schloßtrakts ist die Schloßkirche (26). Symmetrie bestimmt die Südfassade durch das axial angeordnete Spitzbogenportal (27) mit darüberliegendem, zweigeteiltem Fenster. Zwei breite, vierteilige Spitzbogenfenster mit Maßwerk aus Kreisen und Vierpaß flankieren das Portal.
Die Axialität der Fassade setzt sich im quergestellten südnord-gerichteten, rechteckigen Grundriß fort. Dem Beispiel der Stuttgarter Schloßkirche folgt die Raumgliederung mit dreiseitig umlaufender Empore (31) und dem Chor (37) auf der freien Seite. Stuckrippen zieren das flache Deckenscheingewölbe. Sechs toskanische Säulen auf runden Postamenten tragen die Empore, die aus einer Holzkonstruktion mit Gipsverkleidung besteht. Die Untersichten sind reich stuckiert; von sieben Feldern zeigen drei Reliefs den Sündenfall, die Sintflut und die Geburt Christi. Stukkator war Gerhard Schmidt aus Rotenburg an der Wümme bei Braunschweig. Der aus der Nordmauerflucht vorspringende Turm integriert den zweigeschossigen Chor. Innenseitig im Erdgeschoß polygonal, wechselt er im als Musikerempore (38) genutzten Obergeschoß mit Sterngewölbe ins Halbrund. Eine Wendeltreppe in der Außenwand verbindet beide Etagen.

Museum

Schloßkirche und die Obergeschosse von Obervogtei- und Burgvogteigebäude beherbergen das Museum. Eine grundlegende Erneuerung der Ausstellungen ist vorgesehen, zur Zeit ist eine vor- und frühgeschichtliche Sammlung des Landes eingerichtet. Heidenheims Geschichte wird anhand alter Ansichten, Landkarten, Urkunden und Porträts sowie wichtiger Zeugnisse aus der Frühzeit des Handwerks und der Industrie präsentiert. Verschiedene Ausstellungen zeigen Werke der aus Heidenheim-Großkuchen stammenden Malerfamilie Mettenleiter, Meisterwerke sakraler Plastik aus Gotik und Barock sowie eine indische Sammlung.

Ehemalige Schloßkirche mit Emporengeschoß

Fruchtkasten

Gegenüber des Schloßtrakts in der Südostecke der Anlage steht der wuchtige, 37 x 15 m große, dreigeschossige Fruchtkasten (15). Das Gebäude ist zweischiffig mit jeweils vier eichene Ständer tragenden Unterzügen. Das steile Satteldach bildet drei Ebenen, die eichenen Ständer der ersten Ebene mit steil angesetzten, unterschiedlich profilierten Kopfbändern zeigen verblattete Holzverbindungen.

Museum für Kutschen, Chaisen, Karren

Im Fruchtkasten ist seit 1987 das vorbildlich eingebaute Museum für Kutschen, Chaisen, Karren untergeracht. Dieses Zweigmuseum des Württembergischen Landesmuseums zeigt die Verkehrsgeschichte vor der Motorisierung: Postverkehr, Feuerlöschwesen, Ausflugs- und Überlandreisen, Marktbeschickung und städtischer Personenverkehr werden dargestellt. Über 80 Fahrzeuge, von Bierwagen und Postkutschen, Schäferkarren und Ausflugswagen bis zu höfischen Barockschlitten und Feuerspritzen sind zu betrachten.

Dachkonstruktion des ehemaligen Fruchtkastens

Brunnen

Westlich vom Fruchtkasten begrenzen Mauer und Tor den Brunnengarten (12) mit dem 78 m tiefen Schloßbrunnen (11). Er wird auch „Kindlesbrunnen" genannt, denn der „Kindlesbringer" Storch soll die jungen Heidenheimer aus dem Brunnen holen. Der Brunnenschacht mit 2,6 m Durchmesser ist bis auf 37 m Tiefe ausgemauert, danach aus dem Fels gearbeitet. Ein schmiedeeisernes Gitterhaus von 1898 schmückt den Brunnen.

Kernburg, Ruine

An höchster Stelle der Anlage, gegen Westen, lag die Kernburg (40) der staufischen Burganlage. Es stehen noch die buckelquaderverblendeten, hohen Wände der Umfassungsmauern, die ein Rechteck von 35,5 m Länge, 26,6 m Breite der Nordseite und 25,75 m Breite der Südseite bilden.

Schloßbrunnen mit schmuckem Gitterhaus

Die Anlage bestand aus zwei parallel zu einander stehenden Gebäuden: dem Südflügel (2) (25,75 x 10,5 m), dem Palas als Nordflügel (1) (26,6 x 13,5 m) und dem dazwischenliegenden Burghof (3).

Palas Steile Stufengiebel schmückten den Palas (1). Im östlichen Bereich der Palasnordwand öffnet sich im 1. Obergeschoß eine spitzbogige, 58 cm breite Pforte (siehe Zeichnung), die zu einer in der Wand befindlichen Treppe zum 2. Ober-

Aussichtsturm geschoß führte. Daneben steht ein Wendeltreppenturm (4) mit Aussichtsplattform. Er diente zur Erschließung der Obergeschosse und ist der Schloßbauzeit unter Herzog Friedrich I. zuzuordnen.

Aus der Zeit Herzog Ulrichs um 1540 stammen die vergrößerten Fenster der Burg. Zu dieser Bauphase gehört auch die halbrunde Brunnennische (5) mit Rustikabändern an der Westwand des Burghofs.

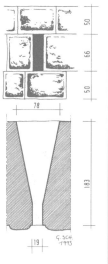

Scharte in der Nordwand
der Burg im Erdgeschoß

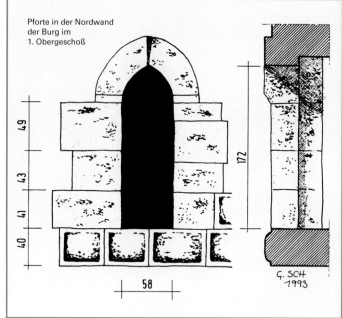

Pforte in der Nordwand
der Burg im
1. Obergeschoß

Buckelquader

Buckelquader bestimmen das Erscheinungsbild der Burgmauern. Abmessungen z. B. (L x H) 84 x 62, 80 x 60, 64 x 43, 74 x 50, 40 x 50 cm, Buckel als Platten- oder Prallbuckel roh bis sorgfältig bearbeitet, bis 18 cm vorstehend, Randschläge 3 bis 7 cm breit.

Zu den ersten spätmittelalterlichen Baumaßnahmen gehören die Festungswerke mit der Westbastion (8) und der Ostbastion (16). Auffälligster Bestandteil ist der die Kernburg schützende Südwestturm (9), der als zweigeschossiges Rondell mit gestuften Geschützscharten wirkt. 1810 mußte das oberste Geschoß mit flachem Haubendach und Laterne abgebrochen werden. Damit fiel auch der Runde Saal mit seinen Wand- und Deckenmalereien.

Ottilienberg

Unmittelbar 500 m nördlich von Hellenstein liegt an der gegenüberliegenden Talseite der Stubentaleinmündung zum Brenztal der Ottilienberg. Der Felsen mit einer betonierten Aussichtsplattform trug eine Burg. Eigentümer und Baugeschichte sind nicht bekannt, der Standort als Burg Moropolis nicht erwiesen. Aufgefundene Buckelquader weisen auf eine Anlage um 1200. Der Name stammt von einer um 1480 erbauten Ottilienkapelle. Erhalten ist ein 35 m tiefer, aus dem Fels gebrochener und nicht vermauerter Brunnenschacht (abgedeckt).

292

Buckelquader prägen die Mauern der stauferzeitlichen Burganlage – Kernburgmantelmauer Südseite

Besitzer	Land Baden-Württemberg
Pläne	Grundrisse und Schnitte in „Kunst- und Altertumsdenkmale" Baupläne zum Umbau des Fruchtkastens von Dieter Herrmann und Knut Lohrer Bestandspläne beim Staatlichen Hochbauamt Schwäbisch Gmünd
Alte Ansichten (Auswahl)	Schloß und Stadt nach Merian, 1688, in „Habermanns christliches Gebetbuch", S. 78 Ansicht von Norden, laviert von Christian von Hayn, um 1840 Aquarell, nach 1870 Ansicht von Osten, Radierung von Friedrich Weber, 1804 Ansicht von Süden, aquarellierte Tuschezeichnung, um 1750 Lithographie von Krauß, um 1860 Ansicht von Nordosten, Lithographie, 1844, Titelbild der Oberamtsbeschreibung Heidenheim und Schloß von Osten, um 1700 Südansicht von Heinrich Schickhardt, um 1606

293

Hellenstein

Literaturhinweise
Hellenstein

- Ackermann, Manfred
  Schloß Hellenstein über Heidenheim an der Brenz, Schloßführer,
  1977,1992
- Beschreibung des Oberamts Heidenheim, 1844
- Bühler, Dr. Heinz
  Die Entwicklung der Stadt Heidenheim, in: „Schwäbische Heimat",
  Juni 1962/3
- Bühler, Dr. Heinz
  Die Herrschaft Heidenheim, in: „75 Jahre Heimat- und Altertums-
  verein Heidenheim", 1976
- Dörr, Gerd
  Schwäbische Alb, Burgen, Schlösser, Ruinen, HB-Bildatlas, 1988
- Gradmann, Dr. Eugen
  Die Kunst- und Altertumsdenkmale im Königreich Württemberg,
  Jagstkreis, Oberamt Heidenheim, 1913
- Gradmann, Wilhelm und Bizer, Christoph
  Burgen und Schlösser der Schwäbischen Alb, 1980/1994
- Greiner und Pfeiffer
  Schloß Hellenstein zu Heidenheim, in: „Blätter des Schwäbischen
  Albvereins", Nr. 7, 1893
- Heinzelmann, Peter und Jantschke, Herbert
  Der Schloßbrunnen Hellenstein, in: „Jahrbuch des Heimat- und
  Altertumsvereins Heidenheim an der Brenz e. V.", 1987/88
- Merten, Klaus
  Schlösser in Baden-Württemberg, 1987
- Reichardt, Lutz
  Ortsnamenbuch des Kreises Heidenheim, 1987
- Uhl, Stefan
  Buckelquader an Burgen der Schwäbischen Alb, in: „Zeitschrift für
  hohenzollerische Geschichte", Band 26, 1990
- Weimert, Dr. Helmut; Maucher, Karl-Eugen; Küchle, Hermann;
  Wagenblast, Anton und Brune, Thomas
  Heidenheim, Schloß Hellenstein, die Sanierung in den letzten
  Jahren und die derzeitigen Nutzungen, 1987, mit Plänen
- Weimert, Dr. Helmut
  Museum für Kutschen, Chaisen, Karren – Heidenheim, Schloß
  Hellenstein, 1987

Ottilienberg

- Jantschke, Herbert und Schäffler, Manfred
  Der Ottilienberg – Stätte der ehemaligen Burg Moropolis?, in:
  „Jahrbuch des Heimat- und Altertumsvereins Heidenheim an der
  Brenz e. V.", 1985/86
- Lehmann, Erhard
  Lerne deine Heimat kennen, Heimatbuch, 1985
- Lehmann, Erhard
  Der Heidenheimer Ottilienberg im Wandel der Zeit, in: „Jahrbuch
  des Heimat- und Altertumsvereins Heidenheim an der Brenz e. V.",
  1989/90

Michelstein

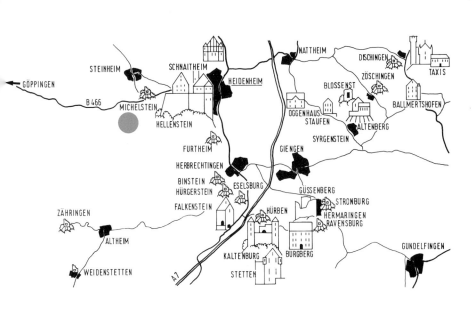

Michelstein

Lage

Westlich von Heidenheim an der Brenz verläuft das Stubental mit dem Meteorkrater des Steinheimer Beckens. Auf einem freistehenden Kalkfelsen zwischen dem Krater und dem Stubental lag die Burg Michelstein.
Von Heidenheim führt die B 466 durch das Stubental in Richtung Göppingen. Etwa 4 km vom Stadtende Heidenheim liegt an der Straßenkreuzung nach Sontheim/Steinheim das Hotel-Restaurant „Sontheimer Wirtshäusle". Direkt im Norden erhebt sich der Felsen mit der Burgstelle Michelstein.
Man folgt vom Parkplatz beim Restaurant der Straße in Richtung Steinheim bis zur Nordwestseite des Felsens, von dort leitet ein breiter Weg hoch zur Burgstelle.
Parkplatz – 0,5 km Michelstein.

Wandervorschlag:
Der „Geologische Wanderweg Steinheimer Becken" ist ausgeschildert (kleiner Weg 6 km, großer Weg 9 km). Er führt vom Fuß des Felsens zur Burgstelle weiter nach Steinheim und schließlich zum Meteorkrater-Museum in Sontheim.

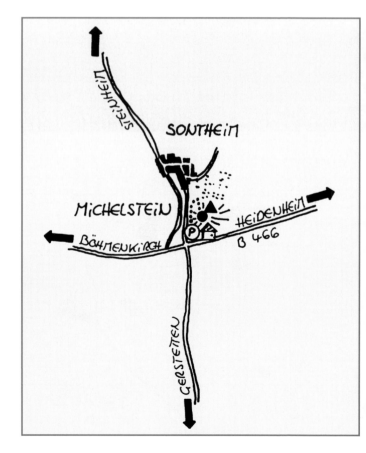

Michelstein

Gemeinde	Steinheim, Landkreis Heidenheim
Meereshöhe	Burg 555 m, Stubental 519 m
Besichtigung	Frei zugänglich
Einkehr-möglichkeit	Hotel-Restaurant „Sontheimer Wirtshäusle"

1 Kernburg
2 Palas
3 Mauerrest
4 Mögliche Lage des Turmes
5 Felsrinne
6 Überhang
7 Mulde
8 Info-Tafel
9 Zwinger
10 Steinbruch

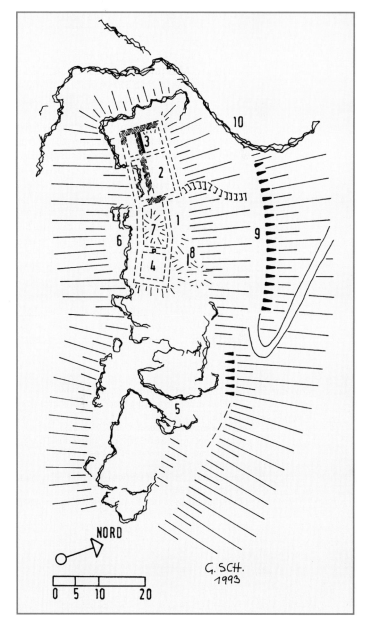

NORD

G. SCH.
1993

0   5   10   20

Michelstein

Geschichte

Die Burg auf dem Felsen bei Sontheim ist der Stammsitz der Hochadelsfamilie von Michelstein. Sie sind Verwandte derer von Metzingen, von Sigmaringen-Spitzenberg, von Gundelfingen und von Albeck. Die Niederadelsfamilie von Suntheim gehört nach Sontheim an der Brenz.

1101/1102 Reginhard von Michelstein gehört vermutlich zu Michelstein (Granegg) bei Egesheim (siehe Band 3).
1266 Berkerus Nobilis von Michelstein in einer Urkunde des Klosters Kirchberg (Zuordnung nicht eindeutig).
1333 Konrad der Bäbinger (Böbingen) nennt sich von Michelstein.
1346 Die Grafen von Oettingen tragen dem Hochstift Würzburg Michelstein zu Lehen auf.
1349 Heinz von Böbingen nennt sich von Michelstein.
1471 Michelstein wird als Burgstall bezeichnet.

Anlage

Burg Michelstein lag am westlichen Ende eines schmalen, leicht gebogenen, felsigen Berges. Die Süd- und Westseite bildet der teilweise überhängende, 6 bis 7 m hohe Fels. Zur Ostseite begrenzt eine 2 bis 5 m breite und 2,5 m tiefe Felsrinne (5) den Burgplatz, nach Norden schützte am Steilhang ein Zwinger (9).
Die Anlage bestand aus einem den westlichen Bereich einnehmenden, größeren Gebäude, dem Palas (2). Etwa in der Mitte könnte der Bergfried (4) gestanden haben. Eine 2 m tiefe Mulde (7) zwischen den beiden Bauwerken weist auf ein Kellergewölbe oder eine Zisterne.
Im Gelände des Palasbereichs steckt ein 4,5 m langer Mauerrest. Die Verblendung zeigt zwei Schichten Quader mit grob bearbeiteten Oberflächen, teilweise bossenartig vorstehend. Abmessung z. B. (L x H) 75 x 33, 71 x 40, 40 x 33 cm.

Besitzer

Gemeinde Steinheim

Literaturhinweise

– Das Land Baden-Württemberg
  Amtliche Beschreibung nach Kreisen und Gemeinden, Band IV, 1980
– Gradmann, Dr. Eugen
  Die Kunst- und Altertumsdenkmale im Königreich Württemberg, Jagstkreis, Oberamt Heidenheim, 1913
– Lehmann, Erhard
  Lerne deine Heimat kennen, Heimatbuch, 1982
– Reichardt, Lutz
  Ortsnamenbuch des Kreises Heidenheim, 1987

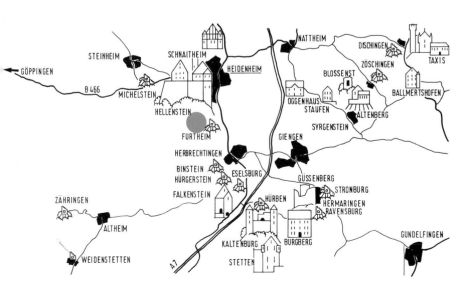

Furtheim (Hurwang)

Lage   Von Heidenheim verläuft das Brenztal in Richtung Süden.
        Zwischen Mergelstetten und Bolheim fließt die Brenz nahe
        der steilen westlichen Talseite, wo auf einer Spornkuppe
        an einem Seitental im dichten Wald die Reste der ehemali-
        gen Burg Furtheim liegen.
        Von der B 19 zwischen Heidenheim und Herbrechtingen
        erreicht man die Heidenheimer Ortsteile Mergelstetten

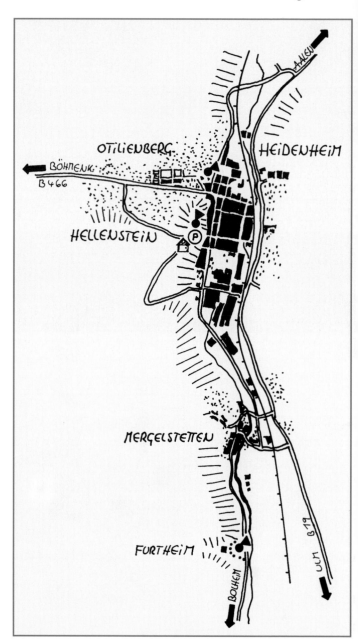

300

Reste der Umfassungsmauer an der Südostecke

und Bolheim. Beide verbindet eine an der Brenz entlang führende Straße. Etwa auf halbem Weg mündet von Westen ein Seitental ein (Straße zu einem Asphaltwerk). Parkmöglichkeit an der Brenz. An der nördlichen Talseite des einmündenden Seitentals beginnt an der Straße ein Weg. Man folgt diesem im Wald in westlicher Richtung und dem anschließenden, beschilderten Weg (AV Winkel, Hurwang) rechts zur Burgruine.
Brenz – 0,4 km Ruine.

Gemeinde   Stadt Heidenheim, Ortsteil Mergelstetten, Landkreis Heidenheim

Meereshöhe   Burg ca. 500 m, Brenztal 478 m

Besichtigung   Frei zugänglich

301

Furtheim (Hurwang)

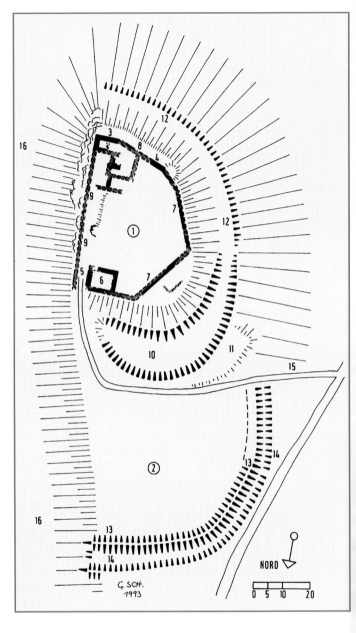

Geschichte

Die irrtümlich als Hurwang bezeichnete Burg ist die dillingische Burg Furtheim (Fürheim). Hurwang ist abgeleitet von Hürben (siehe dort).

1209 Erwähnung eines Ulrich von Furtheim in einer Urkunde des Klosters Steinheim am Albuch.
Um 1300 Furtheim ist als Burg bereits nicht mehr bewohnt.

302

1358 Ulrich von Helfenstein überläßt dem Kloster Anhausen Furtheim (Fürheim), den Hof, Burgstall und Fischwasser.
1474 Erwähnung von Furtheim an der Brenz „under dem Burckstall".
1492 Weitere Nennung des Burgstalls.
1920 Freilegung der Grundmauern.

Anlage

Die einst stattliche Burg Furtheim gliedert sich in Vorburg (2) und Kernburg (1). Wall (13) und Graben (14) begrenzen am Übergang der Hochfläche zur nach Süden gerichteten Spornkuppe die Vorburg.
Ein bogenförmig angelegter Hauptgraben (10) schützt den Fußpunkt der Kernburg. Der Zugang erfolgte an der östlichen Grabenseite zum Burgtor (5) mit danebenliegendem

Südseitiger Teil der Umfassungsmauerreste der Kernburg

Torhaus (6). Reste der Grundmauern ergeben einen rechteckigen Grundriß von 4,1 x 7 m (Innenmaß), Mauerstärke 1,2 und 1,3 m.

Mauerreste und Schuttriegel kennzeichnen den Verlauf der Umfassungsmauer, die eine Fläche von ca. 50 m Länge und 40 m maximaler Breite umschloß. Zur Brenzseite folgte die Umfassungsmauer (9) geradlinig der felsigen Hangkante, zu den anderen Seiten polygonal (7) dem halbkreisförmigen Steilhang. In der Südostecke zeigen freigelegte Grundmauern den unregelmäßigen Grundriß eines größeren Gebäudes. Weitere Bebauung ist nicht mehr feststellbar.

Mauerwerksverblendung der südlichen Umfassungswände (3 + 4): fünf bis sechs Schichten Quader, grob und unregelmäßig bearbeitet, eingestreut Kleinquader, Abmessung z. B. (L x H) 69 x 36, 90 x 40, 30 x 30, 36 x 27 cm.

Plan	Grundrißskizze (unrichtig) von Konrad Albert Koch, 1909, in: „Die Kunst- und Alterumsdenkmale"
Literaturhinweise	– Beschreibung des Oberamts Heidenheim, 1844 – Das Land Baden-Württemberg Amtliche Beschreibung nach Kreisen und Gemeinden, Band IV, 1980 – Gradmann, Dr. Eugen Die Kunst- und Altertumsdenkmale im Königreich Württemberg, Jagstkreis, Oberamt Heidenheim, 1913 – Lehmann, Erhard Lerne deine Heimat kennen, Heimatbuch, 1982 – Reichardt, Lutz Ortsnamenbuch des Kreises Heidenheim, 1987 – Wais, Julius Albführer, Band I, 1962

Bindstein (Binstein)

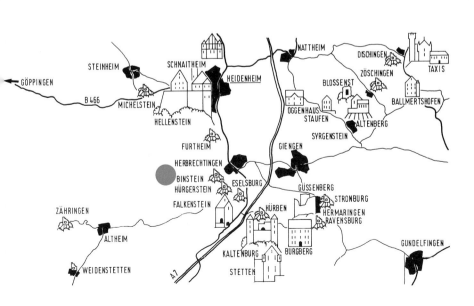

Bindstein (Binstein)

Südlich von Heidenheim erstreckt sich bei Herbrechtingen einer der reizvollsten Brenztalabschnitte; er beginnt beim ehemaligen Kloster Anhausen. Talabwärts liegt die Bindsteinmühle mit der Burgstelle Bindstein auf dem Fischerfelsen. Von Herbrechtingen an der B 19 zweigt eine Straße in Richtung Dettingen am Albuch ab. Noch vor Anhausen befindet sich südlich der Straße an der Brenz ein kleiner Parkplatz. Man folgt dem Feldweg (Bezeichnung Nr. 4) der Brenz entlang bis zur bewirtschafteten Bergwachthütte am Fischerfelsen. Der Aufstieg zur Burgstelle Bindstein auf dem Fischerfelsen erfolgt rechts oder links am Talhang über Steigspuren.
Parkplatz – 1,7 km Burgstelle.
Bindstein ist auch von Eselsburg das Tal aufwärts oder von Falkenstein aus erreichbar.

Wandervorschlag siehe Eselsburg.

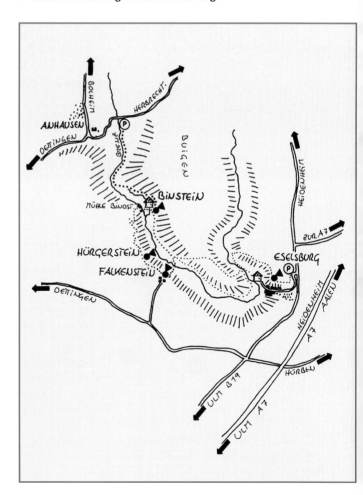

Bindstein (Binstein)

Gemeinde	Herbrechtingen, Landkreis Heidenheim
Meereshöhe	Burg ca. 490 m, Brenztal 471 m
Besichtigung	Frei zugänglich, Besteigung vom Sattel zum Felsen Trittsicherheit erforderlich
Einkehr-möglichkeit	Bergwachthütte
Geschichte	Die Burg auf dem „Binstein" ist Stammsitz einer Nieder-adelsfamilie, zu der die Siedlung im Tal gehört. Nach der frühen Aufgabe werden die Nachkommen noch im 15. und 16. Jahrhundert als Herbrechtinger Bürger nachweisbar.

Ein felsiger Kamm verbindet die Spitze des Burgfelsens mit dem angrenzenden Talhang

Bindstein (Binstein)

1 Turmhaus
2 Ausgespitzter Fels
3 Felsschlupf
4 Rest Futtermauer
5 Felskopf
6 Talseite
7 Felsrinne
8 Mauerverlauf
9 Felskamm
10 Geländetrichter,
   vermutetes Gebäude
   nach Koch
11 Lage ehemaliger
   Wirtschaftsbauten
12 Bergseite
13 Aufstieg

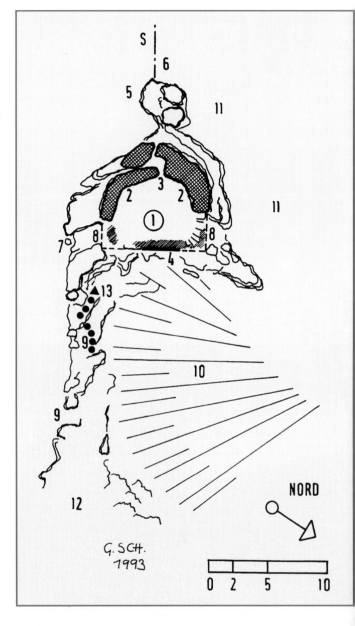

1171 Kaiser Friedrich I. Barbarossa überträgt das Lehen
Sefrids (Siegfried) in „Binstein" dem Stift Herbrechtingen.
Vor 1390 Abgang der Burg.
1537 Der Weiler „Bynstain" mit zwei baufälligen Häusern
samt Stadel, Gärten, Äcker, Wiesen und Fischwasser wird
vom Stift Herbrechtingen nicht mehr verliehen.
Bis 1940 steht am Fuß des Burgfelsens, nun Fischerfelsen
genannt, ein halb verfallenes Fischerhaus.

308

Anlage

Die mittelalterliche Burgsiedlung Bindstein lag am Fuß des Felsens am Rande zur Brenz. Heute fließt die Brenz nach einer Begradigung westseitig des Tals zur Bindsteinmühle. Eine 2 m erhöhte Geländeterrasse am Burgfelsen weist noch auf die bis 1940 bestandenen Nachfolgebauten der Siedlung.

Fast frei vor dem Talhang steht der etwa 20 m hohe Felsklotz der ehemaligen kleinen Burg. Nur ein schmaler, felsiger Kamm (9) bildet den Zugang von Südosten. Einziges Bauwerk war ein Turmhaus oder Wohnturm (1).

Zur Errichtung mußten der Fels ausgespitzt und die Feldseite aufgefüttert werden. Diese Stelle (4) zeigt noch ein 3 m langes Futtermauerstück mit 2 bis 3 Lagen unregelmäßig grob behauenen Quadern. Der weitere Mauerverlauf ist durch Mörtelreste und Schutt erkennbar (8). Zur

Geringe Mauerreste kennzeichnen den Verlauf des Turmhauses zur Feldseite

Bindstein (Binstein)

Querschnitt

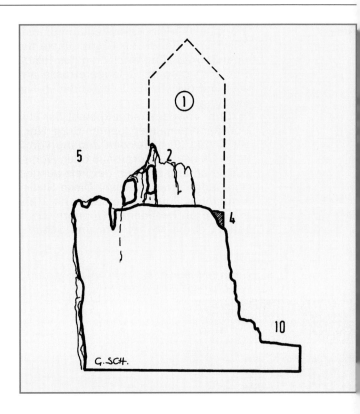

Talseite ragt der 2 bis 4,3 m über das Niveau aufragende, ausgespitzte Fels, der schildartig 1 bis 2,5 m stark stehengelassen wurde. Mit einem Ausmaß von 8 x ca. 7 m war der Turm vier- oder fünfeckig.

Besitzer	Privat
Plan	Aufnahme (ungenau) von Konrad Albert Koch, in: „Die Kunst- und Altertumsdenkmale"
Literaturhinweise	– Beschreibung des Oberamts Heidenheim, 1844
	– Bizer, Christoph und Götz, Rolf
	Vergessene Burgen der Schwäbischen Alb, 1989
	– Bühler, Dr. Heinz
	Herbrechtingen, 1200 Jahre, Heimatbuch, 1974
	– Gradmann, Dr. Eugen
	Die Kunst- und Altertumsdenkmale im Königreich Württemberg, Jagstkreis, Oberamt Heidenheim, 1913
	– Reichardt, Lutz
	Ortsnamenbuch des Kreises Heidenheim, 1987

Hürgerstein

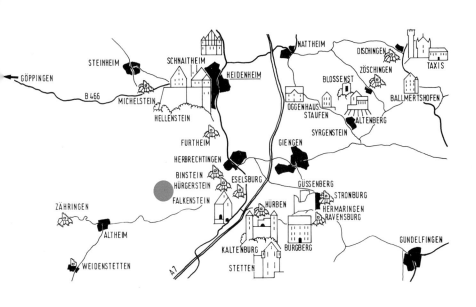

Hürgerstein

Lage

Südwestlich von Herbrechtingen umfließt die Brenz in einer großen Schleife den vorgeschichtlich besiedelten Buigen. Am westlichen Talrand beherrschten im Mittelalter die Burgen Falkenstein und Hürgerstein die Landschaft. Während von Falkenstein die Vorburg noch steht, ist von Hürgerstein nur der markant ins Tal vorspringende Fels als Standort geblieben.

Von Herbrechtingen verläuft parallel zur A 7 die Landesstraße in Richtung Ulm. Hinter Eselsburg zweigt rechts eine Straße nach Dettingen am Albuch ab, an der es nach 1,5 km rechts beschildert zur Domäne Falkenstein geht.

Man folgt von Falkenstein dem bezeichneten Wanderweg (AV, Nr. 4) am Trauf Richtung Bindstein. Hinter einem Tobel liegt auf dem zweiten folgenden Felsen die Burgstelle Hürgerstein.

Falkenstein – 0,5 km Hürgerstein.

Wandervorschlag siehe Eselsburg.

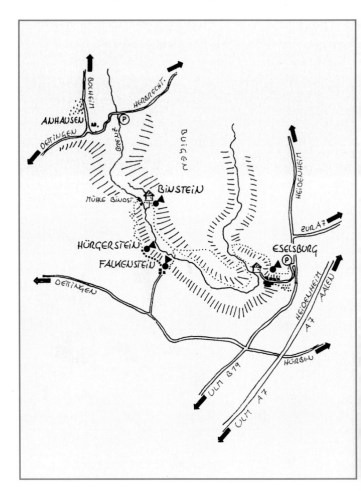

Hürgerstein

Gemeinde	Dettingen am Albuch, Landkreis Heidenheim
Meereshöhe	Burg ca. 520 m, Brenztal 470 m
Besichtigung	Frei zugänglich
Geschichte	Hürgerstein ist die „Burg des Hurger". Die Familie entstammt vermutlich dem Ortsadel von Dettingen, wo sie mit Lehen bezeugt ist.

1216 „Hurgerus Miles" ist mit Heinrich von Güssenburg Zeuge in einer Urkunde anläßlich der Schlichtung eines Streits zwischen den Klöstern Ellwangen und Kaisheim.
1264 Hedwig von Hürgerstein.
1328 Konrad und Ulrich Hürger.

Dichter Wald überdeckt den Burgfelsen der ehemaligen Burg Hürgerstein

Hürgerstein

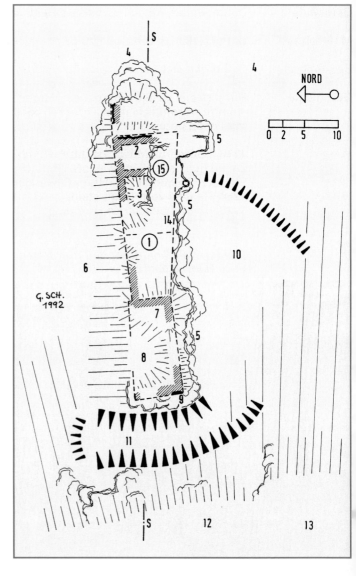

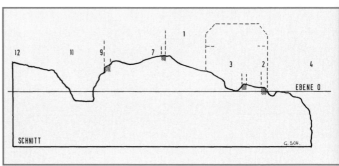

314

1339 Ulrich nennt sich Hurger von Hurgerstein.
1344–1400 Mehrfache Erwähnung von Konrad und Hans der Hürger.
1399 Benz der Schwelher von Wielandstein, durch Heirat in Besitz der Burg, verkauft Hürgerstein an den Grafen Eberhard III. von Württemberg.
1429 Hürgerstein, als Burgstall bezeichnet, ist mit dem Bauhof Eigentum des Herrn von Eiltingen.
1430 Erwerb durch den Abt von Anhausen.

Anlage

Ein etwa 45 m langer und 5,5 bis 10 m breiter Felsklotz wird durch einen 12 m breiten und 7 m tiefen Halsgraben (11) vom Talhang getrennt. Am Grabenrand stecken Reste einer Sockelmauer mit Quaderverblendung. Abmessungen z. B. (L x H) 33 x 16, 36 x 36, 48 x 27 cm, Oberfläche wenig und sogfältig bearbeitet.

Im Erdreich steckende Quader verdeutlichen den Verlauf der Grundmauern

Hürgerstein

Die Bebauung des durch Schuttriegel und Mulden geprägten Burgplatzes ist nicht eindeutig. Ein Turm könnte am Grabenrand gestanden haben, oder seine Reste stecken im Schutthügel (7) im feldseitigen Bereich. Das Hauptgebäude, der Palas (15), überdeckte den östlichen Bereich. Reste von Kernmauerwerk (2) und die Mulde eines Kellers oder einer Zisterne (3) kennzeichnen den Standort. Zur Talseite war eine ummauerte Terrasse vorgelagert.

Besitzer	Land Baden-Württemberg
Plan	Grundriß der Burgstelle (ungenau) von Konrad Albert Koch, in: „Die Kunst- und Altertumsdenkmale"
Literaturhinweise	– Beschreibung des Oberamts Heidenheim, 1844

- Beschreibung des Oberamts Heidenheim, 1844
- Bizer, Christoph und Götz, Rolf
  Vergessene Burgen der Schwäbischen Alb, 1989
- Gradmann, Dr. Eugen
  Die Kunst- und Altertumsdenkmale im Königreich Württemberg, Jagstkreis, Oberamt Heidenheim, 1913
- Reichardt, Lutz
  Ortsnamenbuch des Kreises Heidenheim, 1987
- Wais, Julius
  Albführer, Band I, 1962

Falkenstein an der Brenz

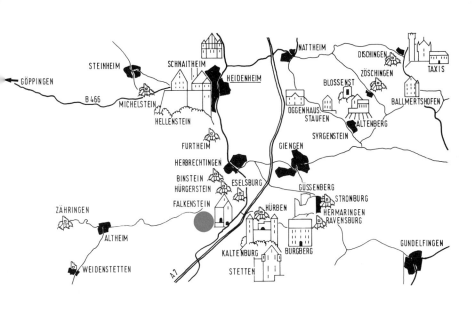

Falkenstein an der Brenz

Lage

Das Eselsburger Tal bei Herbrechtingen ist einer der reizvollsten Brenzabschnitte. Die Brenz umfließt in einer großen Schlaufe den vorgeschichtlich besiedelten Buigen. Am westlichen Talabschnitt ragen aus dem Talhang hinter einem steilen Felsen die Vorburggebäude der ehemaligen Burg Falkenstein.

Von Herbrechtingen verläuft parallel zur A 7 die Landesstraße in Richtung Ulm. Hinter Eselsburg zweigt rechts eine Straße nach Dettingen am Albuch ab, an der es nach 1,5 km rechts beschildert zur Domäne Falkenstein geht. Parkmöglichkeit bei der Domäne. In den ehemaligen Vorburggebäuden befindet sich die Verwaltung der Domäne. Die Burgstelle der Kernburg ist durch die Vorburg hindurch oder vom bezeichneten Wanderweg zu erreichen. Lohnenswert ist eine Erwanderung der vier Burgen des Eselsburger Tals, siehe Wandervorschlag Eselsburg.

Gemeinde

Dettingen am Albuch, Landkreis Heidenheim

Meereshöhe

Burg 510 m, Brenztal 470 m

Besichtigung

Kernburgfelsen frei zugänglich,
Vorburg Außenbesichtigung möglich

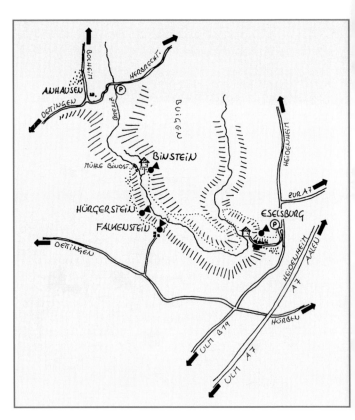

Reithaus und Pächterhaus der Vorburg von der Feldseite

Hochzeit auf Falkenstein

Die Sage berichtet von Ludolf, Ritter auf Falkenstein, und Adelheid von Eselsburg. Beide sollten heiraten. Da versprach Ludolf sich einer reichen Fremden. Während auf Falkenstein bereits die Hochzeitsfeierlichkeiten mit der Neuerwählten in Gange sind, stürzt sich die völlig verzweifelte Adelheid über die Felsen ihrer Burg. Die Hochzeitsfeier dauert bis in die Nacht, da überrascht der Ritter von Eselsburg mit einer Bahre und der toten Tochter Adelheid die fröhliche Gesellschaft. Ritter Ludolf, verstört, fordert den Eselsburger zum Kampf. Dieser jedoch winkt ab und heißt ihn seine Unschuld zu bezeugen, indem er Adelheid küssen soll. Ludolf, verunsichert, folgt der Aufforderung. Da springt ihm ein Blutstrahl aus Adelheids Lippen ins Gesicht, und alle Anwesenden erkennen durch dieses Gottesurteil Ludolfs Schuld. Tot vor Schreck, fällt seine Braut an Adelheids Bahre nieder. Fluchtartig verlassen alle Gäste die Burg, worauf Ludolf nie mehr gesehen wurde.

319

Geschichte

Zahlreiche Sagen ranken sich um die ehemals so keck auf einem Felsen sitzende Burg. Ihr Ursprung geht auf eine Gründung der Hochadelsfamilie von Falkenstein zurück. Der eher häufige Burgenname kann „die Burg auf dem Falkenfelsen" oder „die Burg des Falko" bedeuten.

Um 1150 Die Burg in Besitz der Falkensteiner, „Gotebertus de Valkenstain".
Nach 1150 Neubau oder Umbau der Burg in Buckelquaderbauweise.
1252 Rudolf von Falkenstein.
1258–1283 Swigerus Dictus de Valkenstain und Rudolfus, mehrfache Erwähnung.
1260 Durch die Erbin Adelheid von Falkenstein gelangt der Besitz an Walter von Faimingen (Donau).
1272 Nach dem Tod des Walter von Faimingen gelangt Falkenstein an dessen Schwiegersohn Heinrich Speth von Faimingen.
1313 Das Erbe geht an die vier Enkeltöchter des Heinrich Speth. Sie stehen unter der Pflegschaft König Ludwigs des Bayern und seines Sohnes, des Markgrafen Ludwig von Brandenburg.
1349 Markgraf Ludwig verpfändet Falkenstein an Herzog Konrad von Teck.
1355 Übergang an die Grafen von Helfenstein. Anna von Helfenstein bringt Falkenstein als Heiratsgut an Herzog Friedrich von Teck.

Darstellung von Burg Falkenstein in Renlins Forstkarte von 1591

Burg Falkenstein von der Talseite als Kupferstich von du Chaffat um 1750

1377 Kaiser Karl IV. verleiht Herzog Friedrich das Marktrecht sowie Stock und Galgen für den zu Falkenstein gehörenden Ort Dettingen.

1390 Herzog Friedrich von Teck verkauft den Besitz Falkenstein mit Bindstein und Güter in Dettingen, Heuchlingen, Ballendorf und Mehrstetten an Albrecht von Rechberg.

Um 1430–1450 Umbau von Falkenstein, Neubau der Vorburg und Anlegen eines Tiergartens unter den Herren von Rechberg.

1495 Falkenstein wird als rechbergisches Schloß bezeichnet.

1506 Margarethe von Rechberg stiftet eine Ewige Messe in die Kapelle Maria Magdalena auf Falkenstein.

1531 Nach jahrzehntelangem Streit um die zu Falkenstein gehörenden Dörfer wird der Besitz unter die Obrigkeit der Württembergischen Herrschaft Heidenheim gestellt.

1562 Ulrich von Rechberg zu Falkenstein erwirbt die Eselsburg.

1593 Erwerb durch Württemberg, Falkenstein wird Rentkammerschloß.

1634 Verwüstung der Burg durch die Schweden.

1740 Teilabbruch der Hauptburg.

1818 Abbruch der verbliebenen Bauteile der Hauptburg.

1995 Das Land Baden-Württemberg verkauft Falkenstein an Hartmut Kümmerle.

Falkenstein an der Brenz

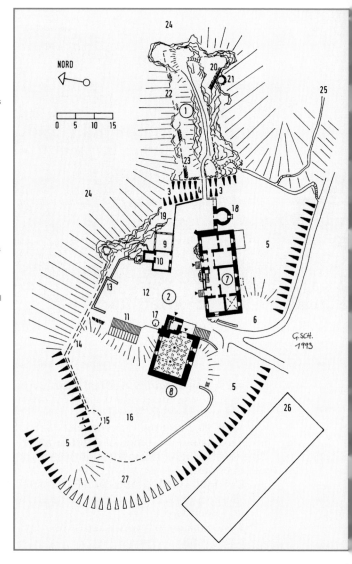

Anlage	Die Falkensteiner Burganlage besteht aus der Vorburg (2) am Talrand und der Kernburg (1) auf einem aus dem Talrand vorstehenden, sturmfreien Felsen. Nur die Gebäude der Vorburg sind noch erhalten.
Vorburg	Ein breiter Graben (5) umzieht bogenförmig die Anlage und endet beidseitig im Steilhang. Im südwestlichen Bereich beim Garten ist er verfüllt (27). Der westliche Rundturm (15) und die Umfassungsmauer (14) sind bis auf wenige Reste im Gelände verschwunden, ein Teil des östlichen Rundturms (18) beim Halsgraben steht noch in veränderter Form.

322

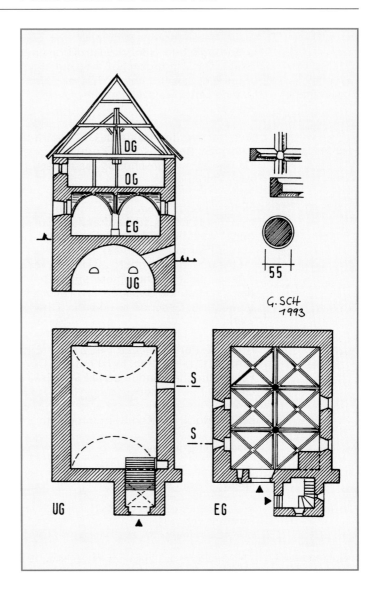

G. SCH
1993

Reithaus

Bedeutendstes Bauwerk ist das sogenannte Reithaus (8) aus der rechbergischen Zeit um 1430 bis 1450. Das dreigeschossige Gebäude mit Giebel zur Hof- und Walm zur Rückseite besitzt einen vorgestellten Treppenbau. Hinter einem spitzbogigen Eingang liegt im Erdgeschoß eine beachtliche, zweischiffig-dreizonige Gewölbehalle. Zwei Säulen auf runden Postamenten tragen gekehlte Kreuzrippengewölbe mit Schlußsteinen. Die rechte Hallenecke ist durch eine neuere Treppe im Treppenbau verunstaltet. Im Obergeschoß wurden um die Jahrhundertwende Zwischenwände für eine Wohnung eingezogen. Vermutlich gab es hier unter Einbezug des Dachgeschosses einen

Buckelquader Saal. Veränderung zeigt auch der Dachstuhl: Aus einer ursprünglichen Hängekonstruktion wurde ein stehender Stuhl. Das Untergeschoß mit direktem Zugang vom Hof zeigt ein 3,95 m hohes Tonnengewölbe. In die Außenwände sind vereinzelt jetzt überputzte Buckelquader eingemauert.

Pächterhaus Aus der zweiten Hälfte des 17. Jahrhunderts stammt das zwischen Reithaus und Kernburg gelegene Pächterhaus (7). Es ist zweigeschossig, satteldachgedeckt und besitzt zwei Eingänge.

Kernburg Hinter einem teilweise verfüllten Halsgraben (3) erhebt sich der schmale, steil aufragende Burgfelsen (1) der Kernburg. Von dieser Anlage gibt es nur noch geringe Reste von Futtermauern (20, 23). Nach einem Stich von du Chaffat bestand die Kernburg aus einem Torhaus mit Schwungrutenzugbrücke und einem am äußersten Felsen stehenden Palas. Beide Gebäude, etwa gleich hoch, besaßen zwei gemauerte Geschosse und ein Obergeschoß aus Fachwerk.

Brunnen Am Fuß der südlichen Felswand ist noch der Brunnenschacht (21) erhalten. Er ist mit 2 m Durchmesser aus dem Fels gebrochen und in etwa 25 m Tiefe mit Schutt verfüllt. Geringe Kernmauerreste am Brunnenrand und Mörtelspuren am Felsen weisen auf eine Vermauerung des Schachts bis auf Höhe der Kernburg mit einem Brunnenhaus.

Besitzer Land Baden-Württemberg

Pläne Bestandsaufnahme und Detailzeichnungen des Reithauses von Konrad Albert Koch

Alte Ansichten Ansicht der Burganlage von Südosten in Renlins Giengener Forstkarte von 1591
Ansicht von Nordosten, Stich von A. du Chaffat, 18. Jahrhundert

Literaturhinweise
– Beschreibung des Oberamts Heidenheim, 1844
– Das Land Baden-Württemberg
  Amtliche Beschreibung nach Kreisen und Gemeinden, Band IV, 1980
– Gradmann, Dr. Eugen
  Die Kunst- und Altertumsdenkmale im Königreich Württemberg, Jagstkreis, Oberamt Heidenheim, 1913
– Handbuch der historischen Stätten Deutschlands, 6. Band, 1965
– Kerler, Dr. Gerhard
  Eselburger Tal, Kleinod der Ostalb, 1992
– Lehmann, Erhard
  Lerne deine Heimat kennen, Heimatbuch, 1982
– Reichardt, Lutz
  Ortsnamenbuch des Kreises Heidenheim, 1987
– Wulz, Hans
  Baudenkmäler in Stadt und Kreis Heidenheim an der Brenz, 1977

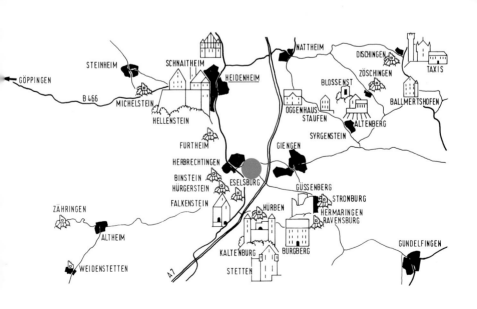

Eselsburg

Lage

Südlich von Herbrechtingen liegt die Ortschaft Eselsburg. Nach ihr wird der reizvolle Brenzabschnitt des Eselsburger Tals genannt. Auf dem die Ortschaft überragenden Felsen lag die Burg der Herren von Eselsburg.
Von Herbrechtingen führt die L 1079 in Richtung Ulm. An der Abzweigung nach Eselsburg befindet sich rechts der Straße ein Wanderparkplatz. Er ist auch von der Autobahn A 7 Ulm–Heidenheim, Ausfahrt Giengen/Herbrechtingen, zur L 1079 zu erreichen.
Vom Parkplatz geht es in Richtung Süden zur Traufkante des Eselsburger Seitentals. Ein Wiesenweg führt in westlicher Richtung direkt zur Ruine.
Parkplatz – 0,5 km Eselsburg.

Wandervorschlag: „Vierburgenwanderung"
Vom Parkplatz zur Eselsburg wie beschrieben. Man folgt dem Fußpfad in nördlicher Richtung, steigt bei den Felsen ins Tal ab und geht ein kurzes Stück in Richtung Ortschaft bis zur Brenzbrücke. Hier beginnt ein beschilderter Wanderweg (AV Dreiblock), dem man über den „Buigen" folgt. Bei Erreichen des gegenüberliegenden Talabschnitts folgt man dem Forstweg gleich rechts bis zum Fischerfelsen mit

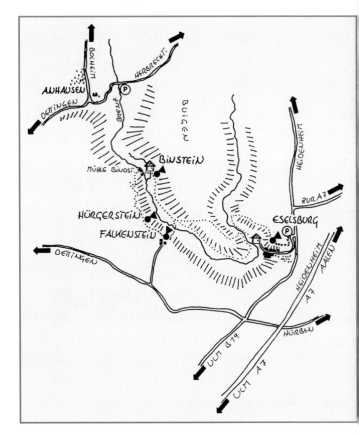

Hauptgraben zwischen Vorburg und Kernburg

der Burgstelle Bindstein, geht an der gegenüberliegenden Talseite (Bindsteinmühle) hoch und folgt dem Wanderweg an der Burgstelle Hürgerstein vorbei nach Falkenstein. Der Weg leitet nun ins Tal über den Ort Eselsburg zurück zum Ausgangspunkt.
Parkplatz – 0,5 km Eselsburg – 3,5 km Bindstein – 1,3 km Hürgerstein – 0,5 km Falkenstein – 2,7 km Parkplatz.

Gemeinde	Stadt Herbrechtingen, Landkreis Heidenheim
Meereshöhe	Burg 521 m, Eselburger Tal 469 m
Besichtigung	Frei zugänglich
Einkehr-möglichkeiten	Zur Wanderung: Talschenke in Eselsburg und bewirtschaftete Bergwachthütte bei Bindstein

327

Eselsburg

Geschichte

Die Herren von Eselsburg sind dillingische, später helfensteinische Ministerialen.

Um 1200 Entstehung oder Neuausbau der Burg in Buckelquaderbauweise.

1244 Gerwig (Gerwicus) von Eselsburg ist in Wittislingen, dem Stammsitz der Grafen von Dillingen, begütert.

1256 Gerwig von Eselsburg ist Zeuge eines Gütertausches zwischen dem Propst von Herbrechtingen und den Grafen Hartmann IV. und Adalbert von Dillingen.

1264 Rudolf von Eselsburg, vermutlich Sohn des Gerwig, ist Zeuge für Bischof Hartmann von Augsburg anläßlich eines Rechtsgeschäfts in Dillingen.

1270 Rudolf ist Gefolgsmann des Grafen Ulrich II. von Helfenstein in Augsburg.

1284 Gerwig von Eselsburg, vermutlich Bruder des Rudolf, ist Ministeriale des Bischofs von Augsburg.

1299 Otto von Eselsburg ist Bürge für Otto von Burgberg anläßlich des Verkaufs eines Hofs in Öllingen.

1302 Die Brüder Otto und Rudolf im Gefolge des Grafen Ulrich III. von Helfenstein.

1327 Gerwig und Konrad, Söhne des verstorbenen Otto, vermachen dem Stift Herbrechtingen Einkünfte aus ihrem Gut in Wittislingen.

1343 Die Brüder Hans, Konrad und Rudolf von Eselsburg verkaufen ihren Stammsitz und Besitz in Herbrechtingen.

1385 Wilhelm von Riedheim ist Eigentümer von Eselsburg.

Um 1414 Übergang an Heinrich von Bopfingen.

Um 1441 Eselsburg wird Reichslehen.

1444 Kaiser Friedrich III. belehnt Rudolf von Bopfingen mit der Hälfte von Eselsburg. Rudolf verkauft seine Hälfte an Heinrich Krafft zu Ulm.

1445 Heinrich Krafft erwirbt von Sigmund von Bopfingen die andere Hälfte von Eselsburg.

1453 Der Kaiser überläßt Heinrich Krafft die Eselsburg als freies Eigentum.

1462 Im Reichskrieg gegen Bayern nimmt Herzog Ludwig Eselsburg ein und läßt sie niederbrennen.

Vor 1479 Übergang an Eitelhans von Knöringen. Möglicher Wiederaufbau.

1503 Nach dem Tod des Eitelhans werden die Herren von Eben Eigentümer.

1537–1542 Juliana, Witwe des Sigmund von Eben, besitzt Eselsburg.

1562 Christoph Friedrich von Eben, Sohn der Juliana, verkauft Eselsburg an seinen Schwager Ulrich von Rechberg zu Falkenstein.

1593 Verkauf an Württemberg. Die Burg wird nicht mehr bewohnt und dem Zerfall überlassen.

1690 Laut Salbuch ist die Eselsburg „abgangen und gänzlich eingefallen".

Eselsburg

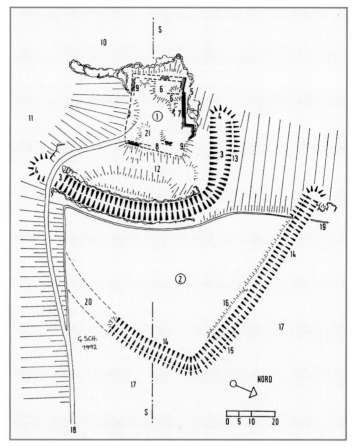

1 Kernburg
2 Vorburg
3 Hauptgraben
4 Grabenauswurf
5 Gerundete Mauerecke
  am Sockel, darüber
  Buckelquader
6 Lage des Westtraktes,
  Schutthügel
7 Mauerrest
8 Möglicher Zwinger
9 Verlauf
  Umfassungsmauer
10 Eselsburger Tal
11 Seitental
12 Grabenartiger
  Einschnitt
13 Wall
14 Graben der Vorburg
15 Äußerer Wall
16 Schuttwall
17 Hochfläche
18 Vom Parkplatz
19 Wanderweg vom
  Eselsburger Tal
20 Verfüllter Graben
21 Lage des Osttraktes,
  Schutthügel

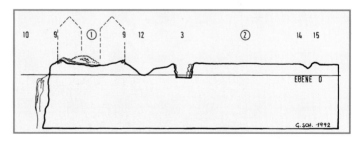

Anlage

Nach der Renlinschen Forstkarte von 1591 bestand die Burg aus zwei etwa gleich großen Gebäuden mit steilen Satteldächern und einem Turm mit Helmdach. Außer Geländespuren und geringen Mauerresten ist nichts mehr geblieben. Ein hakenförmig angelegter Graben (14) umschließt das Gelände der Vorburg (2) an der Talecke. In Verlängerung der westlichen Traufkante verläuft ein aus dem Fels gebrochener, 4 bis 5 m breiter und 5 m tiefer Sohlgraben (3), der zur Westseite hakenförmig zum Talhang führt.

329

Eselsburg

Die Kernburg (1) auf dem aus dem Talhang vorspringenden Felsen umfaßt ein Viereck von etwa 23 x 30 m. Der Osttrakt (21) lag mit seiner Traufseite zum Graben, der Westtrakt (6) an der Talseite; dazwischen befand sich ein Hof. Zu sehen sind noch Reste der nördlichen Außenmauer (7). Der westliche Bereich besteht aus Kleinquadern, Quadern, Buckelquadern und Bruchsteinen. Das Material stammt vermutlich aus dem Abbruch von Vorgängerbauten. Aus späterer Zeit stammt die gerundete Ecke der folgenden, zum Westtrakt gehörenden Wand in Bruchsteinen. Die eingestreuten Buckelquader besitzen Plattenbuckel und bis zu 7 cm breite Randschläge.

Besitzer   Land Baden-Württemberg

Alte Ansicht   Nordwestansicht in der Giengener Forstkarte von Philipp Renlin, 1591, Germanisches Nationalmuseum Nürnberg

Literaturhinweise
– Beschreibung des Oberamts Heidenheim, 1844
– Bühler, Dr. Heinz
  Herbrechtingen, 1200 Jahre, Die Eselsburg, Heimatbuch, 1974
– Gradmann, Dr. Eugen
  Die Kunst- und Altertumsdenkmale im Königreich Württemberg, Jagstkreis, Oberamt Heidenheim, 1913
– Kerler, Dr. Gerhard
  Eselsburger Tal, Heimatbuch, 1992
– Reichardt, Lutz
  Ortsnamenbuch des Kreises Heidenheim, 1987
– Wulz, Hans
  Baudenkmäler in Stadt und Kreis Heidenheim an der Brenz, 1977

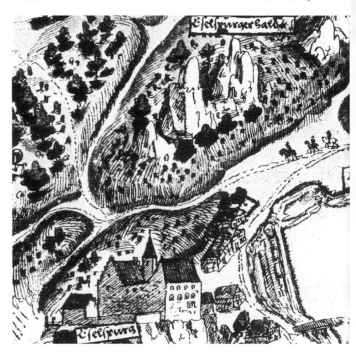

Darstellung der Eselsburg in Renlins Forstkarte von 1591

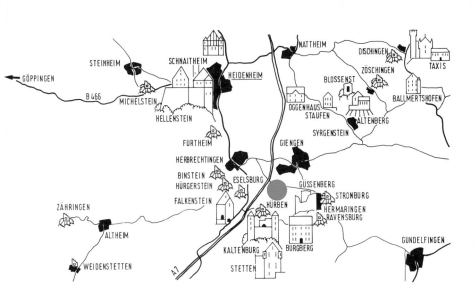

Hürben

Lage	Südwestlich von Giengen an der Brenz entspringt in der Ortschaft Hürben die Hürbe. Mittelpunkt von Hürben ist eine felsige Spornkuppe mit der an der Hangkante stehenden Ortskirche. An höchster Stelle liegt der Friedhof, im Mittelalter Standort einer Burg. Die Autobahn A 7 Ulm–Heidenheim geht nahe an Hürben vorbei. Von der Ausfahrt Giengen/Herbrechtingen führt eine Straße in Richtung Eselsburg unter der Autobahn hindurch direkt nach Hürben. In Ortsmitte weist die Beschilderung „Friedhof" zur ehemaligen Burg. Zur Einsichtnahme der Burgmauern geht man die Straße „Am Burggraben" in Richtung Kirche. In der Rechtskurve beginnt links ein Fußweg, der über den östlichen Steilhang zur Nordseite mit der Burgmauer führt.
Gemeinde	Stadt Giengen an der Brenz, Ortsteil Hürben, Landkreis Heidenheim
Meereshöhe	Burg ca. 480 m, Hürbetal 454 m
Besichtigung	Frei zugänglich
Weitere Sehenswürdigkeit	Charlottenhöhle, längste Schauhöhle der Schwäbischen Alb, Länge: 532 m

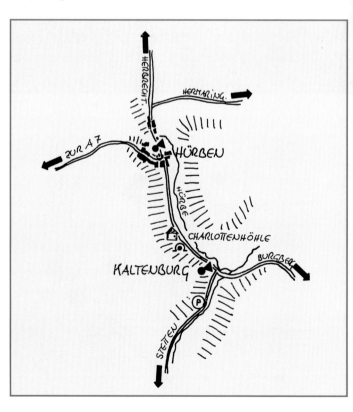

Hürben

Geschichte

Die Herren von Hürben sind vermutlich staufische Ministerialen. Sie nennen sich nach ihrer Stammburg Hürben, der Burg an der Hürbe.

1135 Degenhard von Hürben (Teginhart de huirwin) ist Zeuge einer Schenkung des „nobilis Deginhardus de Sevelt" an das Kloster St. Ulrich in Augsburg.
1171 Otto von Hürben (Hurwin) wird anläßlich einer Schenkung Kaiser Friedrichs I. Barbarossa an das Kloster Herbrechtingen als Lehensmann des Klosters erwähnt.
1193 Otto von Hürben ist Zeuge einer Urkunde Kaiser Heinrichs VI.
1216 Friedrich von Hürben, Zeuge.
1226 Bilgerinus von Hürben bezeugt in Weingarten eine Urkunde Kaiser Heinrichs VII. für das Kloster Weißenau.
1227 Gottfried von Wolfach, Vogt des Klosters Herbrechtingen, verkauft Hürben an die Grafen von Dillingen.

1 Friedhof,
  ehemalige Burg
2 Futtermauer mit
  Buckelquader
3 Neuere
  Friedhofsmauer
4 Halsgraben
5 Fußweg
6 Straße
  „Am Burggraben"
7 Friedhofsgebäude
8 Von Giengen
9 Steiler Fels
10 Lage der Burgkapelle
11 Lage des Tores

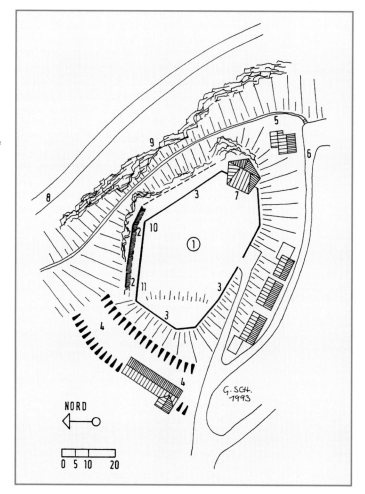

NORD

0 5 10 20

333

1286 Übergang als Erbe an die Grafen von Helfenstein.
1385 Erwerb durch Albrecht von Rechberg.
1442 Verpfändung an die Stadt Ulm.
1448 Graf Ulrich V., der Vielgeliebte, von Württemberg erwirbt Burg und Dorf Hürben.
24. Juni 1449 Im Krieg der schwäbischen und fränkischen Städte gegen das Haus Württemberg wird die Burg eingenommen und zerstört. Ein Wiederaufbau der Burg unterbleibt. Die erhalten gebliebene Burgkapelle wird Dorfkirche.
1728 Beschädigung der ehemaligen Burgkapelle durch Blitzschlag.
1737 Zerstörung der ehemaligen Burgkapelle durch einen kalten Blitz.

Anlage

Die ehemalige Burg lag auf einer nach Südosten in das Hürbetal vorspringenden Kuppe. Am Übergang zur Hochfläche ist der Halsgraben (4) noch ersichtlich. Der Friedhof überdeckt die gesamte Fläche der ehemaligen Burganlage (1). Eine neue Friedhofsmauer (3) umzieht polygonal die Bergkante, ihr Verlauf könnte im wesentlichen mit der Umfassungsmauer der Burg identisch sein. Von dieser Umfassungsmauer steht ein 24 m langer Rest an der nördlichen Bergkante (2). Er ist bis auf eine Höhe von 3 m mit Quadern und Buckelquadern verblendet, darüber ragt noch bis zu 2 m Höhe Kernmauerwerk. Buckelquaderabmessungen z. B. (L x H) 66 x 44, 70 x 49, 76 x 53 cm, Buckel roh bis rundlich bearbeitet, bis 6 cm vorstehend, Randschläge 4,5 bis 7 cm breit, teilweise nur angedeutet.
Nach der Renlinschen Forstkarte von 1591 mit Darstellung der Ruine saß die Burgkapelle an der Nordostecke der Anlage (10). Unmittelbar daneben in westlicher Richtung lag das Burgtor (11).

Buckelquader

Besitzer

Stadt Giengen an der Brenz

Alte Ansicht

Ansicht in der Giengener Forstkarte von Philipp Renlin, 1591, Germanisches Nationalmuseum Nürnberg

Literaturhinweise

– Bay, Fritz
Der Stadtbezirk Hürben, in: „900 Jahre Giengen an der Brenz", 1978
– Beschreibung des Oberamts Heidenheim, 1844
– Bizer, Christoph und Götz, Rolf
Vergessene Burgen der Schwäbischen Alb, 1989
– Das Land Baden-Württemberg
Amtliche Beschreibung nach Kreisen und Gemeinden, Band IV, 1980
– Hürbener Heimatbuch, 1988
– Reichardt, Lutz
Ortsnamenbuch des Kreises Heidenheim, 1987
– Schneider, Fritz
Aus der Giengener Forstkarte vom Jahr 1591 – Hürben und die Kaltenburg, in: „Beiblatt Heidenheimer neue Presse: Deine Heimat spricht zu dir", Nr. 6, 1968

Kaltenburg

Lage Südlich von Giengen an der Brenz verläuft parallel zur Autobahn A 7 das Lonetal. Zwischen den Ortschaften Hürben und Burgberg ragen aus einer bewaldeten Talecke die zwei Türme der Ruine Kaltenburg.

Von der Autobahnausfahrt Giengen/Herbrechtingen führt eine Straße über Hürben in das Lonetal. An der Kreuzung Hürben/Burgberg/Lontal befindet sich rechts der Straße in Richtung Lontal ein Parkplatz; er ist auch von Hermaringen über Burgberg und von der Autobahnausfahrt Niederstotzingen und Lontal zu erreichen. Unmittelbar hinter dem Parkplatz geht ein Wanderweg am Talhang nach rechts (nördlich) direkt zur Ruine Kaltenburg.
Parkplatz – 0,3 km Kaltenburg.

Wandervorschlag:
Vom beschriebenen Parkplatz zur Kaltenburg und hinter der Ruine auf beschildertem Wanderweg zur besuchenswerten Charlottenhöhle.
Parkplatz – 0,3 km Kaltenburg – 0,5 km Charlottenhöhle.

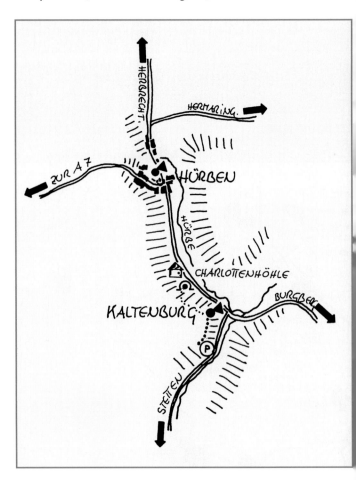

Kaltenburg

Gemeinde	Giengen an der Brenz, Landkreis Heidenheim
Meereshöhe	Burg 510 m, Lonetal 450 m
Besichtigung	Frei zugänglich
Einkehr-möglichkeit	Gasthaus Charlottenhöhle
Weitere Sehens-würdigkeit	Charlottenhöhle, längste Schauhöhle der Schwäbischen Alb, Länge: 532 m
Belagerung der Kaltenburg 1435 von Max Hummel	In einer Zeit, in welcher unser Schwabenland geraume Zeit von inneren Fehden heimgesucht war, durch welche viele Dörfer verbrannt und zahlreiche Ländereien verwüstet wurden, leisteten sich die Kaltenburger eine folgenschwere Feindschaft eigener Art: Die Brüder Konrad, Jörg und Hans von Riedheim gewährten dem vormaligen Lauinger Bürger und Ratsherrn Werner Roßhaupter Wohnung und Beistand auf der Kaltenburg. Letzterer hatte zwei Nürnberger Handelsleuten die ansehnliche Summe von 4000 Dukaten geliehen, von denen er nur den vierten Teil zurückerhielt. Er forderte von der Stadt Bürgschaft, und da ihm diese abgelehnt wurde, nahm er sich Geiseln und traktierte diese auf der Kaltenburg. Nachdem die Vermittlungsversuche des kaiserlichen Comissärs gescheitert waren, setzten die Nürnberger im Frühjahr 1435 ein stattliches Aufgebot von 103 Schützen mit Armbrusten, darunter zehn Hauptleute gegen die Kaltenburg in Marsch. Mit zwei Kanonen sollte die Veste sturmreif geschossen werden. Jedoch setzte sich die 50 Mann starke Besatzung so zur Wehr, daß alle Anstürme mißlangen und Werner Roßhaupter entkommen konnte. Dieser wurde nun samt seinen Kaltenburger Freunden vom Markgrafen von Brandenburg im Auftrag des Kaisers Sigismund „zur Acht verurteilt". Die Brüder von Riedheim rückten jedoch von ihrem Verbündeten ab und nahmen den Spruch eines Schiedsgerichts an, nachdem ihre Burg doch „arg zerschossen" war.
Geschichte	Die Herrschaft Kaltenburg ist zur Zeit der Staufer reichsunmittelbares Gebiet. Mit der Entstehung und Herleitung des Burgennamens wird Heinrich von Kalden aus Pappenheim vermutet. Er ist Reichshofmarschall unter Kaiser Friedrich I. Barbarossa.
Eigentümer der Kaltenburg	1240 Diemar von Kaltenburg (Diemarus de Kaltenburc) 1264 Ulrich von Kaltenburg 1265 Otto von Kaltenburg 1290 Diemar und Otto von Kaltenburg (Brüder) 1332 Grafen von Helfenstein (1349 Vogt Heinz Vetzer) 1357 Wilhelm von Riedheim (mit Brüdern Johann und Otto)

1393 Hans (Hano) von Riedheim (bayr. Lehen)
1426 Georg von Riedheim (1441 hingerichtet)
1441 Konrad von Riedheim, Burgvogt (von Ulm bestellt)
1449 Ulrich von Riedheim
1445 Sixtus von Grafeneck (halber Teil)
1459 Fritz von Grafeneck
1472 Friedrich von Grafeneck (Pfleger zu Lauingen)
1490 Junker Friedrich von Grafeneck (Sohn)
1494 Sixt von Grafeneck (Bruder), Stadtpfleger in Lauingen
1495 Klaus von Stadion
1496 Ulrich von Riedheim
1529 Christoph und Jakob von Riedheim (Söhne)
1545 Eglof von Riedheim zu Rettenbach (Sohn Christophs)
1586 Hans Friedrich von Riedheim (einer der fünf Söhne)
1619 Ferdinand von Riedheim (1630 Vogt Georg Roth)
1637 Albrecht Egolf von Riedheim zu Harthausen (Sohn) (1639 ein Vogt)
1650 Hans Christoph von Riedheim zu Remshart (Sohn Hans Friedrichs)
1661 Georg Ferdinand von Riedheim (Sohn Albrecht Egolfs)
1668 Johann Friedrich von Riedheim zu Remshart (Vogt Georg Stapf), Bauherr zum Neubau der Anlage
1694 Johann Konrad von Riedheim (Sohn Georg Ferdinands)
1706 Marquart Anton Freiherr von Riedheim auf Harthausen (kaiserl. Rat und churfürstl. Kämmerer, Direktor der Reichsritterschaft in Schwaben), Rückerwerb von Stetten, Gründung der Wallfahrt 1723 und Kirchenbau in Stetten 1729 bis 1733
1756 Johann Alexander von Riedheim mit zwei Brüdern
1786 Max Freiherr von Riedheim auf Harthausen mit fünf Brüdern
1798 Sigmund, Freiherr von Riedheim auf Harthausen (königl.-bayr. Kämmerer), Aufhebung der Territorialherrschaft und Eingliederung nach Bayern (1806) und Württemberg (1810)
1821 Graf Karl Leopold von Maldeghem zu Niederstotzingen, Großneffe des letzten Freiherrn von Stain zu Niederstotzingen, Auflösung des Lehensverbandes (1822)
1877 Graf Karl Josef Maria von Maldeghem, * 1829, † 1913, Sohn
1913 Graf Ludwig Karl Maria von Maldeghem

Baugeschichte **Um 1150–1180** Entstehung der Kaltenburg.
14. Jahrhundert Ausbau und Verstärkung der Wehranlagen durch Rundtüme und eine äußere Mauer.
1393 Erwähnung der Kaltenburg als „Vest und Behusung".

338

1435 Belagerung und Beschädigung der Burg durch die Nürnberger.

15. Jahrhundert Errichtung des Südwestbaus (7).

Um 1520–1560 Umbau oder Neubau des Palas (3).

1621 Bau eines neuen Viehstalls.

1632/1634 Zerstörung der Kaltenburg vermutlich durch die Schweden.

1677 Wiederaufbau der Anlage durch die Herren von Riedheim, Neubau der beiden Vierecktürme.

1764 Einsturz des Südwestbaus, Abfuhr des Baumaterials zur Errichtung des Gutshofs in Reuendorf.

1800 Kaltenburg wird als zerfallen bezeichnet.

1804 Abbruch der Kapelle.

1806 Instandsetzung von Brücke und Brunnen, Zimmer werden eingerichtet.

1820 Bei der Übernahme des Besitzes durch die Grafen von Maldeghem bewohnen fünf Familien die Kaltenburg.

1836 Den „Weiler Kaltenburg" bewohnen 30 Personen.

1897 Das Torhaus ist noch bewohnt.

1938 und 1940 Instandsetzung der Ruine.

1976 Einsturz des Südostturmdachs (19).

1980–1983 Instandsetzung der Ruine und Ausbau der Vierecktürme.

Buckelquader an der Schildmauer der ersten Burg

Kaltenburg

Anlage

An der Talecke der zusammenfließenden Hürbe und Lone liegt die Kaltenburg. In ihrem ruinösen Zustand werden verschiedene Bauphasen ablesbar:

Erste Burg um 1150–1180

Die erste Burg, um 1150 bis 1180 entstanden, bestand aus einer Art Turmhaus mit integrierter Schildmauer (1). Sie beschränkte sich auf den Bereich des dahinter angrenzenden Burgfelsens. Ein Halsgraben (2) begrenzt den Platz zur Feldseite.

Zweite Burg 13./14. Jahrhundert

Diese stauferzeitliche Anlage erhielt im 14. Jahrhundert, möglicherweise schon Ende des 13. Jahrhunderts, eine beachtliche Erweiterung. Zur Feldseite wurden Graben (8) und Mauer (11) mit Rundtürmen (9) angelegt. Zum Schutz der Südwestecke entstand eine weitere Schildmauer (6).

Ausbauphase um 1450–1560

In der Ausbauphase erfolgte unter den Grafeneckern die Errichtung des Südwestbaus (7) und durch die Riedheimer die Überbauung des Burgfelsens (1) der 1. Burg.

Hofseite des Südwestbaus

Wiederaufbau 1677

Nach der Zerstörung der Burg im Dreißigjährigen Krieg erfolgte der Wiederaufbau, er orientierte sich im wesentlichen auf die bestehende Anlage. Hinzu kamen die heute als Wahrzeichen geltenden Vierecktürme (19, 20).

Graben Umfassungsmauer

Die Bergecke durchschneidet ein 10 bis 16 m breiter und 5 m tiefer Sohlgraben (8), der im südlichen Abschnitt aus dem Fels gebrochen ist. Dahinter umgibt die Umfassungsmauer (11, 15) als unregelmäßiges Fünfeck die Anlage. Zur Talseite steht sie noch als 13 m hohe Futtermauer (15), zur Nordseite ist ein Teil rekonstruiert, und die restlichen Bereiche sind als Schuttriegel (11) erkennbar.

Türme

Als Stümpfe in Bruchsteinmauerwerk stehen die in den Graben reichenden Rundtürme. Erhalten sind noch der südöstliche (19) und nordöstliche (20) Viereckturm. Sie besitzen drei Untergeschosse mit geböschtem Sockel, Pyramidendächer und verputztes Bruchsteinmauerwerk mit Eckquadern.

Ruine des Torhauses

Kaltenburg

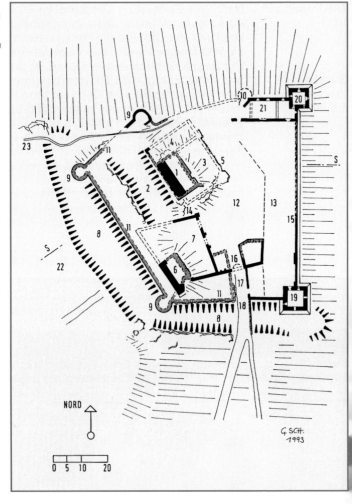

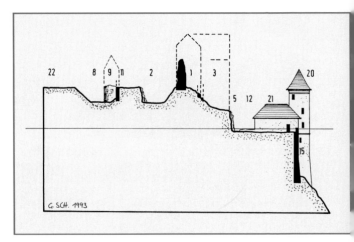

Kaltenburg

Tor

Der Zugang zur Burg erfolgte über das äußere Tor mit Schwungrutenzugbrücke (18), dahinter lag das Torhaus (16) mit 3,3 m breitem Rundbogentor (Reste). Links (westlich) schloß der Bereich des ehemals walmdachgedeckten

Südwestbau

und am Burgfelsen angelehnten Südwestbaus (7) an. Von ihm stehen noch zweigeschossig aufragende Teile der Umfassungsmauer. Den Zugang von der Hofseite bildet ein 2,7 m breites Stichbogentor. Darüber sind zwei Fenster, ebenfalls mit Stichbogen und Ziegeleinfassung, eingebaut.

Frontmauer
zweite Burg

An höchster Stelle, nahe am Graben, lag die Frontmauer der zweiten Burg (6). Der beachtliche Rest in Bruchsteinen (Länge 9,95 m, Mauerstärke 2,2 m) zeigt in 5 m Höhe einen tonnengewölbeüberdeckten Gang. Sechs Aussparungen zur Feldseite deuten auf ein hölzernes, vorgehängtes Kampfhaus oder eine Hurdengalerie. Alte Ansichten zeigen einen gedeckten Wehrgang als Abschluß der Mauer.

Mittelpunkt der Anlage bildet der nördlich durch einen zusätzlichen Graben (2) getrennte, 13 m hoch aufragende Burgfelsen. Zuletzt stand hier das nun völlig abgegangene

Hochschloß

Hochschloß. Der mindestens dreigeschossige, rechteckige Bau besaß Ecktürme und Staffelgiebel. Geblieben sind

Stauferzeitliche
Burg
Schildmauer

vorwiegend Reste der stauferzeitlichen ersten Burganlage (1). Sie bestand aus einer 3,4 m starken und etwa 15 bis 16 m langen Schildmauer. Reste von Quader- und Buckelquadermauern im Gelände weisen auf eine Hintermauerung der Schildmauer als Turmhaus. Vermutlich war dies

Frontmauer der
Burganlage des
13./14. Jahrhunderts

1 Feldseite der
 Frontmauer
2 Spätere Erweiterung
3 Gang
4 Mögliches Kampfhaus
 oder Hurdengalerie
5 Möglicher Wehrgang

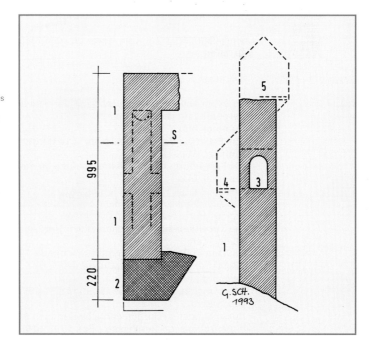

Kaltenburg

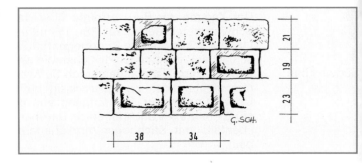

Buckelquader

das einzige Bauwerk der Kernburg. Der Schildmauerrest zeigt mit 4 m Höhe vorwiegend freiliegendes Kernmauerwerk. Burgseitig zeigt er Reste von Quader- und Buckelquaderverblendung, im Sockelbereich sieben Schichten sorgfältig bearbeiteter Quader kleinerer Formate, Abmessungen z. B. (L x H) 19 x 21, 24 x 21, 26 x 20, 33 x 22 cm. Buckelquaderabmessungen z. B. (L x H) 43 x 22, 25 x 20, 32 x 24 cm, Buckel plattenförmig, rundlich oder roh belassen, bis 3 cm vorstehend, Randschlag 1,5 bis 3 cm breit.

Besitzer

Graf von Maldeghem

Pläne

Grundrisse und Schnitte der Ruine, in: „Geschichte der Herrschaft Kaltenburg" und „Die Kunstdenkmäler des ehemaligen Oberamts Ulm"

Alte Ansichten

Ansicht in der Giengener Forstkarte von Philipp Renlin, 1591, Germanisches Nationalmuseum Nürnberg
Ruine des Palas von Südwest und andere Ansichten, Friedrich Wilhelm Doppelmayr, 1804, Museum Ulm
Ansicht vom Lonetal, um 1708, Gemälde, Schloß Niederstotzingen
Federzeichnung von F. Kolb, 1843, Württembergische Landesbibliothek Stuttgart

Literaturhinweise

– Antonow, Alexander
  Burgen des südwestdeutschen Raumes im 13. und 14. Jahrhundert unter besonderer Berücksichtigung der Schildmauer, 1977
– Beschreibung des Oberamts Ulm, 1897
– Hummel, Max
  Das Schicksal der Kaltenburg, in: „Der Burgenfreund", Basel, 1955
– Hummel, Max
  Die Kaltenburg, in: „900 Jahre Giengen an der Brenz", 1978
– Hummel, Max
  Geschichte der Herrschaft Kaltenburg, in: „Jahrbuch des Heimat- und Altertumsvereins Heidenheim an der Brenz e. V.", 1987/88
– Klaiber, Hans Andreas und Wortmann, Reinhard
  Die Kunstdenkmäler des ehemaligen Oberamts Ulm, 1978
– Müller, Karl
  Der Donau-Brenz-Gau kümmert sich um die Ruine Kaltenburg, in: „Blätter des Schwäbischen Albvereins", Nr. 2, 1983
– Reichardt, Lutz
  Ortsnamenbuch des Kreises Heidenheim, 1987
– Uhl, Stefan
  Buckelquader an Burgen der Schwäbischen Alb, in: „Zeitschrift für hohenzollerische Geschichte", Band 26, 1990

Burgberg (Burg Berg) und Ravensburg

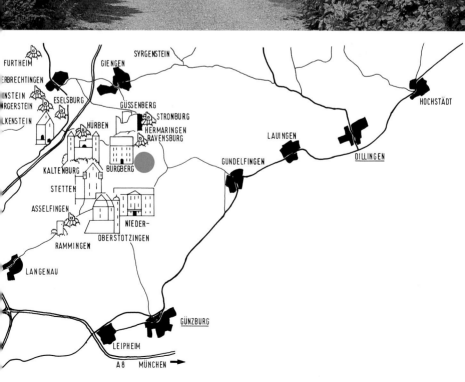

Burgberg (Burg Berg) und Ravensburg

Lage

Südlich von Giengen an der Brenz erstreckt sich das Tal der Hürbe. Zwischen der Einmündung der Lone in die Hürbe und der Hürbe in die Brenz liegt der Ort Burgberg, dessen südliche Anhöhe vom Schloß beherrscht wird.

Von der Autobahnausfahrt Giengen/Herbrechtingen führt eine Straße über Hermaringen nach Burgberg. Der Giengener Ortsteil ist auch von Sontheim an der Brenz über Hermaringen oder von Hürben aus zu erreichen.

Von der Durchgangsstraße geht es in Ortsmitte über die Brücke zum südlichen Talhang. Nach etwa 0,3 km (ostwärts) beginnt bei der „Schloßsteige" ein bezeichneter Wanderweg (AV Dreiblock) in Richtung Stetten/Sontheim, der direkt hoch zur Schloßanlage führt.

Schloßsteige – 0,7 km Schloß.

Zur Burgstelle Ravensburg:

Die genannte Straße bei der „Schloßsteige" von Burgberg führt nach Osten Richtung Bergenweiler. Auf einer Kuppe (2 km) liegen links (nördlich) im Wald Wall und Graben.

Tafel: Wandteil Ravensburg.

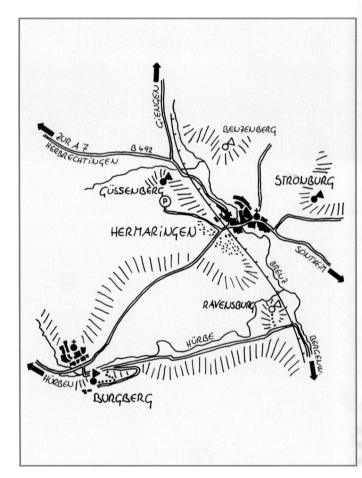

Burgberg (Burg Berg) und Ravensburg

Gemeinde	Giengen an der Brenz, Landkreis Heidenheim
Meereshöhe	Schloß Burgberg 507 m, Ravensburg 471 m, Hürbetal 446 m
Besichtigung	Schloß Burgberg: Privatbesitz, Außenbesichtigung möglich Ravensburg: Naturschutzgebiet, von 1. Juli bis 31. Januar frei zugänglich
Geschichte	Burgberg ist die ehemalige Burg des Niederadelsgeschlechts der Ritter von Berg. Sie sind Gefolgsleute der Markgrafen von Burgau und zeitweise der Grafen von Helfenstein.

Nordwestansicht mit Schloßscheuer von Konrad Albert Koch 1904

Burgberg (Burg Berg) und Ravensburg

1209 Konrad von Berg (de Berge) im Gefolge des Markgrafen von Burgau.
1216–1295 Mehrfache Erwähnung des Konrad von Berg als Zeuge oder Bürge.
1299 Otto von Berg.
Um 1310 Eine Hälfte besitzen die Grafen von Helfenstein.
1328 Übergang der helfensteinischen Hälfte an Ludwig und Friedrich von Oettingen. Die andere Hälfte besitzen die Herren von Böbingen.
1339 Anna von Böbingen, Witwe des Friedrich von Randeck, übergibt ihren Teil an die Grafen von Oettingen.
Ab etwa 1350 Die Vetzer werden mit der Burg belehnt.
Um 1400 Übergang von Burg und Mühle von Wilhelm Vetzer an Walter von Stein und danach an Branthoh den Gräter.
1442 Eigentum des Peter von Leimberg zu Niederstotzingen. Die Burg Berg wird als Burgstall bezeichnet.
Um 1452 Erwerb des Herrschaftsgebiets mit der „Feste Burgberg" durch die Freiherren von Grafeneck (siehe Burgenführer Band 2). Sie lassen die in Zerfall geratene oder zerstörte Burg als herrschaftliches Schloß ausbauen.
1461 Fritz von Grafeneck ist mit Schloß Burgberg belehnt.
1492 Ludwig von Grafeneck ist „Herr zu Burgberg". Seine beiden Brüder Wolf und Sixt residieren auf der Kaltenburg.
Um 1630 Verwüstung von Schloß und Weiler Burgberg.
1664 Joachim Gottfried von Grafeneck wird in den Grafenstand erhoben. Er nennt sich Herr von Burgberg, Eglingen und Osterhofen. Wiederaufbau des Schlosses.
1728 Nach dem Tod des Grafen Gottfried Anton, Letzter der Familie, Übergang an Oettingen-Wallerstein.
1838 Die Fürsten von Oettingen-Wallerstein verkaufen den gesamten Besitz an Freiherr Edmund von Linden, Rittmeister in Ulm. Umbau und Erneuerung des Schlosses.
1936 Nach dem Aussterben der gräflichen Linie von Linden wird das Schloß bürgerlicher Besitz.
1957 Verkauf an die Familie Weißenborn.
1963 Verkauf an die Familie Badmann.

Anlage

Schloß Burgberg liegt auf einer in das Hürbetal vorspringenden Talecke. Die vielfach veränderte Anlage geht auf eine mittelalterliche Burg zurück.
Zwei viergeschossige, traufständig zueinander stehende Gebäude (1 + 2) mit Satteldach werden von einem schmalen Hof (5) getrennt. Die ehemalige Umfassungsmauer der Burg bestimmt den Umriß der Anlage als unregelmäßiges Viereck.

1 Südflügel
2 Nordflügel
3 Östlicher Zwischenbau
4 Westlicher
  Zwischenbau
5 Innenhof
6 Haupteingang
7 Ehemaliger
  Burgbrunnen
8 Eingangshalle
9 Ehemaliger Bergfried
10 Durchfahrt
11 Gewölbehalle
12 Ehemaliger Zwinger
13 Lage des äußeren
  Grabens
14 Verfüllter Hauptgraben
15 Ehemaliger
  Schloßbrunnen
16 Rondell

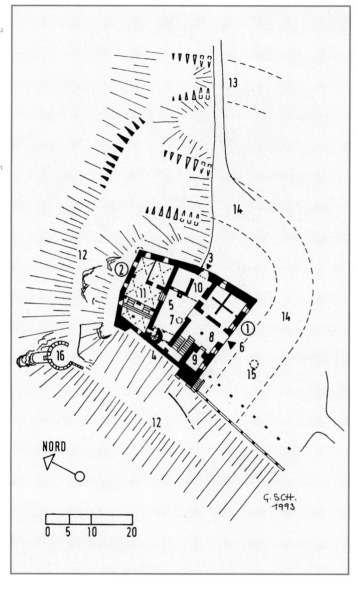

Ein Pilasterportal (6) führt in die Eingangshalle (8) des Südflügels (1). Die Decke stützt ein achteckiger, eichener Ständer mit gotisierenden Simsprofilen. In der Westecke des Südflügels stecken noch die Grundmauern des ehemaligen Bergfrieds (9). Ursprünglich gab es von der Eingangshalle eine offene Verbindung zum Innenhof (5), dieser hatte eine zweite Ausfahrt (10) zur Ostseite. Der Brunnen im Hof (7) wurde 1790 zugeschüttet.
Ein Erkerturm mit spitzem Helmdach ziert den talseitigen Nordflügel (2). Dieser besitzt im untersten Geschoß eine

349

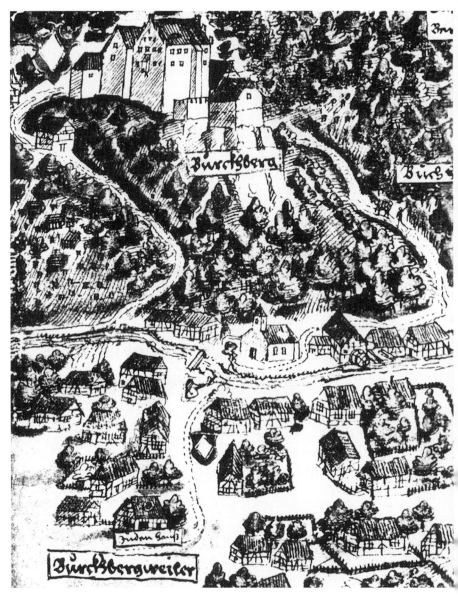

Burgberg in Renlins Forstkarte von 1591

kreuzgratgewölbeüberdeckte Halle mit wappenge-
schmückten Schlußsteinen (11).

Die Räume der Obergeschosse von beiden Gebäuden sind
mehrfach umgebaut, vereinzelt gibt es noch barocke Öfen
und klassizistische Raumgestaltungselemente.

Die Burganlage umzog ein äußerer (13) und ein innerer,
größerer Graben (14). An den Hangseiten finden sich Reste
eines Zwingers (12) (Geländeabsatz) mit einem aus dem
19. Jahrhundert stammenden Zinnenrondell (16).

Burgberg (Burg Berg) und Ravensburg

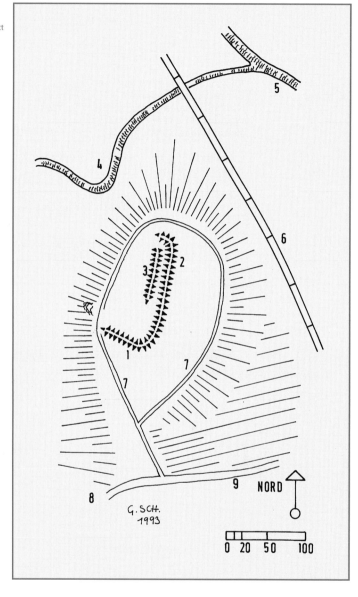

Ravensburg

Südlich der Einmündung des Hürbebachs in die Brenz liegen auf einer Kuppe die Geländespuren einer Befestigungsanlage. Ein Wall (1, 2) begrenzt U-förmig den nordwestlichen Abschnitt der Kuppe. Die geschützte Fläche umfaßt ein unregelmäßiges Rechteck von ca. 70 x 140 m. Im östlichen Bereich befindet sich der Rest eines inneren Walls (3).

Besitzer und Baugeschichte sind unbekannt. Als hochmittelalterliche Anlage ist die Ravensburg nicht erwiesen.

351

Besitzer	Burgberg: Privat
	Ravensburg: Land Baden-Württemberg
Plan	Grundriß von Konrad Albert Koch, in: „Die Kunst- und Altertums-
	denkmale"
Alte Ansichten	Ansicht in der Giengener Forstkarte von Philipp Renlin, 1591,
Burgberg	Germanisches Nationalmuseum Nürnberg
	Nordansicht von Friedrich Schelling, 1854
	Westansicht von Friedrich Schelling, 1855
	Nordwestansicht von Konrad Albert Koch, 1904

Literaturhinweise Burgberg

- Beschreibung des Oberamts Heidenheim, 1844
- Bühler, Dr. Heinz
  Handbuch der historischen Stätten Deutschlands, 6. Band, 1965
- Das Land Baden-Württemberg
  Amtliche Beschreibung nach Kreisen und Gemeinden, Band IV,
  1980
- Gradmann, Dr. Eugen
  Die Kunst- und Altertumsdenkmale im Königreich Württemberg,
  Jagstkreis, Oberamt Heidenheim, 1913
- Heimatbuch des Kreises Heidenheim, 1962
- Hummel, Max
  Aus der Geschichte des Teilorts Burgberg, in: „900 Jahre Giengen
  an der Brenz", 1978
- Reichardt, Lutz
  Ortsnamenbuch des Kreises Heidenheim, 1987
- Wulz, Hans
  Baudenkmäler in Stadt und Kreis Heidenheim an der Brenz, 1977

Güssenberg (Güssenburg)

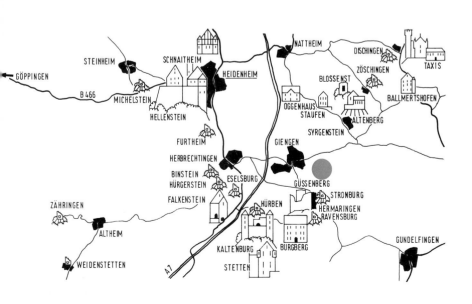

Güssenberg (Güssenburg)

Lage

Von Giengen verläuft die Brenz in südöstlicher Richtung zur Donau. Erste Ortschaft ist Hermaringen mit der auf dem Schloßberg gelegenen Ruine Güssenburg.
Über die Autobahn A 7, Ausfahrt Giengen/Herbrechtingen, führt eine Straße direkt nach Hermaringen. Auch von Giengen und Sontheim im Brenztal sowie von mehreren umliegenden Ortschaften ist Hermaringen zu erreichen.
Etwa in Ortsmitte zweigt eine Straße an der Bahnlinie Richtung Burgberg ab. Man folgt der ersten Straße rechts („Güssenstraße"), beschildert „Güssenhalle" und Sportplatz, bis zum Ende des Neubaugebiets. Beim Sportplatz auf der anschließenden Hochfläche geht es rechts bis zum Parkplatz. Die Ruine liegt im direkt nach Norden anschließenden Gelände.
Parkplatz – 0,2 km Güssenburg.

Gemeinde

Hermaringen, Landkreis Heidenheim

Meereshöhe

Burg 502 m, Brenztal 457 m

Besichtigung

Frei zugänglich

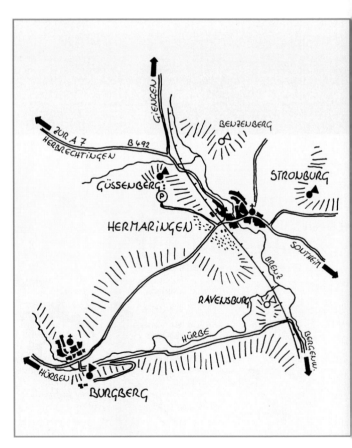

Güssenberg (Güssenburg)

Geschichte

Güssenberg ist der Stammsitz eines Zweigs der Güssen, ein diepoldingisches, später staufisches Ministerialengeschlecht. Weitere Zweige nennen sich von Stronburg, Brenz, Staufen, Haunsheim und Leipheim. Ein 1372 erwähnter „Burkstall" in Hermaringen könnte die Stammburg der Güssen gewesen sein.

1. Mai 1171 Theoboldus/Diepoldus Gusse ist Zeuge in einer Urkunde Kaiser Friedrichs I. Barbarossa in Giengen für das reformierte Augustiner-Chorherrenstift in Herbrechtingen.
7. Mai 1171 Diepold Gusse bezeugt für Kaiser Friedrich I. in Donauwörth ein Privileg für die Abtei Ottobeuren.
1216 Heinrich (I.) von Güssenberg (Gussenberc), staufischer Ministeriale, ist Zeuge einer päpstlichen Schiedskommission anläßlich der Schlichtung eines Streits zwischen den Klöstern Ellwangen und Kaisheim.
1220 Albert Gusso ist Domherr in Augsburg.

Schildmauerruine am Innenhof der Vorburg

Güssenberg (Güssenburg)

1257 Albert Gusso ist Predigerbruder in Augsburg.
1270 Heinrich (II.), genannt „aureus" („Goldener"), ist
Zeuge anläßlich des Verzichts Herzogs Ludwig II. von
Bayern auf die Augsburger Hochstiftsvogtei.
1281 Heinrich (II.) nennt sich „der Güsse von Dillingen".
1288 Heinrich Güsse (III.), Sohn des Heinrich (II.), übernimmt für Gerwig den Güssen von Güssenberg eine
Bürgschaft bezüglich der Kapelle in Burlafingen.
1322 Rudolf Güsse ist Pfleger des Klosters Obermedlingen.
1328 Rudolf nennt sich „der Güsse von Gromberg".
Der Besitz wird helfensteinisches Lehen.
1331 Rudolf residiert in Bernstadt.
Um 1346 Ausbau der Burg und Errichtung der Schildmauer.
Um 1367 Übergang der Burg an die Linie der Güssen von
Haunsheim.
1372 Verkauf an die Grafen von Helfenstein. Güssenberg
wird Sitz der helfensteinischen Vögte für die Besitzungen
im Brenztal.
1448 Übergang der Herrschaft an Württemberg.
24. Juni 1449 Im Krieg der schwäbischen und fränkischen
Städte gegen das Haus Württemberg werden die Burgen
Güssenberg und Hürben eingenommen und zerstört. Ein
Wiederaufbau unterbleibt.
1970, 1971 Bestandssicherung der Ruine.

Die Linie der Güssen von Güssenberg (nach Bühler)

Heinrich (I.) 1216, 1240	Sohn des Diepold Gusse, genannt von Güssenberg Kinder: Ulrich, Diepold, Heinrich (II.), Albert, Gerwig
Heinrich (II.) 1270, 1281	Sohn des Heinrich (I.), genannt „aureus" („Goldener"), Begründer der Linie Güssenberg Kind: Heinrich (III.)
Heinrich (III.) 1288, 1291	Sohn des Heinrich (II.) Gemahlin: N. von Bernstadt Kind: Rudolf
Rudolf 1322, 1335	Sohn des Heinrich (III.), genannt von Gromberg zu Bernstadt Kind: Diepold
Diepold 1367	Sohn des Rudolf, genannt Güss zu Bernstadt, vermutlich Letzter der Linie
Anlage	Güssenburg liegt auf einem nach Norden zu einem Seiten- tal der Brenz gerichteten Hochflächensporn. Ein breiter und tiefer Halsgraben (6) begrenzt die Anlage als unregel- mäßiges Rechteck (ca. 45 x 70 m).

Güssenberg (Güssenburg)

1 Kernburg
2 Vorburg
3 Bergfried
4 Schildmauer
5 Abschnittsgraben
6 Halsgraben
7 Anbauten
8 Lage des Tores
9 Lage von Gebäuden
10 Frontmauer der
   Kernburg
11 Untere Hangterrasse
12 Obere Hangterrasse
13 Wall
14 Grabenauswurf
15 Vorgelände,
   Hochebene
16 Von Giengen
17 Mulde
18 Mögliche Lage des
   Palas

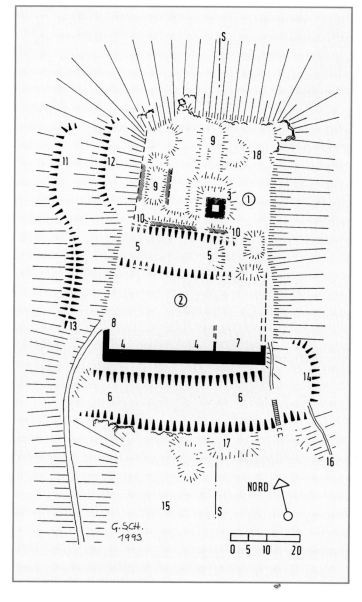

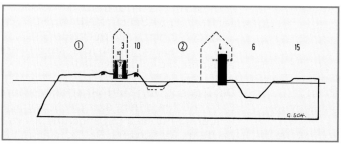

357

Güssenberg (Güssenburg)

Die Schildmauer der Vorburg entstammt der späteren Bauphase von 1346

	Zwei Hauptbauphasen können unterschieden werden:
1. Burg	1. Die Burg des 12. Jahrhunderts. Sie bestand aus der Kernburg (1) mit zentral am Graben gelegenem Bergfried (3) als Frontturm und der Vorburg (2) zwischen Abschnittsgraben (5) und Halsgraben (6).
2. Burg	2. Die Burg des 14. Jahrhunderts. Unter Einbezug der stauferzeitlichen Bausubstanz wird die Vorburg in die Anlage eingebunden und erhält eine Schildmauer (4).
	Das Erscheinungsbild der Ruine prägen Halsgraben, Schildmauer- und Bergfriedrest.
Schildmauer	Der Zugang zur Burg (8) erfolgte von der südwestlichen Seite. Rechts erhebt sich der beachtliche Rest der Schildmauer (4) mit 46,9 m Länge und 3,4 m Stärke, Höhe noch bis 10 m. Mauerwerk: Bruchsteine mit eingestreuten Qua-

dern als Wiederverwendung. Die Dendrochronologie eines eingebauten, eichenen Balkens ergab das Erbauungsdatum von 1346 (± 10 Jahre).

Bergfried

Hinter dem verflachten Abschnittsgraben (5) steht 6 m aufragend die Bergfriedruine (3). Außenseitig liegt das Kernmauerwerk völlig frei. Eine um die Jahrhundertwende noch vorhandene Verblendung ist nicht mehr zu sehen. Der Innenraum ist mit 2,02; 2,05; 2,02 und 2,08 m Seitenabmessungen fast quadratisch. Erhalten sind 26 Schichten der Verblendung mit sorgfältig bearbeiteten Kleinquadern, Abmessungen z. B. (L x H) 25 x 16, 27 x 16, 45 x 18, 24 x 18, 30 x 17 cm. Am verbliebenen Burggelände zeigen sich mehrere Schuttriegel, die jedoch durch Grabungen gestört sind.

Die Innenseiten des Bergfrieds sind mit Kleinquadern verblendet

Güssenberg (Güssenburg)

Grundriß Bergfried

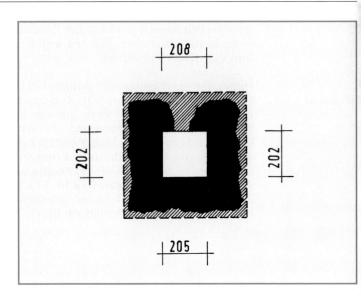

Besitzer	Gemeinde Hermaringen
Plan	Aufmaß Ruine von Konrad Albert Koch, in: „Die Kunst- und Altertumsdenkmale"
Alte Ansicht	Ansicht in der Giengener Forstkarte von Philipp Renlin, 1591, Germanisches Nationalmuseum Nürnberg
Literaturhinweise	– Antonow, Alexander Burgen des südwestdeutschen Raums im 13. und 14. Jahrhundert unter besonderer Berücksichtigung der Schildmauer, 1977 – Beschreibung des Oberamts Heidenheim, 1844 – Bühler, Dr. Heinz Die Güssen – ein schwäbisches Niederadelsgeschlecht, in: „Jahrbuch des Historischen Vereins Dillingen an der Donau", Jahrgang 1982 – Gradmann, Dr. Eugen Die Kunst- und Altertumsdenkmale im Königreich Württemberg, Jagstkreis, Oberamt Heidenheim, 1913 – Reichardt, Lutz Ortsnamenbuch des Kreises Heidenheim, 1987 – Wulz, Hans Baudenkmäler in Stadt und Kreis Heidenheim an der Brenz, 1977

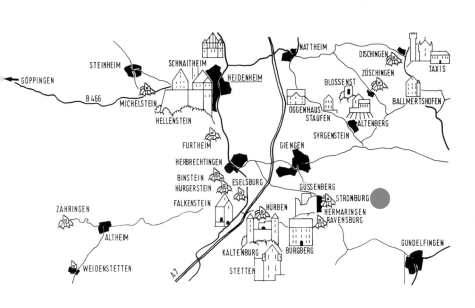

Stronburg

Lage	Südlich von Giengen liegt an der zur Donau fließenden Brenz die Ortschaft Hermaringen. Das sich hier zum Oster-ried ausweitende Tal trug an der östlichen Talseite die Stammburg der Güssen von Stronburg. Über die Autobahn A 7, Ausfahrt Giengen/Herbrechtingen, führt eine Straße direkt nach Hermaringen. Auch von Gien-gen und Sontheim im Brenztal sowie von mehreren umlie-genden Ortschaften ist Hermaringen zu erreichen. Am Ortsende von Hermaringen in Richtung Sontheim an der Brenz zweigt nach Osten eine Straße ab. Man folgt der nächsten Abzweigung rechts bergwärts bis zur Hinweis-tafel „Viehhof 3 km" (AV Dreieck). Nach etwa 0,15 km ver-läßt man vor der Traufkante den Weg und geht geradeaus zur Burgstelle. Ortsende Hermaringen – 1,0 km Burgstelle. *Wandervorschlag:* Dem bezeichneten Wanderweg über die Burgstelle bis Viehhof folgen (Einkehrmöglichkeit). Hermaringen – 1,0 km Burgstelle – 2,7 km Viehhof.
Gemeinde	Hermaringen, Landkreis Heidenheim
Meereshöhe	Burg 503 m, Brenztal 456 m
Besichtigung	Frei zugänglich

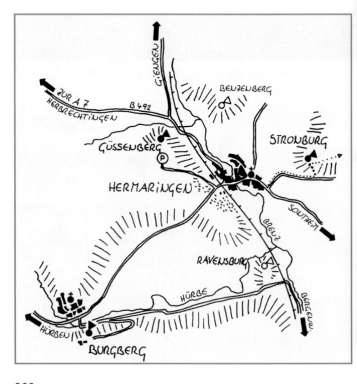

Stronburg

1 Mögliche Lage eines
   Turmes
2 Mögliche Lage des
   Palas
3 Burghof
4 Mögliche Lage eines
   weiteren Gebäudes
5 Verlauf
   Umfassungsmauer
6 Graben
7 Veränderter
   Grabenrand
8 Möglicher Zugang zur
   Burg
9 Früherer Burgweg
10 Zwinger
11 Hochfläche
12 Grabenauswurf

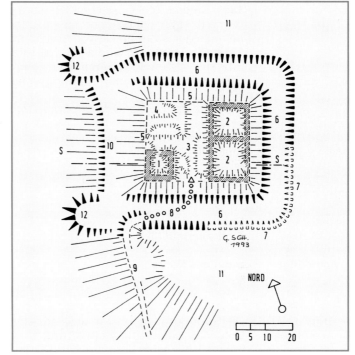

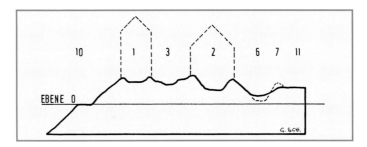

Geschichte

Stronburg ist der Stammsitz einer Linie der weitverzweig-
ten Niederadelsfamilie der Güssen (siehe Güssenberg).

1238 Diepold (I.) Gusso, möglicher Bauherr der Burg, ist
Zeuge in einer Urkunde des Klosters Anhausen an der
Wörnitz.
1258 Diepold wird als „iunior Gusso de Stronburg"
bezeichnet.
1260 Diepold (II.) Gusso von Stronburg ist Mitbegründer
des Klosters Obermedlingen.
1267 Diepold (II.) schenkt dem Kloster Kaisheim zusam-
men mit seinem Vetter Diepold Güss von Brenz Güter in
Gunzenheim bei Donauwörth.
1311 Konrad Güss von Stronburg verkauft seinen Hof in
Hermaringen an das Kloster Obermedlingen.

363

1351 Diepold (III.) Güss von Stronburg verkauft mit seiner Gemahlin Maya und seinen Söhnen einen Hof in Sontheim an der Brenz an Ott von Sontheim.
1372 Die Stronburg wird als Burgstall bezeichnet. Das Erbe des letzten Stronburgers geht vermutlich an die Güssenberger Linie in Brenz und Leipheim.

Die Linie der Güssen von Stronburg (nach Bühler)

Diepold (I.) 1238, ca. 1258	Sohn des Diepold Gusso Kind: Diepold (II.)
Diepold (II.) 1258, 1284	Sohn des Diepold (I.) Gusso Kind: Konrad
Konrad 1311	Sohn des Diepold (II.) Gusso Kind: Diepold (III.)
Diepold (III.) 1329, 1369	Sohn des Konrad Güsse Gemahlin: Maya von Sontheim Kinder: Konrad, Ludwig, Diepold (IV.), Bruno

Anlage

Die Stronburg lag am Talrand der östlichen Brenztalseite. Durch umfangreiche Bohnerzgruben ist das Burg- und hauptsächlich das Burgvorgelände stark verändert.
Ein U-förmig angelegter Graben (6) kennzeichnet die 5 bis 7 m über das Gelände ragende Burgfläche, die ein Rechteck von ca. 25 x 36 m umfaßt. Nachforschungen im Gelände ergaben die Lokalisierung eines Turms (1), vermutlich des Bergfrieds, in der Südwestecke und eines die Ostseite einnehmenden Gebäudes (2), des möglichen Palas. Der Zugang zur Burg ist zwischen beiden Bauwerken (8) denkbar.
Bereits um 1800 wurden bei Grabungen die Grundmauer des viereckigen Turms (1) mit acht Fuß Stärke und an anderer Stelle ein Portal festgestellt.
Am Talhang schützt zwischen weiten Grabenauswürfen (12) ein Zwinger (10) die Anlage.

Benzenberg

Auf dem nördlich von Hermaringen gelegenen Berg lag die Burg Benzenberg. Der Burgenname ist noch als Flurbezeichnung erhalten. Urkundliche Nachweise sind nicht bekannt.

Besitzer

Gemeinde und Privat

Literaturhinweise

– Bizer, Christoph und Götz, Rolf
  Vergessene Burgen der Schwäbischen Alb, 1989
– Bühler, Dr. Heinz
  Die Güssen – ein schwäbisches Niederadelsgeschlecht, in: „Jahrbuch des historischen Vereins Dillingen an der Donau", 1982
– Reichardt, Lutz
  Ortsnamenbuch des Kreises Heidenheim, 1987

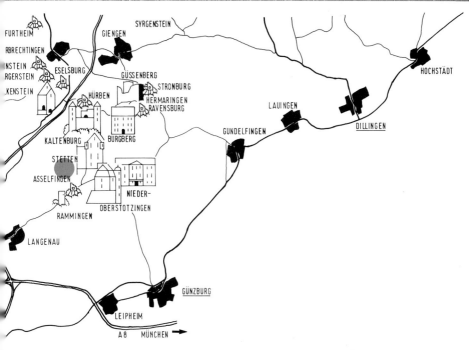

Stetten

Lage	Zwischen Langenau und der Einmündung der Brenz in das Donautal liegt nahe der Lone die Ortschaft Stetten ob Lontal. Die Silhouette von Schloß und Kirche prägen das Ortsbild.
	Von der Autobahnausfahrt Niederstotzingen der A7 zwischen Ulm und Heidenheim führt eine Straße in Richtung Niederstotzingen über Bissingen direkt nach Stetten ob Lontal. Der Ort ist auch von Langenau über Rammingen und von Niederstotzingen über Oberstotzingen erreichbar. Das Schloß liegt am nördlichen Ortsende neben der Kirche. Parkmöglichkeit bei der Kirche.
Gemeinde	Stadt Niederstotzingen, Landkreis Heidenheim
Meereshöhe	Schloß 495 m, Tal 475 m
Besichtigung	Nicht zugänglich, Außenbesichtigung teilweise möglich

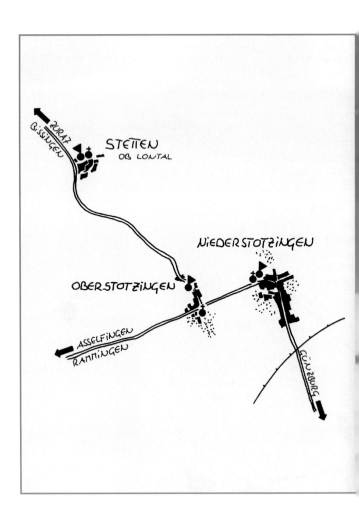

Geschichte

Die Ortsburg als Vorgängeranlage des Schlosses geht möglicherweise auf „dominus Heinricus de Stetin" (1181) und „Otte von Stetin" (1294) zurück.

1357 Burg Stetten und Kaltenburg ist in Besitz des Wilhelm von Riedheim. Residenz ist die Kaltenburg (siehe Kaltenburg). Der Kauf wird durch Graf Ulrich von Helfenstein bestätigt.

1583 Neubau des Schlosses unter Verwendung von Bauteilen der Burg durch Christoph Jakob von Riedheim.

1634 Zerstörung von Schloß und Dorf.

1646 Die riedheimischen Erben verkaufen das Rittergut Stetten für 9500 fl. an Heinrich Wilhelm von Hack. Wiederaufbau der Schloßanlage.

1678 Sophie Elisabeth von Jaxheim, zweite Gemahlin des Heinrich Wilhelm von Hack, verkauft nach dem Tod ihres Mannes ihr Schloß an den Württembergischen Forstmeister Daniel Schleicher.

Schloß mit Wehrmauer und Turm von Nordwesten

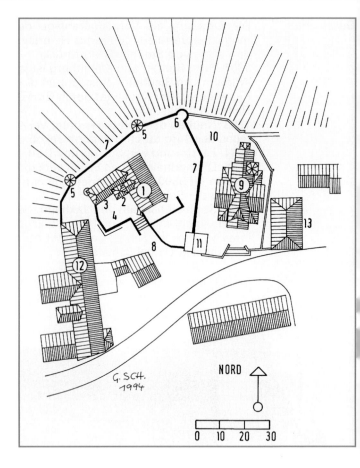

G. SCH.
1994

NORD

0   10   20   30

1707 Markus Albert Schleicher, Sohn des Daniel, verkauft den Besitz für 30 000 fl. an den Generalproviantdirektor des Schwäbischen Kreises, Johann Philipp von Schell. Der aus Vorarlberg stammende Baumeister Valerian Brenner aus Günzburg wird für Um- und Neubauten am Schloß beauftragt.

1708 Neubau eines Pferdestalls und Wiederaufbau des abgebrannten Viehhauses und Schweytzerey-Hofs.

1712–1715 Umbau und Barockisierung des Schlosses unter Leitung des Maurermeisters Christian Wiedemann.

1720 Verkauf an die Gebrüder von Rakenitz in Haunsheim.

1723 Marquard Anton von Riedheim erwirbt den ehemals riedheimischen Besitz zurück.

1729–1733 Abbruch der Schloßkapelle und Neubau der Pfarrkirche „Mariae Himmelfahrt".

1747–1748 Innenerneuerung und Modernisierung des Schlosses durch den Baumeister Johann Caspar Radmiller (u. a. Stuckaturen, neue Fenster und Türen, Farbfassungen, sieben Eisenöfen, neue Deichelleitung).

368

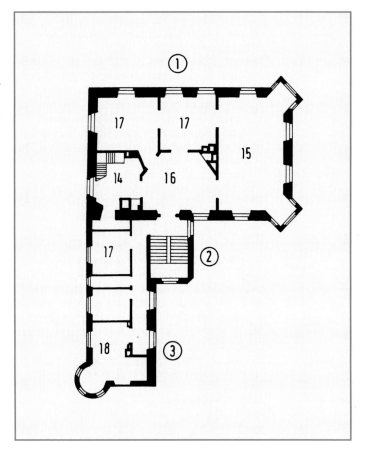

Vermutlich Abbruch des großen Nebengebäudes auf der Südseite des Hofs.

1821 Sigmund Freiherr von Riedheim verkauft das Rittergut (Schloß Stetten, Kaltenburg, Lontal, Reuendorf) für 100 000 fl. an Carl Leopold Graf Maldeghem zu Niederstotzingen.

1831–1832 Neubau des Bräuhauses.

1972 Instandsetzung der Ummauerung und Rundtürme.

Anlage

Schloß und Kirche stehen an nördlichster Stelle der alten Ortsbebauung am Rande eines nach Norden gerichteten Steilabfalls. Die Schloßanlage überdeckt den Bereich der mittelalterlichen Burg; die Pfarrkirche steht am Ort der ehemaligen Schloßkapelle.

Der Neubau von 1583 bildet die Grundlage des heutigen Schlosses. In ihm stecken substanzielle Reste der Burg. Das endgültige Erscheinungsbild entstand durch den Wiederaufbau von 1646 als repräsentatives Renaissanceschloß und die Barockisierung von 1712.

369

Das heutige Aussehen wird durch den Schloßhauptbau, die nördliche Umwehrung, die Kirche und das Bräuhaus bestimmt.

Haupttrakt

Zwischen Kirche und Bräuhaus steht der Haupttrakt (1) als nach Südwesten offener, dreigeschossiger Winkelbau. Der Haupttrakt ist in 2 x 4 Fensterachsen gegliedert. Er besitzt ein steiles Satteldach und am Südgiebel im 2. Obergeschoß quergestellte Rechteckerker (15) mit profilierten Konsolen und geschweiften Giebelfronten. Den ebenfalls geschweiften Südgiebel zieren drei Querovale, den Nordgiebel ein längsovales Fenster. An den Giebelecken sind

Buckelquader

Buckelquader der Burg in weitgehendst geschlossener Reihung ersichtlich. Die Randschläge sind überputzt, die Buckel teils roh, teils gerundet vorstehend.

Im Winkel steht der rechteckige Treppenturm (2) mit pyramidenförmigem Helmdach, dahinter befindet sich der

Westtrakt

schmale Westtrakt (3) mit zweigeschossigem Runderker (18) an der Nordwestecke. Eine Halle (16) erschließt die Räume des Haupttrakts und ein Flur den Westtrakt.

Die Wehrhaftigkeit der Anlage wird auf der Nordseite zum Steilhang deutlich. Eine schartenbestückte Wehrmauer (7) verbindet den Bereich zwischen Bräuhaus und Kirche. Drei unterschiedlich große Rundtürme (5, 6) mit Helmdächern springen aus der Mauerflucht. Sie ragen um ein Geschoß über die Wehrmauer hinaus und geben so der Anlage ein eindrucksvolles, wehrhaftes Bild.

Besitzer

Graf Maldeghem

Alte Ansichten

Bachmeyerkarte von 1640 mit Ansicht der Schloßruine
Südostansicht, Ölgemälde von 1708/1712
Ansicht von Süden, Federzeichnung, um 1900, von G. Herbert, Museum Ulm

Literaturhinweise

- Beschreibung des Oberamts Ulm, 1897
- Cichy, Bodo
  Denkmalpflege an Burgen und Schlössern, in: „Denkmalpflege in Baden-Württemberg I", 1972, 2
- Hummel, Max
  Stetten, bei: „Geschichte der Herrschaft Kaltenburg", in: „Jahrbuch des Heimat- und Altertumsvereins Heidenheim an der Brenz e. V.", 1987/88
- Klaiber, Hans Andreas und Wortmann, Reinhard
  Die Kunstdenkmäler des ehemaligen Oberamts Ulm, 1978
- Reichardt, Lutz
  Ortsnamenbuch des Kreises Heidenheim, 1987
- Uhl, Stefan
  Buckelquader an Burgen der Schwäbischen Alb, in: „Zeitschrift für hohenzollerische Geschichte", Band 26, 1990
- Wulz, Hans
  Baudenkmäler in Stadt und Kreis Heidenheim an der Brenz, 1977

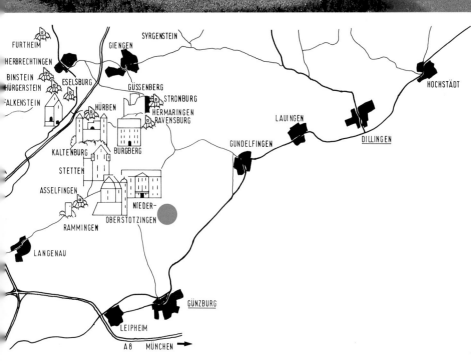

Ober- und Niederstotzingen

Lage

Der südöstliche Rand der Schwäbischen Alb wird vom weiten Donauried begrenzt. An seinem Rand liegen zwischen Langenau und der Einmündung des Brenztals in das Donautal Nieder- und Oberstotzingen. Beide Stadtteile besitzen prächtige Schloßanlagen.

Von den Autobahnausfahrten Langenau und Niederstotzingen der A 7 zwischen Ulm und Heidenheim führen beschilderte Straßen nach Niederstotzingen. Die Stadt ist auch aus Richtung Günzburg und Sontheim direkt erreichbar. Oberstotzingen ist ein Ortsteil der Stadt Niederstotzingen.

Das Schloß von Oberstotzingen liegt am nordwestlichen Ortsende an der Straße nach Stetten ob Lontal. Parkmöglichkeit besteht auf dem ausgewiesenen Parkplatz.

Die umfangreiche Schloßanlage von Niederstotzingen befindet sich im nordwestlichen Stadtbereich an der Durchgangsstraße. Parkmöglichkeit in Ortsmitte beim Rathaus.

Gemeinde

Stadt Niederstotzingen, Landkreis Heidenheim

Meereshöhe

Schloß Oberstotzingen 490 m
Schloß Niederstotzingen 470 m

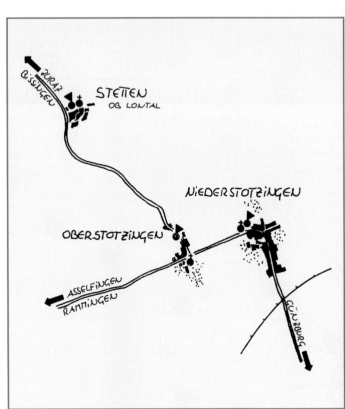

Besichtigung	Oberstotzingen: Außenbereich und Park frei zugänglich, Innenbesichtigung für Hotel-, Restaurant- und Tagungsgäste Niederstotzingen: Nicht zugänglich, Teilaußenbesichtigung möglich
Einkehrmöglichkeit	Gourmet-Restaurant „Vogelherd" im Schloß Oberstotzingen und Schloßschenke mit Biergarten
Hotel	Schloßhotel Oberstotzingen, Telefon 0 73 25 / 10 30
Schloßveranstaltungen Oberstotzingen	Mittelalterlicher Kunsthandwerkermarkt mit Ritterturnier, jeweils in der ersten Junihälfte; Organisation von Planwagen- oder Kutschfahrten, Ballonfahrten, Hubschrauberrundflügen, Schloßfesten u. a.; Kunstausstellungen im Schloß; Niederstotzinger Musiktage im Schloß Oberstotzingen jeweils in der Woche vor der Karwoche
Geschichte Oberstotzingen	In den Urkunden des 11. und 12. Jahrhunderts wird bis 1290 zwischen Ober- und Unterstotzingen nicht unterschieden. Die namengebende Stammburg des Ortsadels ist in Niederstotzingen anzunehmen. Erst nach der Gründung von Burg Oberstotzingen erfolgt eine Differenzierung.

1286–1294 Mehrfache Erwähnung eines Ulrich von Stotzingen.
Um 1300 Entstehung der Burg Oberstotzingen durch die Herren von Stotzingen.
1414 Egelin von Sontheim in Besitz der Burg Oberstotzingen.
1456 Eigentum des Wilhelm Schenk von Geyern.
Um 1480 Übergang an die Herren von Jarsdorf.
Um 1500–1550 Neubau des nordöstlichen Rundturms und Erweiterung der Burg nach Südosten mit südwestlichem Rundturm. Neubau des östlichen Wirtschaftsgebäudes.
1586 Tod des Hans Diepold von Jarsdorf, Übergang des Besitzes an Philip Puppelin von Jarsdorf.
1608–1610 Modernisierung des Schlosses, Neugestaltung des Hauptportals.
1661 Verkauf des Besitzes an Jakob von Ungelter.
1747–1751 Ludwig Eustachius Balthasar von Ungelter von Deissenhausen und seine Gemahlin Maria Theresia Gräfin von Grafeneck beauftragen den Maurermeister Balthes Seuther von Dillingen sowie die Zimmermeister Carl Schmidt aus Niederstotzingen und Lorenz Mair von Dillingen mit dem Umbau und der Erweiterung des Schlosses.
1796 Neubau des Wirtschaftshof-Nordostflügels.
1833 Nepomuk von Ungelter verkauft das Schloß an Carl Ludwig Graf Maldeghem.

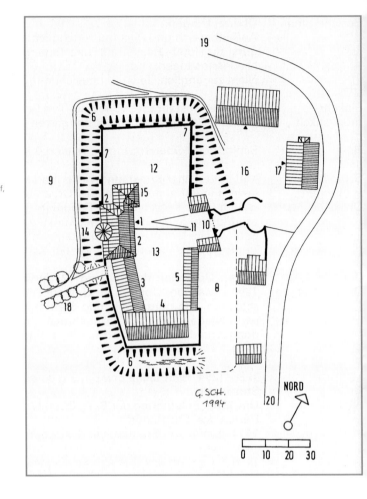

1958 Außenerneuerung.
1968 Verkauf an Privat, Einbau einer Gastronomie, substanzerhaltende Maßnahmen und Renovierung, Fassung der Fassadenmalerei nach freigelegtem Befund, Neugestaltung des Schloßzugangs. Abbruch der Mauerreste des Nordturms.
1990 Modernisierung und Renovierung.

Anlage Oberstotzingen

1. Anlage um 1300

Für die Anlage Oberstotzingen gelten drei Hauptbauphasen:
1. Die mittelalterliche Burg um 1300 bestand aus einem viereckigen, wohnturmartigen Gebäude von etwa 7 x 7 m Grundfläche, die Substanz dieser Anlage (Bruchsteinmauerwerk) befindet sich zwischen dem Eingangsbereich (28) und der nordöstlich vorspringenden Erweiterung (15).

374

Schloßanlage Oberstotzingen von Osten

2. Anlage um 1500–1550

2. Die Erweiterung der Anlage um 1500 bis 1550 unter den Herren von Jarsdorf. Der Wohnturm wird nach Nordosten erweitert und auf der Südwest- und Südostseite umbaut. An die Südecke der Erweiterung und die Nordecke des Wohnturms wird ein Rundturm angesetzt. Der Rundturm am ehemaligen Wohnturm ist innerhalb dieses Zeitabschnitts, aber nicht zeitgleich mit der nordöstlichen Erweiterung entstanden.

3. Anlage 1747–1751

3. Die letzte Erweiterung und Modernisierung erfolgte von 1747 bis 1751 unter Ludwig Eustachius von Ungelter, dessen Maßnahmen das heutige Erscheinungsbild prägen. Der Hauptbau wird nach Südosten erweitert, das Dach als Mansarddach neu aufgebaut und die Turmabdeckungen neu hergestellt. Entscheidend für das Erscheinungsbild wird die Architekturmalerei der Fassade.

Nord- und Haupttrakt der Oberstotzinger Schloßanlage mit Eskarpe am westlichen Grabenbereich

Schloßanlage Die Schloßanlage umfaßt mit Hauptbau und Wirtschafts-gebäuden ein unregelmäßiges Rechteck von etwa 50 x 75 m. Den südlichen Bereich bilden U-förmig die Wirt-schaftsgebäude: Südostflügel – Stadelbau (4), Südwestflü-gel – Stallbau (3), Nordostflügel (5). Der Hauptbau (1) bil-det den nordwestlichen Eckpunkt der Anlage. Ein Graben umzog die gesamte Anlage.

Im Nordwesten und Nordosten ist der Graben mit der stützpfeilerverstärkten Grabeninnenwand (Eskarpe) noch erhalten. Nach Westen umgibt eine Parkmauer mit Pforte und Rundturmruine den etwa 100 x 240 m großen Schloß-park (9).

Der Zugang zur Schloßanlage erfolgt von der Ostseite über den verfüllten Graben zu einem von Dreieckspfeilern flan-kierten Rundbogentor (10). Das Vorfeld bildet ein rondell-

Schloßtor und Aufgang zum Eingang des Haupttraktes von Schloß Oberstotzingen

artiger Platz. Hinter dem Tor umgeben zwei kleine Häuser einen Vorhof (11). Links geht es zum Wirtschaftshof (13) und rechts auf den erhöhten Vorplatz (12) des Hauptbaus (1).

Hauptbau

Der dreigeschossige Hauptbau (1) besteht aus einem unregelmäßigen Rechteckbau mit westseitigem, haubendachgedecktem Rundturm (14). In der Nordecke steht versetzt zum Hauptbau und zur Hofseite vorspringend der nahezu quadratische Nordtrakt (15). Hauptbau und Nordtrakt sind mansarddachgedeckt, auf dem Nordtrakt sitzt ein Dachreiter.

Das Erscheinungsbild wird durch die Baumaßnahme von 1747 bis 1751 geprägt. Den Hauptbau gliedern hofseitig fünf durch gemalte Pilaster gegliederte Fensterachsen.

377

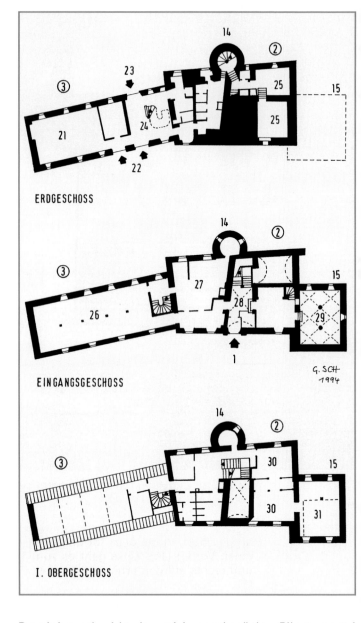

ERDGESCHOSS

EINGANGSGESCHOSS

G. SCH
1994

I. OBERGESCHOSS

Dominierend wirkt das reich geschmückte Pilasterportal mit geschweiftem Giebel. Das Tor mit Rustikaeinfassung stammt noch von 1608 (Jahreszahl im Scheitelstein). Ein querovales Fenster und das Allianzwappen Ungelter-Grafeneck zieren das Giebelfeld.

Unregelmäßig ist die Gliederung des Grundrisses. Entscheidend hierfür ist die Berücksichtigung und Mitverwendung von Bauteilen der Vorgängeranlagen, so daß sich ein uneinheitliches Bild ergibt. Die Eingangshalle und der große Raum des Nordtrakts sind kreuzgratgewölbeüberdeckt. In den beiden Obergeschossen sind die Türleibungen barocken Ursprungs. Großzügig wirkt der für Ausstellungen genutzte Raum des Nordtrakts mit zweiseitig umlaufender Galerie.

Der sogenannte Schloßsaal, der größte Raum des Schlosses, befindet sich im 1. Obergeschoß des ehemaligen Stallbaus. Er wird für festliche Anlässe genutzt. Die gesamte Schloßanlage ist heute vorbildliches Schloßhotel. So ist Oberstotzingen in neuer Zeit für den Hotelgast Schloßerlebnis mit kulinarischen Genüssen, stimmungsvoller Rahmen für Kunst und Musik sowie günstiger Standort für Ausflüge in den südlichen Bereich der Ostalb.

Geschichte Niederstotzingen

Die namengebende Stammburg des Ortsadels von Stotzingen ist in Niederstotzingen anzunehmen. Später wird anstelle der Burg das herrschaftliche Schloß erstellt.

Um 1050 Erwähnung von „Stozzingen".
1286–1294 Mehrfache Erwähnung eines Ulrich von Stotzingen.
1340 Zerstörung der Burg durch die Augsburger.
1366 Befestigung des Orts Niederstotzingen und Stadterhebung. Wiederaufbau der Burg.
1378 Erneute Zerstörung oder Beschädigung im Städtekrieg durch die Ulmer. Danach Wiederaufbau.
Um 1530 Neubau des östlich gelegenen „Steinschlosses" unter Bernhard II. von Stain.
1775–1783 Neubau der dreiflügeligen Schloßanlage unter Verwendung von Bauteilen der Vorgängeranlage. Mit der Oberleitung wird Stadtmaurermeister Johann Georg Launer beauftragt.
1809 Tod des Bauherrn Carl Leopold von Stain.
1810 Versteigerung des Schloßmobiliars um 15 787 fl. in Ulm.
1821 Erwerb des Besitzes durch Carl Leopold Graf Maldeghem.
1822–1826 Instandsetzung und Neuausstattung des leerstehenden Schlosses nach Vorschlägen des Architekten Johann Peter Werkmann aus Langenau (Neueindeckung der Dächer, Neufassung des Außenputzes, Portikus).
1847 Neufassung verschiedener Innenräume durch den Dekorationsmaler Engelbert Bamann.
1950–1955 Abbruch der Altane, Neueindeckung der Dächer und Instandsetzung der Innenräume unter Ludwig Graf Maldeghem.
1970–1972 Außenrenovierung und Freilegung von Architekturmalerei unter Leitung des Architekten Walter Gerd Fleck.

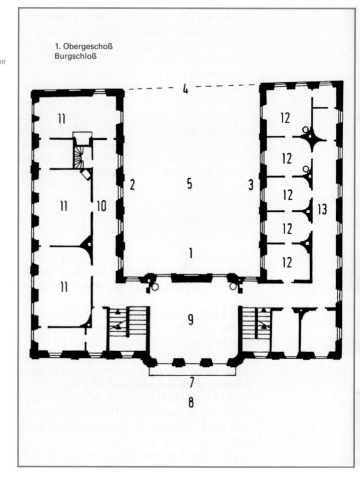

1. Obergeschoß
Burgschloß

Anlage Nieder-
stotzingen

Die Schloßanlage in Niederstotzingen besteht aus dem
Hauptbau, dem sogenannten „Burgschloß", dem Schloß-
park mit Parkgebäude und den Nebengebäuden mit Torhaus und Rentamtei. Beide Gebäude bilden längs der Orts-
durchgangsstraße situiert gleichzeitig die Eingangsbau-
werke zur Schloßanlage.
Der Vorgängerbau bestimmte den Standort des neuen
Schlosses. Es besteht aus einer dreiflügeligen Neuanlage
mit hervorgehobenem Corps de Logis. Eine in den 1950er
Jahren abgebrochene Altane (4) schloß den Hof ab, der
architektonische Eindruck ist somit verändert.

Äußeres

Die dreigeschossige Fassade wird von einer einheitlichen
Gliederung mit Pilastern in den Obergeschossen und Lisenen im Erdgeschoß bestimmt. Erdgeschossige Quaderung
betont den Sockelbereich. Der Corps de Logis wird beidseitig durch einen Mittelrisalit mit flachem Dreiecksgiebel

Schloßanlage Niederstotzingen aus östlicher Richtung

hervorgehoben. Das ostseitige Giebelfeld zeigt das Wappen Stain-Rechtenstein als Relief mit Adler auf Trophäen. In der Achse liegt die breite Rundbogendurchfahrt, die ostseitig von einem flach vorstehenden Säulenportikus von 1822 überbaut ist. Die Brüstungsvergitterung zeigt die Initialen des Bauherrn Carl Leopold Graf Maldeghem.

Inneres Die Räume des Erdgeschosses besitzen Kreuzgratgewölbe. Links und rechts des Mittelrisalits führen zweiläufige Treppen in die Obergeschosse. Hinter dem Mittelrisalit befindet sich im Obergeschoß der dekorativ ausgemalte Saal (9) von 1822. Er erstreckt sich über die gesamte Gebäudebreite und wird durch hohe Fenster beidseitig belichtet. Über den Türen zeigen Sopraporten hinterlegte Reliefbilder, in den Ecken stehen zwei große Fayenceöfen aus der Zeit um 1780.

Besitzer	Oberstotzingen: Privat Niederstotzingen: Graf Maldeghem
Alte Ansichten Oberstotzingen	Ansicht in der Bachmeyer-Karte, 1640 Ansicht von Westen, aquarellierte Federzeichnung, um 1830 Ansicht von Osten, 1834, von L. Kirner, Schloß Niederstotzingen Ansicht von Nordwesten, Federzeichnung, um 1900, von G. Herbert, Museum Ulm
Niederstotzingen	Ansicht von Westen, perspektivischer Entwurf, Tusche laviert, 1777, Projekt von Maurermeister Mates Wirt, Gräfliches Archiv Nieder- stotzingen Ansicht von Nordosten im Reiterbildnis des Grafen Maldeghem, 1839, von A. Adam, Schloß Niederstotzingen

Literaturhinweise	– Beschreibung des Oberamts Ulm, 1897
	– Cichy, Bodo
	  Denkmalpflege an Burgen und Schlössern, in: „Denkmalpflege in
	  Baden-Württemberg I", 1972, 2
	– Klaiber, Hans Andreas und Wortmann, Reinhard
	  Die Kunstdenkmäler des ehemaligen Oberamts Ulm, 1978
	– Reichardt, Lutz
	  Ortsnamenbuch des Kreises Heidenheim, 1987
	– Ortsgeschichte, Handschrift, 19. Jahrhundert
	– Wulz, Hans
	  Baudenkmäler in Stadt und Kreis Heidenheim an der Brenz, 1977

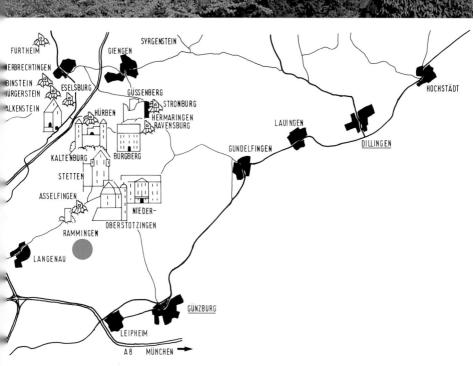

Lage
: Nordöstlich von Langenau liegt am südöstlichen Rand der Schwäbischen Alb zum weiten Donauried die Ortschaft Rammingen mit der Ruine einer Ortsburg.
Rammingen liegt direkt an der Verbindungsstraße von Langenau nach Niederstotzingen (A 7, Autobahnausfahrt Langenau). Die Ortschaft kann auch von Bissingen über Öllingen erreicht werden.
Die Ruine der ehemaligen Ortsburg liegt bei der Kirche am südwestlichen Ortsende.

Gemeinde
: Rammingen, Alb-Donau-Kreis

Meereshöhe
: Burg ca. 520 m, Rammingen ca. 510 m

Besichtigung
: Nicht zugänglich, Außenbesichtigung möglich

Rammingen
: Die Ortschaft besaß im Mittelalter zwei Burgen: die Burg bei der Kirche und die Rödenburg. Während von der Burg bei der Kirche noch Reste stehen, ist die 0,5 km nordöstlich gelegene Rödenburg abgegangen; die Bezeichnungen „Rödenburgstraße" und „Burgstraße" erinnern noch an diese mittelalterliche Anlage.

Geschichte
: Die Ramminger Burgen sind Sitz einer helfensteinischen, dann albeckischen Ministerialenfamilie. Nach der frühen Aufgabe ihrer Burgen sind sie Bürger in Biberach, Giengen, Rottweil und Ulm.

1127 Das Kloster St. Georgen im Schwarzwald nennt eine Nonne Heilwig, Tochter des „Adelbert de castro Ramungen".
1172 Hermanus Junior de Rammingen ist Zeuge einer Beurkundung.

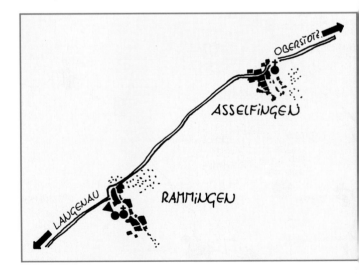

Rammingen und Asselfingen

1279 Die Ortsherren besitzen burgauische Lehen in Rammingen und sind Ministerialen der Grafen von Helfenstein.
1289 Härtnid von Rammingen sitzt als „minister noster" auf der helfensteinischen Hiltenburg.
1295 Bertoldus und Eberhardus von Rammingen sind Zeugen einer Schenkung des Ulrich von Stotzingen.
Um 1363 Konrad von Riedheim besitzt Rammingen mit der Burg als Lehen des Eberhard von Werdenberg-Albeck.
1393 Hans von Villenbach ist Eigentümer der Burg Rammingen. Er überfällt mit anderen Rittern Ulmer Kaufleute, daraufhin zieht die Reichsstadt vor die Burg und zerstört sie.
1400 Die neuen Besitzer Lutz Gäßeler und seine Frau Agnes verpflichten sich Ulm gegenüber, die zerstörte Burg nicht wieder aufzubauen.
1411 Ottilia von Rammingen, Witwe des Eglofs von Riedheim, ist in Besitz des Burgstalls.
1442 Die Rödenburg wird als Oedenburg bezeichnet.
1895 Der östliche Teil des Burghügels wird beim Bau der Kirche abgetragen.

1960 Zur Erweiterung des Friedhofs werden im südöstlichen Bereich der Anlage Keller einplaniert und eine Mauer abgebrochen.
1966 Entfernung der oberen Steinlagen am Südostturm.
1967 Sicherungsmaßnahmen an Mauern.

Anlage

Der Burghügel (1) liegt im unmittelbaren Anschluß an die Westseite der Kirche. Er ragt etwa 10 m über das Gelände und war als längsovaler Hügel süd-nord gerichtet. Ein ursprünglich ringsumlaufender Graben (6) ist verfüllt.
Als aufgehendes Mauerwerk steht in der Südostecke der beachtliche, 8 m hohe Rest eines quadratischen Turms (3) (Seitenlänge 5,18 m). Mauerwerkstechnik: lagerhafte Kalksteinquader mittlerer Formate, hammerrecht bearbeitet. Die gleiche Mauerwerkstechnik weisen auch Reste von nord- und westseitig parallel zum Turm verlaufenden Mauern auf. Im westlichen Mauerteil sitzt ein kleines Rundbogenfenster.
Östlich vom Turm (4) befanden sich Gewölbekeller, die zuletzt noch als Bierkeller benutzt wurden. Durch die Friedhofserweiterung ist dieser Bereich völlig verändert.

Asselfingen

Nordöstlich von Rammingen liegt an der Straße nach Niederstotzingen die Ortschaft Asselfingen.
Seit 1282 wird mit Bernold von Asselfingen, Klosterbruder und Notar im Kloster Kaisheim, Ortsadel nachweisbar. Die 1294 bezeugten Brüder Ulrich, Egen und Marquard sind Ministerialen der Grafen von Helfenstein (Wappenzeichen: rote Scheibe), eine andere Niederadelsfamilie wird 1430 bezeugt (Wappenzeichen: Fallgitter). Ein Zweig der Herren von Rammingen hat vor 1400 ebenfalls einen Sitz in Asselfingen. Von diesen drei Adelssitzen ist keiner erhalten.
Die erste Burg lag beim Gasthof „Zum Hirsch". Von dieser Viereckanlage ist die Nordwestecke des Grabens noch zu erkennen. Verbaut sind im Gebäude Nr. 14 Mauerteile, und im Hof befindet sich der Rest einer Grundmauer.
Die zweite Burg lag beim 1591 von Ulm erbauten „Jägerhaus" (ehemaliges Forsthaus).
Die dritte Burg lag außerhalb des Orts. 0,5 km südlich von Asselfingen könnten an einem zur Donau führenden, kleinen Tal die Bezeichnungen „Burggraben", „Bürgele" und „Unteres Bürgele" ein Hinweis sein.

Besitzer

Privat

Literaturhinweise

– Beschreibung des Oberamts Ulm, 1897
– Der Alb-Donau-Kreis
  Kreisbeschreibungen des Landes Baden-Württemberg, 1989
– Klaiber, Hans Andreas und Wortmann, Reinhard
  Die Kunstdenkmäler des ehemaligen Oberamts Ulm, 1978
– Zürn, Hartwig
  Die vor- und frühgeschichtlichen Geländedenkmale und die mittelalterlichen Burgstellen der Kreise Göppingen und Ulm, 1961

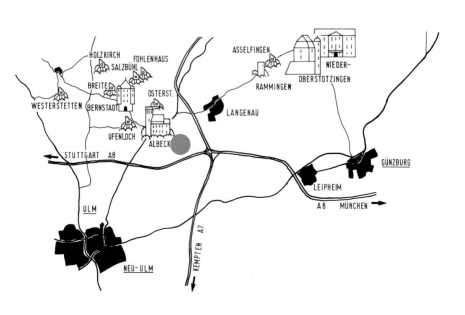

Albeck und Osterstetten

Lage	Nördlich von Ulm erstreckt sich die Ulmer Alb, die im Süden von der Donau und im Osten vom Langenauer Riedbecken begrenzt wird. In diesem Bereich kreuzt die Autobahn A 8 Stuttgart–München die A 7 Kempten–Würzburg. Im nordwestlichen Dreieck beider Autobahnen liegt Albeck. Von der Autobahnausfahrt (A 8) Ulm-Ost und Langenau (A 7) führt die B 19 direkt nach Albeck. Der Ort ist auch aus Richtung Langenau, Bernstadt und Beimerstetten zu erreichen. Innerhalb des alten Ortskerns, an der südlichen Kante des Flöztals, liegt die ehemalige Burg. Die „Alte Steige" (Anliegerstraße) führt direkt an der Anlage vorbei. Der Weiler Osterstetten befindet sich 1,5 km nördlich von Albeck an der Verbindungsstraße Langenau–Bernstadt.
Gemeinde	Stadt Langenau, Alb-Donau-Kreis
Meereshöhe	Burg 530 m, Flöztal 490 m Osterstetten 530 m
Besichtigung	Privatbesitz, Außenbesichtigung möglich

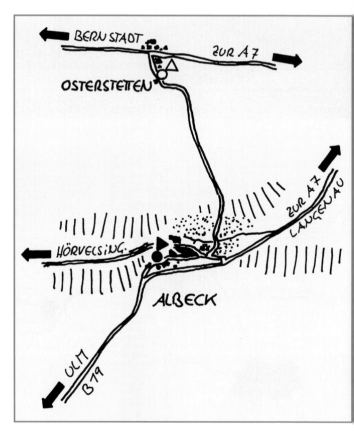

„Nach der Schlacht bei Nördlingen (6. September 1634) zog das siegreiche kaiserliche Heer durch das Gebiet der Reichsstadt Ulm über Geislingen ins Württembergische. Die kaiserlich-spanischen Truppen raubten den 12. September das Städtlein Albeck aus und brannten 13 Gebäude nieder. Den 25. März 1635 rückten 1000 wohlgerüstete Reiter mit 2 Geschützstücken, Leitern, Hacken, Bickeln, Beilen, vor Albeck, zogen sich aber, als die Albecker etliche scharfe Schüsse auf sie abgaben, wieder zurück. Zu Lonsee und Umgegend lag der kaiserliche Oberst Vizthum mit 8000 Mann, Reitern und Fußvolk. Ein Teil dieser Truppen erschien den 17. Juni vor Albeck. Der Kommandant des Schlosses verweigerte dessen Uebergabe. Nun erstürmten die Kaiserlichen das Städtchen und plünderten es aus, wobei verschiedene Häuser in Flammen aufgingen. Die Einwohner retteten sich in das Schloß, wohin auch viele Landleute aus der Umgegend mit Weib und Rind, Roß und Vieh und ihrer besten Habe geflüchtet hatten. Weil das Schloß nur blockiert und ausgehungert werden sollte, ging die Belagerung langsam von statten. Den 19. Juni besorgten die Kaiserlichen einen Ausfall der Albecker. Auf den im kaiserlichen Lager entstandenen Lärm eilte Vizthum, der sein Hauptquartier zu Osterstetten hatte, herbei. Vor Albeck angelangt, traf ihn ein Schuß, welcher auch sein Pferd unter ihm niederstreckte, in den Schenkel und auch ein Soldat wurde tötlich getroffen. Vizthum ließ nun Albeck durch 2000 Mann vollständig einschließen. Die Besatzung der Stadt Ulm machte zwar einen Ausfall, schlug die Kaiserlichen aus ihren vor Albeck aufgeworfenen Schanzen zurück, machte einige 40 Mann nieder und brachte auch einige Gefangene ein, allein die Kaiserlichen kehrten mit verstärkter Macht zurück und bedrängten Albeck aufs äußerste. Die aus einem Hauptmann und 50 Musketieren bestehende Besatzung des Schlosses verteidigte sich, unterstützt durch das dahingeflüchtete Landvolk, aufs tapferste. Die Musketiere schoßen so oft und viel hinaus, daß ihre Gesichter geschwollen und die Rohre ganz heiß wurden, wobei die Kaiserlichen ziemlich viele Leute, darunter 3 Offiziere, verloren; die Einnahme des Vorhofs vermochten sie jedoch nicht zu hindern.
Als die Belagerer die Wasserquellen abgruben, entstand in Schloß Albeck großer Mangel an Trinkwasser. Dadurch wurde das nach Albeck geflüchtete Landvolk in die traurigste Lage versetzt. Weil dasselbe von Anfang an mit Brot, Mehl, Salz und Schmalz ungenügend versehen war, und auch die Garnison ‚daran nicht viel zum besten hatte‘, sah es sich größtenteils auf Fleischnahrung angewiesen. Und wurde auch der anfänglich große Haufe an Vieh und Pferden nochmals sehr klein und die täglichen Rationen immer schmäler, so wäre dies (sagt der Kronist) noch zu gedulden gewesen, wenn man nur Wasser gehabt hätte. Der Mangel an diesem steigerte sich so sehr, daß die Bauersleute nicht

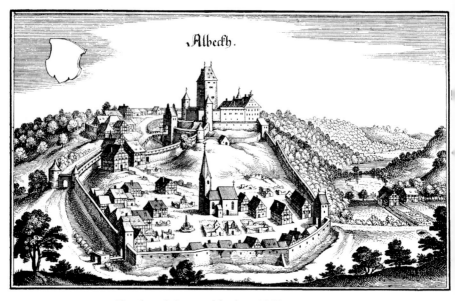

Kupferstich von Merian 1643

allein das Spülwasser und das Wasser, worin die Kuttel-
fleck gewaschen worden, sondern selbst den eigenen Harn
tranken und des Hungers, obschon sie zur Stillung dessel-
ben schließlich auf Pferdefleisch angewiesen waren, gar
nicht mehr achteten. In ihrer Verzweiflung waren sie auf
Mittel bedacht, wie sie aus dem Schlosse nach der Stadt
sich flüchten könnten. Sie machten an der Mauer ein Seil
fest, ließen sich an demselben in den Graben hinunter und
paßten hier die Gelegenheit ab, wie sie bei Tag oder Nacht,
Mann, Weib, Kind und Gesind unbemerkt entfliehen könnten. Allein die enge Blockade der Kaiserlichen und die vielen Wachen, die sie ausgestellt hatten, erschwerten das
Wagnis sehr. Wohl gelang es einigen, glücklich davon zu
kommen, die meisten wurden aber erschossen, erschlagen, die Weibsleute fast alle gefangen und erst, nachdem
die Soldaten allerlei Mutwillen mit ihnen getrieben, nach
Ulm entlassen. Auch bei der Besatzung des Schlosses
stellte sich großer Mangel ein. Der Kommandant von
Albeck schickte am 4. Juli durch einen Bauern einen Brief
nach Ulm und berichtete in demselben, daß er sich
erwähnten Umstandes wegen nicht länger mehr halten
könne. Seit 8 Tagen ohne Brot, auf 4 Pfd. Kuhfleisch und 8
Maß Wasser täglich angewiesen, waren die Verteidiger
nachdem die letzte Kuh aufgezehrt war, eben daran, die
Pferde zu schlachten, als die zwischen dem Kaiser und der
Stadt Ulm gepflogenen Friedensverhandlungen sie aus
ihrer mißlichen Lage befreiten. Ein kaiserlicher Lieutenant
war nach Ulm gekommen, um die Uebergabe von Schloß
Albeck herbeizuführen. Darauf zog Kapitän Musos aus Ulm

nach Albeck und brachte den Kommandanten des Schlosses, Paul Pössinger, mit seinen Musketieren, deren es noch 44 Mann waren, mit Sack und Pack nach Ulm zurück. Schloß Albeck wurde den Kaiserlichen übergeben und diese besetzten es den 17. Juli mit einer Kompagnie Reiter und einer Kompagnie Fußvolk. Sie fanden im Schlosse noch 8 Tonnen Pulver, einige 40 Musketen, 13 000 Musketenkugeln und 3 Doppelhaken vor. Am 18. Juli wurde in Schloß und Stadt Albeck der Friede verkündet, allein letztere war verwüstet, von 90 Gebäuden standen nur mehr 46."

Belagerung und Einnahme von Albeck 1704
Nach J. H. Haid, 1786

„Größere Verheerung erlitt der Ort im bayerischen Kriege. Die östreichischen Truppen hatten das Schloß bald zu Anfang des Krieges besetzt. Schon der bayerische Kommandant in Ulm, Pettendorf, suchte es ihnen zu entreißen, und schickte in der Mitte des Jahrs 1703 ein Korps Freybeuter aus, die es unvermutet überfallen und wegnehmen sollten. Aber die Kaiserlichen wußten von dem Vorhaben, paßten den Feinden auf, und nahmen sie alle gefangen. Der nachherige Kommandant Marquis de Blainville, machte daher in der Nacht des ersten Jänners 1704 einen neuen Versuch, das Schloß zu überrumpeln, aber es mißlang ihm auch. Als aber im Juli hernach der Kurfürst von Bayern mit seiner Armee um Ulm herumlag, schickte er ein starkes Korps mit schwerem Geschütze vor Albeck, in welchem der Hauptmann Thell mit ungefähr 200 Mann lag. Dieser glaubte, sich so lange halten zu können, bis ihm von den nahe stehenden östreichischen Völkern ein Entsatz käme. Die Feinde fingen daher an, das Schloß vom Mühlberge und von der Mittagsseite heftig zu beschießen. Es entstand dadurch nicht nur eine solche Feuersbrunst, daß die Belagerten vor Hitze nicht mehr bleiben konnten; sondern des Abends war auch eine solche Bresche geschossen, daß die Belagerer Sturm laufen konnten, wenn sie wollten. Die Besatzung mußte sich also ergeben, und wurde gefangen gemacht.
Aber nun schonten auch die Feinde weder eines Menschen, noch einer Hütte. Die ganze Stadt wurde mit Feuer verheeret, daß nur das einige schlechte Häuschen des Millers, das er in Albeck hatte, und in dem eine Sechswöchnerin lag, jetzt aber die Bewohnung des Streifsoldaten ist, überblieb. Alles wurde rein ausgeplündert, die Einwohnerschaft sogar der Hemde beraubt, und barbarisch behandelt. So lag Albeck verheeret, bis es nach dem Frieden wieder etwas erbauet wurde."

Geschichte

Das Hochadelsgeschlecht der Albecker entstammt einer Stubersheimer Adelsfamilie. Sie sind häufig am staufischen Hof und haben umfangreiche Besitzungen auf der Ulmer Alb. Von Albeck nennen sich ab dem 13. Jahrhundert Ministerialen der Herrschaftsinhaber.

Um 1081–1100 Herzog Friedrich I. erbaut die Burg Albeck gegen das welfische Ulm und verleiht sie seinen Verwandten Beringer und Adalbert von Stubersheim.

1107/08 Beringer nennt sich von Albeck.

1183 Witegow von Albeck gründet das Augustiner-Chorherrenstift St. Michael in Ulm.

1190 Witegow und Beringer gründen das Chorherrenstift Steinheim am Albuch.

Um 1200 Neubau der Burg in Buckelquaderbauweise.

1245 Burg und Herrschaft gehen durch die Erbtochter Adelheid an den Markgrafen Heinrich von Burgau.

1289 Übergang des Erbes durch Udelhild, Tochter der Adelheid, an Graf Rudolf von Werdenberg-Sargans.

Um 1300 Ausbau der Burg und Ummauerung des Burgweilers.

Quader und Buckelquader am Sockel der Schildmauer

1378 Einnahme der Burg durch die Ulmer im Städtekrieg.
1383 Konrad von Werdenberg verkauft Burg, Stadt und Herrschaft um 6830 Goldgulden an Ulm. Burg Albeck wird Sitz eines Vogts.
1537–1587 Instandsetzungsarbeiten.
1552 Brandschatzung durch Albrecht von Brandenburg.
1634/35 Vergebliche Belagerung der Burg durch die Kaiserlichen.
1643 Neubau eines Wächterhauses.
1665, 1677, 1686 Instandsetzung der Wehrmauern.
1704 Einnahme und Zerstörung von Burg und Stadt im Spanischen Erbfolgekrieg durch Bayern und Franzosen.
1712 Wiederaufbau als Amtssitz durch den Ulmer Oberwerkmeister Heinrich Hacker.
1787/88 Neubau der Schloßbrücke und Abbruch des Viehhauses.
1802–1810 Schloß Albeck ist Sitz eines bayerischen Landgerichts und Rentamts.
1804 Zerstörung des Westturmdachs durch Blitz.
1805 Neubau des Gerichtsdienerhauses mit Gefängniszellen (7) am südlichen Eckturm.
1810–1819 Sitz eines württembergischen Oberamtmanns.
1819 Das Schloß wird württembergisches Forstamt.
1841 Verkauf an Privat.
1900 Ausbau als Landsitz, Aufstockung und Verputz des südlichen Eckturms.
1934 Erwerb des südlichen Schloßteils durch das Land Baden-Württemberg.
1956 Verkauf an Privat.
1966, 1969 Renovierung und Instandsetzung.

Die Herren von Albeck (nach Bühler und Krüger)

Beringer (I.)
1108

Sohn aus der Adelsfamilie von Stubersheim
Kinder: Aribo, Beringer (II.), Witegow, Siboto, Tochter N.

Beringer (II.)
1120, 1150

Sohn des Beringer (I.)
Kinder: Witegow (I.), Beringer (III.), Domherr in Straßburg

Witegow (I.)
1163, 1190

Sohn des Beringer (II.)
Gemahlin: Bertha von Helfenstein
Kinder: Siboto, Witegow (II.), Adelheid

Siboto
1209, 1220

Sohn des Witegow (I.)
Kind: Witegow (III.)

Witegow (III.)
1219, 1250

Sohn des Siboto
Gemahlin: Luiburgis
Kind: Adelheid, Gemahlin des Markgrafen von Burgau, Letzte der Albecker Familie

Albeck und Osterstetten

Anlage	Nach alten Ansichten bestand Albeck im späten Mittelalter aus einer talbeherrschenden Burg mit Bergfried, Palas und Rundtürmen sowie einer durch Schenkelmauern angeschlossenen, umwehrten, kleinen Stadt. Sie überzog den Berghang bis zur Talsohle. Nach Süden zeigt sich vor der Burg eine ummauerte Erweiterung als Vorhof. Bei Albeck können drei Hauptbauphasen unterschieden werden:
Anlage um 1200	1. Die stauferzeitliche Burg mit Bergfried, Schildmauer und Palas um 1200. Der buckelquaderumwehrte Burgplatz umfaßte ein Viereck von 37 bis 44 m zu 55 bis 65 m.
Anlage um 1300	2. Ausbau der Burg um 1300 durch Bestückung der Umfassungsmauer mit Rundtürmen und einer Erweiterung nach Süden und Südosten aus Zwinger und Vorhof.
Anlage 1712	3. Nach der Zerstörung von 1704 blieben beim Neubau von 1712 von der Burg nur die Umfassungsmauern der Kernburg, der südliche und westliche Eckturm und der Graben erhalten. Die Wohn- und Wirtschaftsgebäude entlang der Umfassungsmauer wurden neu erbaut (Amtshaus, Aufzugshaus, Pferd- und Schafstall, vier eingeschossige Fachwerkbauten, Scheuer, Pfisterei, Viehstall und Wagenhütte).
Beschreibung	Die heutige Anlage ist eine Mischung aus mittelalterlicher Bausubstanz, Bauteilen der Anlage von 1712 und Neubauten des 19. und 20. Jahrhunderts.
Graben	Erhalten ist der bis 20 m breite, aus dem Fels gebrochene, südwestliche Burggraben (1). Nach Südosten verschmälert er sich auf 10 m und ist ab dem ehemaligen Burgzugang (22) verfüllt (2).
Eckturm	An der Südecke steht der romantisierte, südliche, runde Eckturm (4). Um 1900 erhielt er eine Erhöhung mit Zinnenkranz in Backsteinen und wurde verputzt. Auf der Westseite weisen Konsolsteine auf einen vor 1900 noch erhaltenen Abtritt. Das oberste Geschoß des Altbauteils besitzt eine ehemals beheizbare Wachstube mit einem Kaminschacht in der Außenmauer. Turmdurchmesser 7,5 m, Bruchsteinmauerstärke 2 m.
Schildmauer	Aus der Burgenbauphase stammt die vermutlich mehrfach wiederaufgemauerte, noch 7 m hohe Schildmauer (3), deren Verblendung teilweise aus Buckelquadern im Verband mit Quadern und Kleinquadern besteht. Nach oben folgt zunehmend Verwendung von Kleinquadern und lagerhaften Bruchsteinen. Die Außenmauer ist auch auf der Nordwestseite in verputztem Zustand noch erhalten
Buckelquader	(20). Buckelquaderabmessungen z. B. (L x H) 52 x 37, 62 x 35, 78 x 76 cm, Buckel teils flach, teils bis 14 cm vorstehend, Randschlag teils sorgfältig, teils nur angedeutet, 8 bis 14 cm unterschiedlich breit. An der Ecke steht noch ein 4 m hoher Stumpf des runden Westturms (5). Darauf ist ein Pavillon erstellt.

1 Graben
2 Verfüllter Graben
3 Schildmauer
4 Südlicher Eckturm
5 Westturmruine mit
  Pavillon
6 Zwinger
7 Neubau von 1805
8 Neubau anstelle des
  ehemaligen Pferde-
  stalles und Scheune
9 Kontereskarpe
10 Hof
11 Ehemalige Pfisterei,
  Lage des Donjon
12 Innere Mauer
13 Neue Mauer
14 Garagen
15 Schuppen
16 Scheune
17 Lage des nordöst-
  lichen Rundturmes
18 Lage des äußeren
  Rundturmes
19 Ehemaliger
  Zehntstadel
20 Nordwestliche
  Außenmauer mit
  Buckelquader
21 Verlauf der
  Schenkelmauer
22 Lage des Tores
23 Lage des Palas, später
  des neuen
  Amtshauses

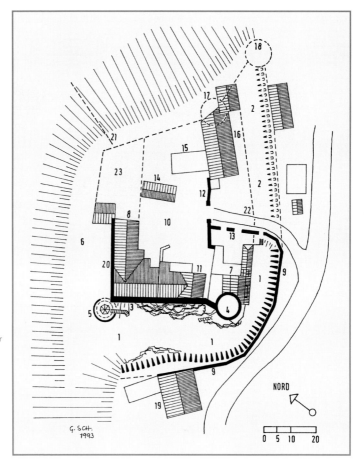

G. SCH.
1993

NORD

0 5 10 20

Donjon

Palas

Hauptgebäude der Burg waren ein großer Wohnturm, ein Donjon und der Palas. Der walmdachgedeckte Donjon stand auf einem Felsen (11) in oder nahe der Schildmauer zwischen dem Südturm und dem Westturm. Der Palas, später das Amtshaus, befand sich in der Nordecke der Anlage (23).

Das mansardendachgedeckte, ehemalige Gerichtsdiener-gebäude (7) von 1805 besitzt Anbauten aus der Jahrhundertwende. Der Neubau (8) an der Nordseite steht anstelle von Pferdestall und Scheune, der Fachwerkbau (11) hinter der Schildmauer ist die ehemalige Pfisterei.

Osterstetten

Der Weiler nördlich von Albeck gehörte im Mittelalter mit seiner Burg zur Herrschaft Albeck. Die Kiechel und zuletzt die Besser besaßen eine stattliche Schloßanlage, die 1704 mit Albeck beschädigt wurde und 1707 abbrannte. Nach einem Wiederaufbau erfolgte Ende des 18. Jahrhunderts der Abbruch. Noch um 1900 standen die Schloßgehöfte mit Mauer und Graben.

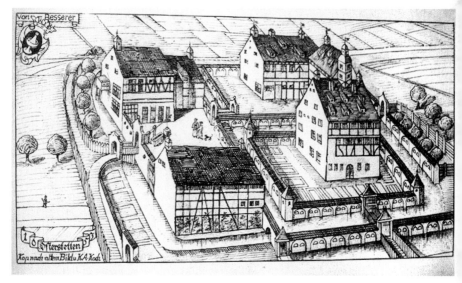

Zeichnung der Schloßanlage Osterstetten von Konrad Albert Koch nach einem alten Bild

Besitzer	Privat
Pläne	Grundriß und Ansicht der Anlage von 1712, Zeichnung von J. Abelen, 1727
Alte Ansichten	Ansicht von Nordwest, Kupferstich, 1643, in M. Merian, Topographia Sueviae Ansicht von Nordwest, um 1600, Kupferstich von Johann Georg Hertel Federzeichnung, 1727, von Johann Abelen Ansicht des Südturms, Federzeichnung von Georg Herbert, Ende 19. Jahrhundert Schloßanlage von Osterstetten, Zeichnung von Konrad Albert Koch nach einem alten Bild

Literaturhinweise	– Beschreibung des Oberamts Ulm, 1897
	– Das Land Baden-Württemberg
	  Amtliche Beschreibung nach Kreisen und Gemeinden, Band VII, 1978
	– Der Alb-Donau-Kreis
	  Kreisbeschreibungen des Landes Baden-Württemberg, Band II, 1992
	– Klaiber, Hans Andreas und Wortmann, Reinhard
	  Die Kunstdenkmäler des ehemaligen Oberamts Ulm, 1978
	– Reistle, Michel
	  Albeck, Geschichte von Städtle und Schloß, 1989
	– Schilling, Albert
	  Burg, Stadt und Herrschaft Albeck, 1897
	– Uhl, Stefan
	  Buckelquader an Burgen der Schwäbischen Alb, in: „Zeitschrift für hohenzollerische Geschichte", Band 26, 1990

Ufenloch (Aufenloh)

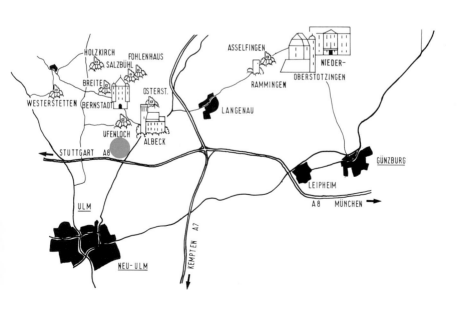

HOLZKIRCH
FOHLENHAUS
SALZBÜHL
BREITE
OSTERST.
WESTERSTETTEN
BERNSTADT
UFENLOCH
ALBECK
STUTTGART A8

ULM

NEU-ULM

KEMPTEN A7

ASSELFINGEN
NIEDER-
RAMMINGEN
OBERSTOTZINGEN
LANGENAU

GÜNZBURG
LEIPHEIM
A8 MÜNCHEN

Ufenloch (Aufenloh)

Lage	Nördlich von Ulm erstreckt sich die Hochfläche der Ulmer Alb. Eines der wenigen Täler ist das in Richtung Langenau verlaufende Tal der Flöz. An seinem Ursprung liegt die Ortschaft Hörvelsingen mit der wenig bekannten Burgstelle Ufenloch. Sie befindet sich im Waldteil Ofenloch an der nördlichen Talkante. Von den Autobahnausfahrten Ulm-Ost der A 8 Stuttgart–München und Langenau der A 7 Kempten–Würzburg führt die B 19 nach Albeck. Von hier geht eine Abzweigung nach Hörvelsingen. Am Ortseingang folgt man rechts der Straße in Richtung Bernstadt und am Ortsausgang links der „Schlehenstraße" bis zum Ende des Baugebiets, dann rechts zum Sportplatz auf der Hochfläche. Am südlichen Ende des Parkplatzes beginnt ein Fußweg, der am Trauf entlang nach Westen direkt zur Burgstelle führt. Parkplatz – 0,5 km Burgstelle.
Gemeinde	Stadt Langenau, Alb-Donau-Kreis
Meereshöhe	Burg 572 m, Flöztal 510 m
Besichtigung	Frei zugänglich
Geschichte	Hörvelsingen am Fuße der Burg gehört im 12. und 13. Jahrhundert zur Herrschaft Albeck. Die Ufenlocher, eine Seitenlinie der Bernstadter, sind demnach zuerst Albecker, später helfensteinische Ministerialen.

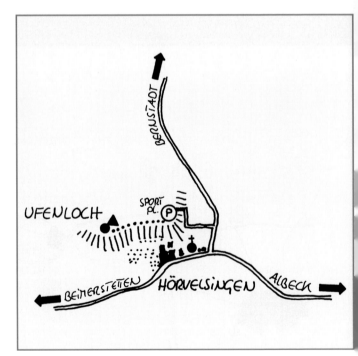

Ufenloch (Aufenloh)

1 Kernburg
2 Mulde, Lage eines
  Gebäudes
3 Abgesenkte Fläche
4 Graben
5 Grabenauswurf
6 Zwinger
7 Fußweg
8 Äußerer Graben
9 Berme
10 Talseite
11 Forstweg
12 Bergseite
13 Mulde im Vorgelände

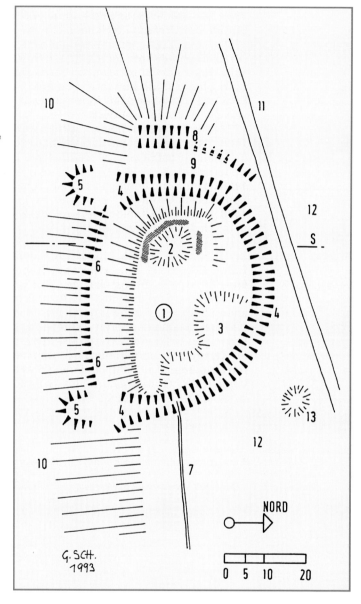

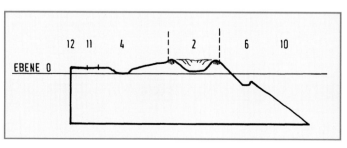

G. SCH.
1993

NORD

0 5 10   20

12 11   4   2   6   10

EBENE 0

Ufenloch (Aufenloh)

1349 Die Brüder Hans und Konrad von Ufenloch sind Bürgen der Grafen von Helfenstein.

1361 Hans und Konrad bestätigen eine Meßstiftung in Überkingen für ihren verstorbenen Bruder Friedrich.

1367 Hans von Ufenloch erwirbt das bisherige Lehen, die Burg Ufenloch mit Zubehör, eine Söld im Dorf und das Eggental (Ägenberg), als Eigentum von Graf Eberhard von Werdenberg zu Albeck.

1372 Burg Ufenloch besteht nicht mehr.

1404 Hans von Ufenloch verkauft seinen Besitz Ufenloch und den Burgstall an Graf Ulrich den Jüngeren von Helfenstein.

1466 Hans von Ufenloch ist Ortsherr in Straßdorf bei Schwäbisch Gmünd.

1478 Hans von Ufenloch verkauft die Kirche in Bräunisheim an das Geislinger Spital.

Anlage

Die Burgstelle Ufenloch liegt am südwestlichen Ende der Höhe „Ofenloch". Ein verflachter Graben (4) umfaßt halbkreisförmig die Burgstelle (ca. 20 x 34 m). Nach Süden münden die Grabenenden mit Auswürfen (5) in den südlichen Steilhang. Verebnungen haben das Burggelände und den Bereich der äußeren Befestigungen verändert. Zwischen den Grabenauswürfen werden am Hang ein schmaler Zwinger (6) und an der Westseite der Rest eines äußeren Grabens (8) ersichtlich. Eine 2,5 m tiefe Mulde (2) mit verdeckten Grundmauern im westlichen Burgbereich weist auf den Keller eines Gebäudes oder eine Zisterne.

Besitzer

Stadt Langenau

Literaturhinweise

– Der Alb-Donau-Kreis
 Kreisbeschreibungen des Landes Baden-Württemberg, Band II, 1992
– Der Ritter von Ufenloch. Manuskript im Archiv Bernstadt und Langenau.

Bernstadt

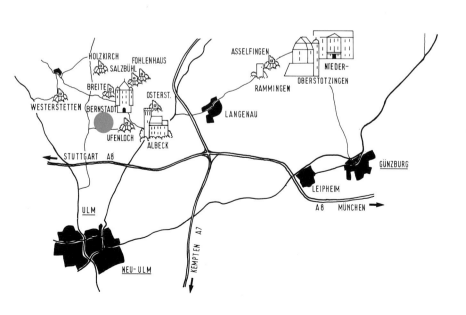

Bernstadt

Lage	Nördlich von Ulm liegt im Zentrum der Ulmer Alb die Ortschaft Bernstadt mit seinem malerischen Ortsschloß. Von der Autobahnausfahrt Langenau der A7 Kempten–Würzburg führt eine beschilderte Straße in westlicher Richtung nach Bernstadt. Der Ort ist auch von der Autobahnausfahrt Ulm-West der A8 über Beimerstetten und von Westerstetten aus zu erreichen. Das ehemalige Schloß und heutige Rathaus liegt am westlichen Ortsausgang an der Straße Richtung Westerstetten, die abgegangene Ortsburg lag bei der Kirche.
Gemeinde	Bernstadt, Alb-Donau-Kreis
Meereshöhe	Schloß ca. 540 m, Wolfstal 520 m
Besichtigung	Schloß: Außenbesichtigung möglich, Innenbesichtigung durch Rathausnutzung gegeben. Besuch des Heimatmuseums auf Anfrage im Rathaus.

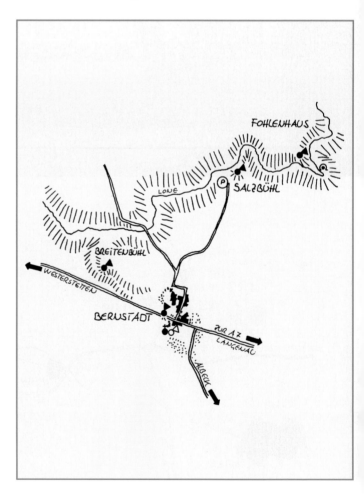

Bernstadt

Geschichte

Ein Niederadelsgeschlecht von Bernstadt nennt sich nach seiner Stammburg bei der Kirche. Auch die weiteren Burgen auf der Gemarkung sind vermutlich Gründungen dieser Bernstadter Adelsfamilie. Eine Stammesverwandtschaft mit den Herren von Nellingen und den Reußen wird angenommen.

Um 1200 Entstehung der Ortsburg.
1167 Erstmalige Erwähnung der Niederadelsfamilie von Bernstadt.
1209 Heinrich von Bernstadt (Berolfstat) ist Kanoniker in Augsburg.
1241, 1287 Die Bernstadter sind helfensteinische Ministerialen. Als Zeugen treten sie auch für die Grafen von Berg und die Markgrafen von Burgau zu Albeck auf.

Eingangsportal an der Ostseite des Schlosses

Gesamtanlage nach einer älteren Darstellung

1432 Verkauf von Burg und Besitz an Ulm. Die Burg wird Sitz eines Ulmer Amtmanns.
Ab 1537 Die Burg ist unbewohnt, Bau eines neuen Amtshauses.
1549 Neubau des Schlosses als „Lusthaus" am westlichen Ortsende durch Georg Besserer aus Rohr.
1554 Nutzung der Burg als Zehntstadel.
28./29. November 1688 Brandschatzung des Schlosses durch die Franzosen. Danach Wiederaufbau unter Verwendung der Umfassungsmauern.
1704 Zerstörung der Burg durch Brand, danach Wiederaufbau mit Walmdach.
1765 Das Schloß geht durch Erbe an die Familien Schermar und Schad.
1824 Verkauf des Schlosses um 925 fl. an die Gemeinde, Einbau eines Rat- und Schulhauses.
1932 Zerstörung der ehemaligen Burg durch Brand, danach Abbruch.
1958 Außeninstandsetzung des Schlosses.
1974–1976 Innenmodernisierung.
1983–1984 Sanierung des Dachstuhls.

Anlage Burg

Nach einer Beschreibung von Pfarrer Aichinger hatte die Anlage, die von Wall und Graben umschlossen wurde, ein Ausmaß von 22,5 m Länge und 13,25 m Breite, der Palas 11,6 x 9,6 m.
1932 wurde beim Abbruch der Burg eine romanische Steinsäule aus der Zeit um 1220 sichergestellt (Ulmer Museum). Sie entstammt einem Doppelfenster oder einer Fensterarkade (H = 85 cm, Basis 32 x 31 cm, Kapitell 24 x 23 cm), besitzt vier verknotete Dienste am Säulenschaft und am Kapitell vier Männerköpfe mit dazwischenliegenden Blattmotiven.

Bernstadt

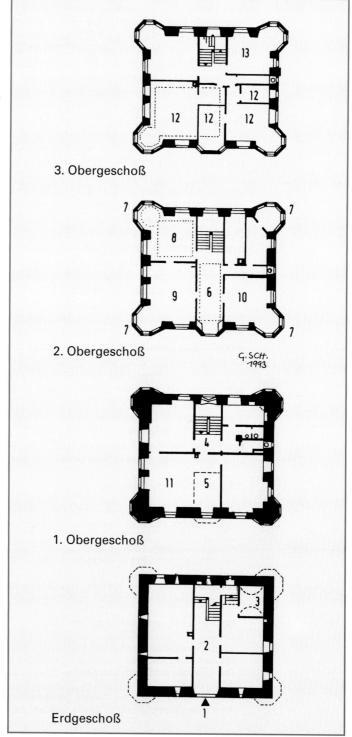

3. Obergeschoß

2. Obergeschoß

G. SCH.
1993

1. Obergeschoß

Erdgeschoß

405

Bernstadt

Anlage Schloß	Das heute als Solitärbau wirkende Schloß war ursprünglich ummauert. Die Anlage bestand aus zwei umwehrten, mit Rundbogentoren und Pforten versehenen Abschnitten. Inmitten des westlichen Bereichs stand das Schloß mit Nebengebäuden, der östliche diente als Wirtschaftshof mit Scheuer, Ställen und Wohnungen. Von diesen Nebenanlagen stehen noch in veränderter Form westseitig das ehemalige Vogthaus und nordseitig ein ehemaliger Stadel mit Wagenremise.
Äußeres	Das Schloß ist ein viergeschossiger Rechteckbau (14,3 x 12,9 m) mit Walmdach. Die Ecken zieren zweigeschossige Achteckerkertürme (7) mit Zwiebeldächern. Sie sitzen auf einem niederen Sockelgeschoß mit Blendnischen und kegelförmigen Konsolen. Zwischen den Erkertürmen befinden sich drei Fensterachsen, nach Norden durch Abtritte und Kaminschächte unregelmäßig gegliedert. Über dem ostseitigen Pilasterportal (1) mit offenem Giebelabschluß befindet sich ein polygonaler Erker. Der Dachbereich zeigt Zwerchhäuser mit Volutengiebeln und walmdachgedeckte Gauben mit hochovalen Fenstern.
Inneres	Das Innere ist durch Umbauten und die Modernisierung von 1974/1976 geprägt. Original ist die Grundstruktur der Geschosse durch den axial ost-west-gerichteten Flur. Die Decke des Flurs über dem Eingangsbereich war urspünglich zum Obergeschoß geöffnet (5). Verändert sind teilweise die Wände der Raumzonen links und rechts des Flurs. Das Erdgeschoß besitzt starke Außenmauern mit Scharten und kleinen Fenstern. Der nördliche Bereich ist mit zwei Gewölberäumen unterkellert. 1. und 2. Obergeschoß werden als Rathaus genutzt, im 3. Obergeschoß ist das Heimatmuseum eingerichtet.
Besitzer	Schloß: Gemeinde Bernstadt
Pläne	Zeichnungen für den Wiederaufbau nach 1688 Bestandspläne 1958, Bürgermeisteramt Bernstadt
Alte Ansichten	Bachmeyer-Karten, 1640 und 1651 Ansicht von Süden mit Wirtschaftshof, 1653, Öl auf Leinwand, Museum Ulm Ansicht von Süden und Norden, um 1900, Federzeichnung von Herbert, Museum Ulm

Literaturhinweise	– Beschreibung des Oberamts Ulm, 1897
	– Der Alb-Donau-Kreis
	  Kreisbeschreibungen des Landes Baden-Württemberg, 1989
	– Klaiber, Hans Andreas und Wortmann, Reinhard
	  Die Kunstdenkmäler des ehemaligen Oberamts Ulm, 1978
	– Zürn, Hartwig
	  Die vor- und frühgeschichtlichen Geländedenkmale und die mittelalterlichen Burgstellen der Kreise Göppingen und Ulm, 1961

Bernstadter Burgen

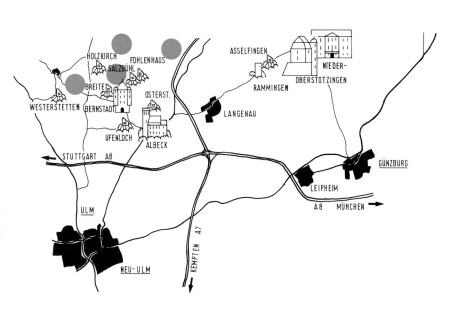

Bernstadter Burgen

Lage

Am nördlichen Rand der Ulmer Alb verläuft das romantische, autofreie Untere Lonetal. Von der Autobahnausfahrt Langenau der A 7 Kempten–Würzburg führt eine beschilderte Straße in westlicher Richtung nach Bernstadt. Der Ort ist auch von der Autobahnausfahrt Ulm-West der A 8 und über weitere umliegende Ortschaften erreichbar. In Bernstadt folgt man der Straße in Richtung Holzkirch, etwa 0,15 km ab Ortsende führt rechts eine Straße zum beschilderten Parkplatz im Lonetal.

Wandervorschlag:
Vom Lonetalparkplatz zur Burgstelle auf dem Salzbühl aufsteigen. Weiter dem bezeichneten Wanderweg (AV Dreieck) das Tal abwärts bis zur Höhle Fohlenhaus folgen. Gegenüber beginnt hinter einer Brücke ein Fußweg, der auf dem Grat in der Talschlinge zu einer Hütte führt. Hinter der Hütte steigt man über den Grat weglos zur Burgstelle „Schlößle" auf, danach geht es auf dem bezeichneten „Schlößlessteig" zurück zum Parkplatz.
Parkplatz – 0,2 km Salzbühl – 2,4 km Burgstelle „Schlößle" beim Fohlenhaus – 1,9 km Parkplatz.

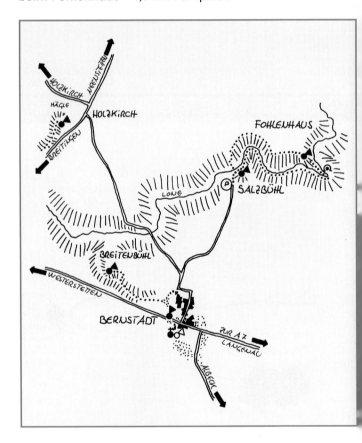

Burgstelle auf dem Salzbühl

Lage Östlich vom beschriebenen Parkplatz erhebt sich am Talrand der Salzbühlfelsen mit der Salzbühlhöhle. Links an der Höhle beginnt ein Fußsteig, der steil nach oben führt. Man kann die Burgstelle auch von der südwestlichen, flacheren Hangseite erreichen.

Gemeinde Bernstadt, Alb-Donau-Kreis

Meereshöhe Burg 536 m, Lonetal 513 m

Besichtigung Frei zugänglich

Geschichte Der Name der Burg auf dem Salzbühl ist nicht bekannt. Als Eigentümer kommen die 1167 bis 1511 nachgewiesenen Niederadligen von Bernstadt in Frage. Keramische Lesefunde (Christoph Bizer) bestätigen eine Benutzung um 1200 bis 1300.

Nordseite des Burgfelsens mit Höhlenportal der Salzbühlhöhle

Bernstadter Burgen (Salzbühl)

Salzbühl

1 Mulde, Lage eines
   Gebäudes
2 Reste Futtermauer mit
   Kleinquadern
3 Halsgraben
4 Felsrippe zur
   Hochfläche
5 Verebnete Fläche
6 Mögliche Lage eines
   Turms
7 Schuttriegel
8 Untere Burg, Mulde,
   mögliche Lage eines
   Gebäudes
9 Steiler Fels
10 Höhlenportal
11 Felskopf
12 Lonetal

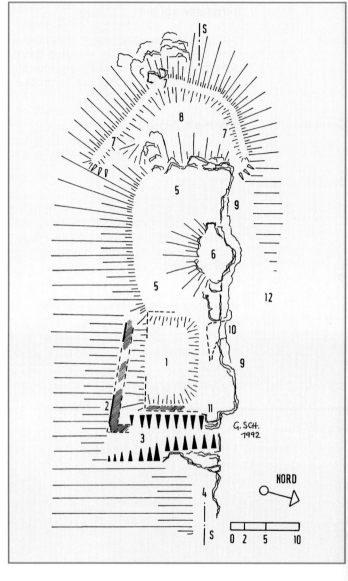

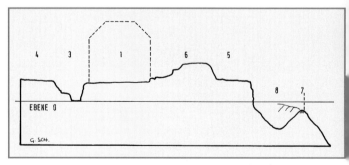

Anlage

Ein von Ost nach West gerichteter, langer Felskamm der Probsthalde wird durch einen 7 m breiten Halsgraben (3) getrennt. Der verbleibende Burgplatz (ca. 35 x 12 m) fällt nach Süden als Hang, nach Westen und Norden als Fels steil ab.

Am Südhang, beim Halsgraben beginnend, steckt ein Rest der Umfassungsmauer (2). Die Verblendung besteht aus Quadern und Kleinquadern unterschiedlicher Größe. Abmessung z. B. (L x H) 42 x 28, 92 x 13, 24 x 13, 26 x 10 cm. Geländespuren und Mauerschutt lassen ein Gebäude (1) am Halsgraben und einen Turm auf dem höchsten Felsen (6) vermuten.

In der nördlichen Felswand befindet sich einige Meter über der Talsohle die Höhlennische eines 5 m breiten und 6 m hohen Portals (10).

Schuttriegel am Fuß des westlichen Felsens weisen auf eine Ummauerung und auf die mögliche Lage eines Wirtschaftsgebäudes (8).

Besitzer

Land Baden-Württemberg

Burgstelle „Schlößle" beim Fohlenhaus

Lage

Am Salzbühl talabwärts bildet die Lone eine große Schlaufe. Sie führt um einen spitzen, felsigen Sporn des nördlich der Lone gelegenen Höhenrückens „Brand". An der äußersten Stelle zur Hochfläche liegt die Burgstelle. Zugang vom Parkplatz im Lonetal wie beim Wandervorschlag beschrieben.

Vorderer Felsgraben an der Burgstelle „Schlößle"

Fohlenhaus

1 Kernburg
2 Vorburg
3 Hinterer Felsgraben
4 Felsrippe
5 Schuttriegel
6 Vorderer Felsgraben
7 Erweiterter Graben
8 Felsschacht
9 Graben der Vorburg
10 Verebneter Wall
11 Hochfläche
12 Talseite
13 Mulden
14 Möglicher Zugang zur
   Kernburg
15 Von Fohlenhaus

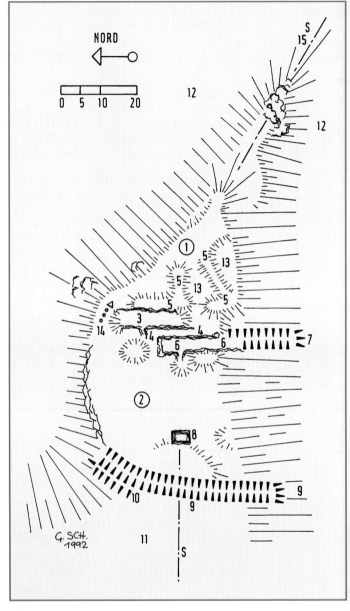

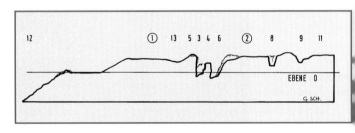

Gemeinde	Bernstadt, Alb-Donau-Kreis
Meereshöhe	Burg 540 m, Lonetal 505 m
Besichtigung	Frei zugänglich
Geschichte	Der Name der Burg im Waldteil „Schlößle" ist nicht bekannt. Wie bei der Burg auf dem Salzbühl sind die Herren von Bernstadt (1167–1511) als Eigentümer und Bauherren anzunehmen. Eine Benutzung der Burg wird durch keramische Lesefunde (Christoph Bizer) um 1200 bis 1300 nachweisbar.
Anlage	Den Übergang des Sporns zur Hochfläche durchschneidet ein etwa 45 m langer Graben (9). Die verbleibende Fläche wird durch Felsgräben in einen größeren Vorburgbereich (2) und den dreiecksförmigen Bereich der Kernburg (1) am äußersten Ende gegliedert. Im Vorburgbereich befindet sich ein 3 x 4 m großer und 4 m tiefer Felsschacht (8), der als Zisterne gedeutet werden kann.
	Ungewöhnlich ist die Bereichstrennung durch zwei Felsgräben. Der hintere (3), 4 bis 7 m tief, durchschneidet nur teilweise den Sporn und läßt eine 4 m breite Geländebrücke stehen (14). Der vordere (6), 6 bis 8 m tief, durchschneidet den Sporn nur zur Hälfte.
	Im Bereich der Kernburg (1) (19 x 25 m) sind die Schuttriegel durch Grabungen verfälscht.
Besitzer	Land Baden-Württemberg

Östlicher Bereich der ehemaligen Kernburg

413

Burgstelle am Breitenbühl

Lage
: Westlich von Bernstadt liegt am Rande des Wolfstals, einem Seitental der Lone, eine Burgstelle.
Man nimmt den Fußweg an der rechten (nördlichen) Talseite des Wolfstals und steigt nach 0,5 km ab Beginn des Waldes den Pfad rechts hoch. Bei Erreichen der Traufkante geht es auf einem schmalen Fußsteig links (westlich) direkt zur Burgstelle.
Bernstadt – 1,0 km Burgstelle.

Gemeinde
: Bernstadt, Alb-Donau-Kreis

Meereshöhe
: Burg 545 m, Wolfstal 520 m

Besichtigung
: Frei zugänglich

Reste des Halsgrabens der Burgstelle am Breitenbühl

Geschichte und
Anlage

Erbauer und Geschichte sind nicht bekannt, möglicherweise ist sie eine Gründung der Niederadelsfamilie von
Bernstadt.
Der leicht gebogene Halsgraben (3) (ca. 25 m lang, 5 m
breit) trennt die Anlage von der Hochfläche. Ein verflachter
Wall (5, 6) (1 bis 1,5 m hoch) liegt davor. Es verbleibt eine
dreiecksförmige Fläche der Kernburg von 25 x 21 m. Die
äußerste Talecke bildet ein Fels (2).

Besitzer

Land Baden-Württemberg

Breitenbühl

1 Kernburg
2 Felskopf
3 Halsgraben
4 Wolfstal
5 Verebneter Wall
6 Wall
7 Grabenauswurf
8 Hochfläche

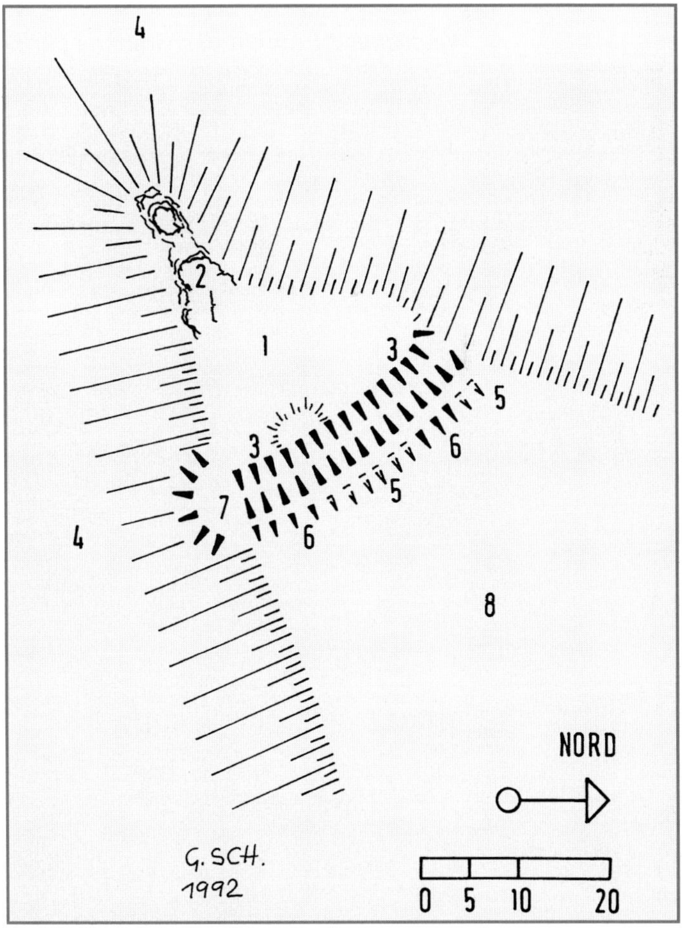

NORD

G. SCH.
1992

0   5   10   20

Burgstelle Holzkirch (Hag)

Lage

Nordwestlich von Bernstadt liegt im Lonetal die Ortschaft Breitingen. Das Höfentäle, ein Seitental der Lone, verläuft nach Nordosten in Richtung Holzkirch. An seinem Ende befindet sich die wenig beachtete Burgstelle.
Von Breitingen in Richtung Neenstetten führt ein Feldweg das Höfentäle einwärts. Hinter einer Viehweide verengt sich das Tal und endet in östlicher Richtung. Kurz vor der Talbiegung geht man rechts (östlich) am Talhang weglos hoch zur Burgstelle.
Breitingen – 0,9 km Burgstelle.

Gemeinde

Holzkirch, Alb-Donau-Kreis

Meereshöhe

Burg 573 m, Höfentäle 545 m

Besichtigung

Frei zugänglich

Westlicher Abschnitt des Grabens der Burgstelle Holzkirch

Bernstadter Burgen (Holzkirch)

Holzkirch

1 Kernburg
2 Mulde, vermutete Lage
  eines Turmhauses
3 Geringe Mauerreste
4 Graben
5 Verfüllter Graben
6 Grabenauswurf
7 Felsen
8 Geländeabsatz
9 Felsen am Talhang
10 Mulde, mögliche Lage
   eines Gebäudes der
   Vorburg
11 Talseite
12 Hochfläche

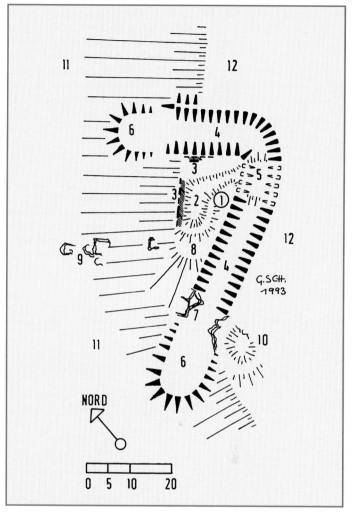

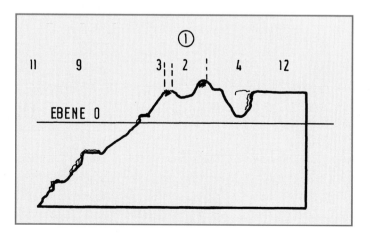

417

Bernstadter Burgen (Holzkirch)

Geschichte	Die Grundherrschaft von Holzkirch geht auf die Herren von Albeck und ihre Nachfolger zurück. Ob der im 14. Jahrhundert nachgewiesene Ortsadel auf der Burg am Höfentäle saß, ist nicht bekannt. Eigentümer der bereits abgegangenen Burg sind zu dieser Zeit die Niederadligen von Bernstadt. 1366 verkauft Heinrich von Bernstadt seinen „Burgstall zum Hag" an Graf Heinrich von Werdenberg. Die Flurbezeichnungen „Gegen den Hag" und „Hägele" beweisen die Zuordnung des Verkaufs.
Anlage	Ein hakenförmig angelegter, 5 m tiefer Graben (4) trennt die Burgfläche aus der Talkante. Die Enden führen in den Steilhang mit weiten Grabenauswürfen (6). Die verbleibende Burgfläche ist trapezförmig, ca. 22 m lang, nordostseitig 13 m und südwestseitig 8 m breit. Durch Materialentnahme ist die Oberfläche stark verändert und der Graben auf 10 m Breite mit Schutt verfüllt. Geringe Mauerreste an den Außenkanten (3) zeigen Bruchsteinmauerwerk mit einem eingestreuten Quader (46 x 33 cm).
Besitzer	Privat

Literaturhinweise	– Beschreibung des Oberamts Ulm, 1897
	– Bizer, Christoph und Götz, Rolf
	  Vergessene Burgen der Schwäbischen Alb, 1989
	– Der Alb-Donau-Kreis
	  Kreisbeschreibung des Landes Baden-Württemberg, 1992
	– Zürn, Hartwig
	  Die vor- und frühgeschichtlichen Geländedenkmale und die mittelalterlichen Burgstellen der Kreise Göppingen und Ulm, 1961

Burgstelle Holzkirch von Westen

418

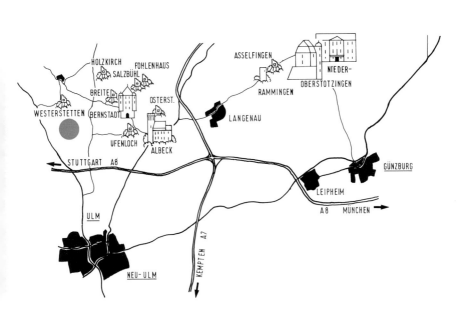

Lage

Den nördlichen Bereich der Ulmer Alb begrenzt das Lonetal mit der Ortschaft Westerstetten. Am Ursprung eines von Westerstetten nach Süden reichenden Seitentals der Lone, dem Burgtal, lag die Stammburg der Herren von Westerstetten.

Von der Autobahnausfahrt Ulm-West der A 8 Stuttgart–München führt die B 10 in Richtung Geislingen. Nach 5,5 km zweigt eine beschilderte Straße rechts (östlich) in Richtung Vorderdenkental und Westerstetten ab. Zwischen diesen beiden Ortschaften liegt nahe der Bahnlinie der „Birkhof" mit dem in südöstlicher Richtung im Burgtal aufragenden Burgfelsen. Westerstetten mit dem Birkhof kann auch auf beschilderten Straßen im Lonetal aus Richtung Geislingen oder von Bernstadt aus erreicht werden.

Ein Feldweg leitet südlich am Birkhof vorbei ins Tal, von dem man weglos den Felsen zur Burgstelle hinaufsteigt (Steigspuren). Die Burgstelle kann auch von der Hochfläche aus begangen werden.

Feldweg – 0,1 km Burgstelle.

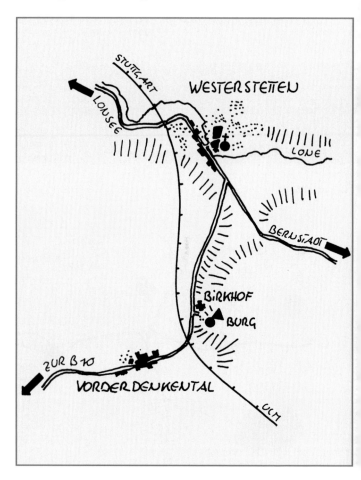

Westerstetten

Gemeinde	Westerstetten, Alb-Donau-Kreis
Meereshöhe	Burg 570 m, Burgtal 557 m
Besichtigung	Frei zugänglich
Geschichte	Die Herren von Westerstetten sind zuerst Ministerialen der Grafen von Helfenstein. In den folgenden Jahrhunderten zählen sie zu den weitverzweigtesten Adelsfamilien der Schwäbischen Alb. Sie gründen die Drackensteiner und Katzensteiner Hauptlinie, aus der die Altenberger sich abzweigt. Zu weiteren Burg- und Schloßbesitzungen gehören Straßberg, Hohenroden, Dürnau, Schnaitheim, Günzelburg, Staufen, Ellwangen und Lautlingen.

Schutthügel der Kernburg an der östlichen Grabenseite kennzeichnen die ehemalige Stammburg der Herren von Westerstetten

Quader im Gelände der Kernburg

1094–1124 Bertold von Westerstetten ist Propst im Augustiner-Chorherrenstift Beuron.
1252 Siegfried und Friedrich von Westerstetten stiften der Pfarrkirche.
1264 Heinrich von Westerstetten ist Zeuge in einer Urkunde des Augsburger Bischofs Hartmann.
1328 Abt Konrad von Elchingen verkauft den Kirchensatz und die Vogteigefälle an Ritter Ulrich von Westerstetten.
1343 Erwerb der Herrschaft Drackenstein durch Friedrich von Westerstetten (siehe Burgenführer Band 4).
1378 Einnahme und Zerstörung oder Beschädigung der Burg durch die Ulmer im Städtekrieg. Vermutlich bleibt die Burg unbewohnt und wird dem Zerfall überlassen.
1380 Bertold I. gründet die Linie von Westerstetten zu Katzenstein.
1386 Heinrich von Westerstetten ist Chorherr in Eichstätt.
1432 Verkauf von Burg und Dorf Westerstetten an das Kloster Elchingen.
1447 Mit Bernhard, Sohn des Ytel von Westerstetten und der Dorothea Kraft, stirbt die Westerstetter Stammlinie aus. Übergang des Erbes an die Drackensteiner Linie.
1525 Überlieferte, jedoch nicht belegte, endgültige Zerstörung der Burg.

Westerstetten

1 Kernburg, möglicher
   Donjon
2 Halsgraben
3 Mauerschutt,
   Kernmauerwerk
4 Mulde
5 Grabenauswurf
6 Geländedamm
7 Hochfläche
8 Geländeterrasse,
   zwingerartiger Absatz
9 Felskopf
10 Geländeterrasse,
   möglicher
   Wirtschaftshof
11 Burgtal

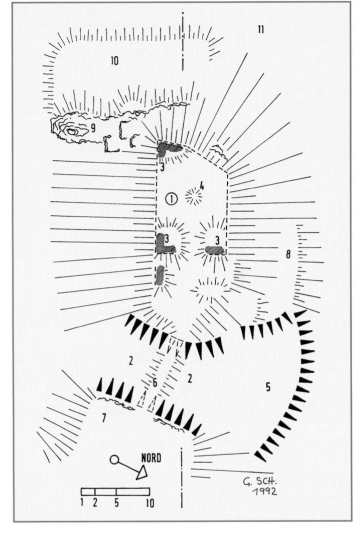

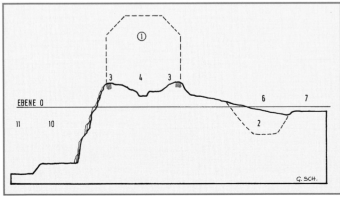

Westerstetten

Anlage	Ein 13 m breiter Halsgraben (2) trennt die kleine, nur etwa 13 m über der Talsohle gelegene Burgstelle von der Hochfläche (7).

Schutthügel mit Mauerschutt und Resten von Kernmauerwerk (3) überziehen das Gelände der Kernburg (1). Es umfaßt eine Fläche von etwa 10 x 25 m. Vermutlich bestand die Burg aus einem Donjon (ca. 10 x 15 m) mit einem kleinen Vorhof am Halsgraben. Ein zwingerartiger Absatz (8) schließt nordseitig an einen weiten Grabenauswurf (5) an. Entgegen der Darstellung des Burgenforschers Koch war der nach Süden gerichtete Felskopf (9) vermutlich nicht bebaut. Dafür kann auf der unterhalb gelegenen Geländeterrasse (10) der Bau eines Wirtschaftsgebäudes angenommen werden. Vereinzelt aufgefundene Quader lassen auf eine entsprechende Mauerverblendung schließen. Abmessung z. B. 26 x 38, 24 x 37 cm.

Besitzer Privat

Literaturhinweise
- Beschreibung des Oberamts Ulm, 1897
- Der Alb-Donau-Kreis
  Kreisbeschreibungen des Landes Baden-Württemberg, 1992
- Heisler, Eugen und Wortmann, Reinhard
  Westerstetten – Chronik eines Dorfes der Ulmer Alb, 1991
- Klaiber, Hans Andreas und Wortmann, Reinhard
  Die Kunstdenkmäler des ehemaligen Oberamts Ulm, 1978
- Seitz, Anton Michael
  Die Herren von Westerstetten und Syrgenstein, in: „Der Heimatfreund", Nr. 1, 1966, Beilage der „Donau-Zeitung"
- Zürn, Hartwig
  Die vor- und frühgeschichtlichen Geländedenkmale und die mittelalterlichen Burgstellen der Kreise Göppingen und Ulm, 1961

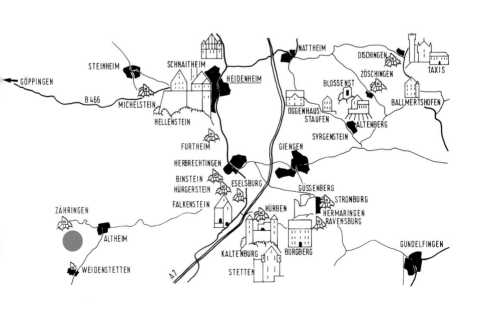

Zähringen und Weidenstetten

Lage   Zwischen Ulm und Heidenheim verläuft das Hungerbrunnental, ein zur Lone mündendes Seitental. Einer der Ursprungsabschnitte ist das Hirschtal bei Altheim (Alb) und Zähringen. Nahe der Ortschaft Zähringen liegt am Talrand der Schloßberg mit einer Burgstelle.
Von Altheim (Alb) an der Strecke Gerstetten–Ulm führt eine Straße nach Zähringen. Am westlichen Ortsende zweigt die erste Straße nach links (südlich) zum Wanderparkplatz „Am Hungerberg" ab. Man folgt der schmalen Straße weiter bis zum Erreichen der Talsohle. Links beginnt ein Feldweg, der nach Süden an einer Waldecke (links) vorbeileitet. In der Waldecke beginnt ein Fußpfad, auf dem man nach wenigen Metern die Burgstelle auf dem Schloßberg erreicht.
Parkplatz – 0,9 km Burgstelle.
Weidenstetten liegt an der Straße von Gerstetten über Altheim (Alb) nach Beimerstetten und Ulm. Die ehemalige Burg befand sich anstelle des Pfarrhauses nördlich an der Kirche.

Gemeinde   Burgstelle Zähringen: Altheim, Alb-Donau-Kreis
Burgstelle Weidenstetten: Weidenstetten, Alb-Donau-Kreis

Meereshöhe   Burgstelle Zähringen 625 m, Hirschtal 606 m
Burgstelle Weidenstetten ca. 605 m

Besichtigung   Burgstelle Zähringen: frei zugänglich
Burgstelle Weidenstetten: nicht zugänglich

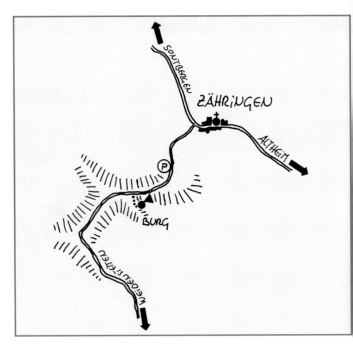

Zähringen

1 Kernburg
2 Graben
3 Wall oder Schutthügel
4 Hütte
5 Verfüllter Graben und
   Walldurchbruch
6 Verflachte Grabenkante
7 Hochfläche
8 Westlicher
   Grabenabschnitt

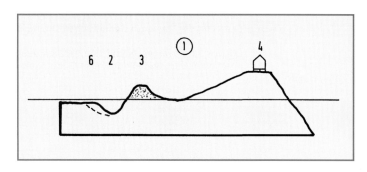

NORD

G. SCH.
1993

0   5   10   20

427

Geschichte

Der gleichlautende Name mit der Burg bei Freiburg hat zur Herleitung als herzoglichen, altzähringischen Besitz geführt. Einen Nachweis hierfür gibt es nicht. Auch ist sonst über die Geschichte der Burg nichts bekannt.

1361 Rumelin von „Zeringen" ist Bürger in Altheim.
1385 Das Dorf Zähringen geht als albeck-werdenbergischer Besitz an die Reichsstadt Ulm.

Anlage

Die Burgstelle liegt auf einer Spornkuppe an einer Talecke. Ein 3 m tiefer Graben (2) begrenzt bogenförmig den Burgplatz. Nordseitig endet er im Steilhang, westseitig verläuft er parallel auslaufend zur Hangkante (8). Am wenigsten verändert ist er auf der Ostseite. Hinter dem Graben liegt ein 2 bis 4 m hoher, aus dem Grabenaushub aufgeschütteter Wall (3). Die verbleibende Burgfläche umfaßt polygonal etwa 30 x 40 m.
Höchster Punkt der Anlage bildet die 7 m über das Gelände ragende Nordwestecke. Mit einer Oberfläche von 11 x 7 m ist der Standort eines Wohnturms denkbar, jetzt steht dort eine Holzhütte (4).

Weidenstetten Geschichte und Anlage

Die Weidenstetter Ortsburg ist vermutlich zur Entstehungszeit Sitz einer Ministerialenfamilie des Albecker Zweigs der Stubersheim-Ravensteiner. Ihr Abgang ist früh anzunehmen.
Nördlich der Kirche an der Straße nach Altheim stand diese kleine Ortsburg auf einem rundlichen Erdhügel mit etwa 28 bis 30 m Durchmesser. Er ragt noch 3 m über das Gelände und war gänzlich von einem breiten Graben umschlossen. Nordseitig ist er noch 1,5 m tief, auf der Südseite verändert und an der Südwest- und Westseite als Zugang angeschüttet. Auf dem Erdhügel steht jetzt das 1549 erbaute, 1662 bis 1663 wiederhergestellte und 1881 bis 1882 aufgestockte Pfarrhaus.

Besitzer

Zähringen: Privat
Weidenstetten: Land Baden-Württemberg

Literaturhinweise

– Beschreibung des Oberamts Ulm, 1897
– Der Alb-Donau-Kreis
  Kreisbeschreibungen des Landes Baden-Württemberg, 1989
– Klaiber, Hans Andreas und Wortmann, Reinhard
  Die Kunstdenkmäler des ehemaligen Oberamts Ulm, 1978
– Zürn, Hartwig
  Die vor- und frühgeschichtlichen Geländedenkmale und die mittelalterlichen Burgstellen der Kreise Göppingen und Ulm, 1961

am Beispiel der Burg Staufeneck (idealisiert)

A Hauptburg – Kernburg
B Innere Vorburg
C Äußere Vorburg

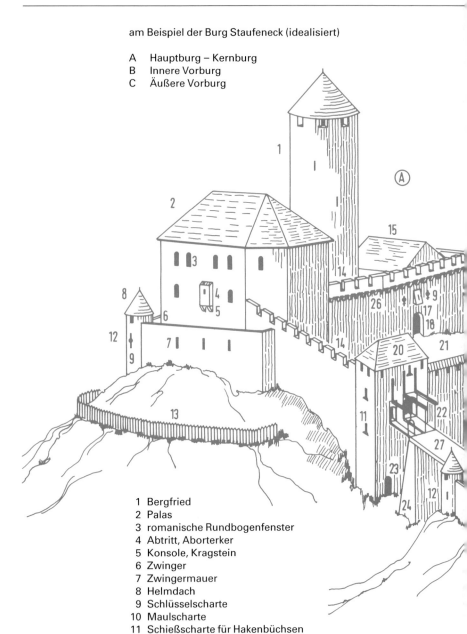

1 Bergfried
2 Palas
3 romanische Rundbogenfenster
4 Abtritt, Aborterker
5 Konsole, Kragstein
6 Zwinger
7 Zwingermauer
8 Helmdach
9 Schlüsselscharte
10 Maulscharte
11 Schießscharte für Hakenbüchsen
12 Flankierungsturm
13 Palisade
14 offener Wehrgang mit Zinnen
15 Wohngebäude für Dienstmannen
16 Scharwachttürmchen, Schießerker, Pfefferbüchse
17 Gußerker, Pechnase
18 inneres Tor mit Drehflügeln
19 gedeckter Wehrgang
20 Torhaus
21 Burghof der inneren Vorburg

22 Burgtor mit Mannloch, Zugbrücken mit Schwungruten
23 Poterne, Ausfallpforte
24 Brückenpfeiler
25 Abschnittsgraben
26 Maschikulis, Gußlochreihe, Pechnasenkranz
27 feste Brücke
28 Schalenturm
29 Burggarten
30 Wirtschaftsgebäude und Stallungen
31 Wohngebäude für Gesinde
32 Torwarthaus
33 Burgtor der äußeren Vorburg
34 Pultdach
35 Walmdach
36 Krüppelwalmdach
37 Schleppgaube, Dachgaube
38 Ziehbrunnen
39 Wassertrog, Tränke
40 Burghof, äußere Vorburg
41 Halsgraben
42 Strebepfeiler

Ⓑ

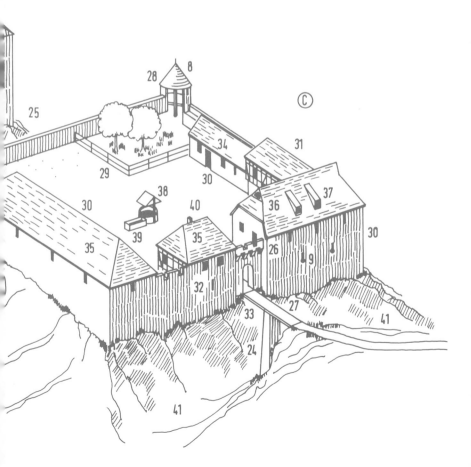

Schema einer bastionierten Burg

am Beispiel der Burg Wildenstein

A Hauptburg – Kernburg
B Vorburg

1 Bastionsturm
2 Bastion
3 Palas
4 Burghof Hauptburg
5 Ziehbrunnen
6 Burgkapelle
7 gedeckter Wehrgang mit Pultdach

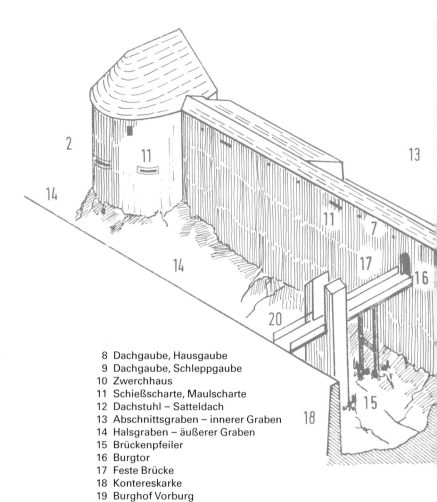

8 Dachgaube, Hausgaube
9 Dachgaube, Schleppgaube
10 Zwerchhaus
11 Schießscharte, Maulscharte
12 Dachstuhl – Satteldach
13 Abschnittsgraben – innerer Graben
14 Halsgraben – äußerer Graben
15 Brückenpfeiler
16 Burgtor
17 Feste Brücke
18 Kontereskarke
19 Burghof Vorburg
20 beweglicher Brückenteil, Zugbrücke

Grundriß
Bergfriede im Vergleich

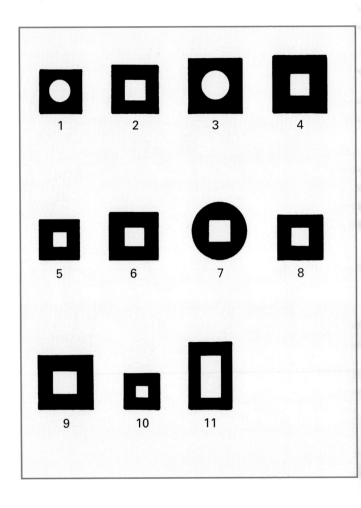

1 Bloßenstaufen
2 Katzenstein
3 Hohenburg
4 Harburg
  Diebsturm
5 Niederhaus
6 Flochberg

7 Schenkenstein
8 Herwartstein
9 Harburg
  Faulturm
10 Güssenberg
11 Demmingen

Abschnittsburg	– Burganlage, in mehrere, voneinander meist unabhängige Verteidigungsabschnitte gegliedert.
Abschnittsgraben	– Trennt die einzelnen Bereiche einer Abschnittsburg.
Abtritt	– Abort, auch Heimlichkeit genannt, ein nach unten offener Aborterker an Außenwänden von Gebäuden und Wehrmauern oder ein in dicken Mauern ausgesparter Raum mit schräg abgehendem Schacht.
Altan	– Söller, ein balkonartiker Austritt, bis zum Erdboden unterbaut, mit Brüstung.
Angstloch	– Deckenöffnung eines Verlieses, häufig im Bergfried.
Apsis	– Chorabschluß von Kapellen und Kirchen, halbrund, später auch polygonal.
Arkade	– Reihung von Bogen auf Säulen oder Pfeilern.
Ausfallpforte	– siehe Poterne
Barbakane	– Vorwerk zum Schutze eines Tores.
Basis	– Besonders ausgebildeter Fuß an Säulen, Pfeilern und Pilastern.
Bastion	– Bastei, Mauerwerksvorbau, seit dem 15. Jahrhundert im Festungsbau üblich, bei Burgen als Flankierungsturm zum seitlichen Bestreichen des Hauptgrabens.
Bergfried	– Hauptturm der Burg. Vorwiegend im deutschsprachigen Raum. Er diente mit seinem hochgelegenen Eingang als letzte Zufluchtsstätte; im Gegensatz zum Wohnturm (Donjon) selten ständig bewohnt.
Bering	– siehe Ringmauer
Berme	– Horizontale Fläche zwischen Mauer und Graben oder zwischen Wall und Graben.
Bossenquader	– Buckelquader ohne Randschlag.
Brückenpfeiler	– Mauerpfeiler im Burggraben als Auflager für die bewegliche oder feste Brückenplatte.
Brustwehr	– Oberer Abschluß einer Wehrmauer oder eines Wehrturmes (Wehrplatte) mit Zinnen oder mit glatter Maueroberkante.
Buckelquader	– Natursteinquader, dessen Sichtseite meist einen kissenartig, seltener prismen- oder diamantartig vortretenden Buckel aufweist. Die Quaderkanten sind mit einem glatten, oft scharrierten Randschlag versehen.
Burgstall	– Bevorzugte Bez. für eine abgegangene Burg (Altburgstelle); seltener für eine kleine oder eine im Bau befindliche Burg.
Dendrochronologie	– Baumringchronologie, Jahresringanalyse, Methode zur Datierung von Bauwerken aufgrund eingebauter Hölzer.
Dienstmann	– siehe Ministeriale
Docke	– Seitenabschluß (Wange) von Kirchen- oder Chorgestühl, häufig figürlich geschnitzt.
Dogger	– Brauner Jura
Donjon	– Hauptturm der Burg, französische Bezeichnung, im Gegensatz zum Bergfried bedeutend größer. Er vereint Wehr-, Wohn-, Repräsentations- und Wirtschaftsfunktionen (z. B. Donjon von Coucy 13. Jahrhundert, 31 m Durchmesser, 54 m Höhe). In alten Texten Dunio, Dunjonem bezeichnet die Motte, die den Turm trug, englisch: Keep.

435

Dürnitz	– siehe Türnitz
Epitaph	– Gedächtnismal für einen Verstorbenen in Form einer Platte, meist innen oder außen an der Kirchenwand.
Eskarpe	– Innere Grabenwand oder Grabenböschung.
Fase	– Abschrägung einer Kante (an Holz und Stein), Kante.
Feste	– siehe Veste
Festung	– Wehranlage ausschließlich für militärische Zwecke.
Flankierungsturm	– Turm, aus der Wehrmauer nach außen vortretend, zur Ermöglichung einer Flankenbestreichung durch Schußwaffen.
Fliehburg	– Zufluchtsort einer Orts- oder Gebietsgemeinschaft in Kriegszeiten, durch Graben, Wall und Palisaden geschützt.
Futtermauer	– Stützmauer zur Aufnahme eines seitlich wirkenden Erddrucks.
Ganerbenburg	– Burg, von mehreren Eigentümern bewohnt.
Gesims	– Waagrechter Streifen aus der Mauer vorspringend zur Gliederung eines Bauwerks oder Bauteilen, meist profiliert, auch ornamentiert.
Gewände	– Seitenflächen einer Fenster- oder Portalöffnung, im Gegensatz zur Leibung schräg in die Wand geschnitten.
Graben	– Geländevertiefung: U-förmig als Sohlgraben oder V-förmig als Spitzgraben. Wirksamstes Annäherungshindernis vor der eigentlichen Befestigungsanlage.
Grisaillen	– Malerei in grauen Farbtönen.
Gußerker	– Gießerker, Pechnase, auch Senkscharte. Nach unten offener Erker an der Außenseite von Mauern zum Hinabgießen von heißem Öl oder anderen Flüssigkeiten.
Hakenbüchse	– Handfeuerwaffe mit Haken zum Auflegen des Gewehres.
Halbturm	– siehe Schalenturm
Halsgraben	– Tiefer und breiter Graben, der die Burg auf einer Bergzunge (Spornlage) vom angrenzenden Gelände trennt.
Haubendach	– Welsche Haube, Vorform des Zwiebeldaches, häufig mit Aufbauten z. B. Laterne.
Hausrandburg	– siehe Randhausburg
Helmdach	– Turmdach, pyramiden- oder kegelförmig, steil.
Hube	– Hufe, altes Feldmaß, fränkische Hufe = 24 ha.
Hurde	– Hurdengalerie, hölzerner Wehrgang an Mauern und Türmen, nach außen vorkragend.
Kapitell	– Kopf von Säulen, Pfeilern und Pilastern.
Kasematten	– Überwölbte Schutzräume für Besatzung, Waffen und Vorräte.
Kastell	– Castell: 1. befestigtes, römisches Militärlager, 2. Burg im Mittelalter als regelmäßige Anlage mit Flankierungstürmen.
Keep	– siehe Donjon
Kemenate	– Heizbarer Raum, Bez. auch für Frauengemächer einer Burg.
Konsole	– Kragstein (seltener aus Holz) zum Tragen von Bauteilen (z. B. Balkon, Erker), Baugliedern (z. B. Gesims, Gewölberippen) oder Figuren.

Kontereskarpe	– Äußere Grabenwand oder Grabenböschung.
Krüppelwalmdach	– Der Giebel eines Gebäudes wird im oberen Giebelspitz durch ein Dach ersetzt.
Krypta	– Unterirdischer oder halbunterirdischer Raum, meist unter dem Ostchor. In romanischen Kirchen Grabstätte oder Aufbewahrungsort der Reliquien.
Laterne	– Kleiner runder oder polygonaler durchbrochener Aufbau über einer Decken- oder Gewölbeöffnung.
Lehen	– Nutzungsrecht an einer fremden Sache, gegründet auf einer Verleihung seitens des Eigentümers oder die Sache selbst.
Leibung	– Laibung, die Seitenflächen einer Fenster- oder Portalöffnung, die senkrecht in die Wand geschnitten sind.
Lisene	– Wandvorlage, flacher, senkrechter Mauerstreifen zur Wandgliederung ohne Basis und Kapitell.
Mannloch	– Kleiner Durchgang neben dem Burgtor.
Mantelmauer	– Sehr hohe Mauer, meist an der Angriffseite errichtet, seltener die ganze Burg umschließend.
Marstall	– Gebäude für Pferde, Wagen und Geschirr einer fürstlichen Hofhaltung.
Maschiculis	– Pechnasenkranz, Reihung von Gußlöchern in vorkragenden Mauerteilen von Wehrgängen und oberen Geschossen von Türmen.
Ministerial	– Dienstmann, niederer Adel. Durch den Besitz eines Lehens einem höheren Adel zu Kriegsdienst und anderen Diensten verpflichtet.
Motte	– Turmhügelburg, weitverbreitete, frühe Form der Burg. Wohnturm auf einem durch den Grabenaushub aufgeschütteten Erdkegel.
Ochsenauge	– Fenster, kreis- oder ellipsenförmig, vorwiegend im Barock.
Palas	– Hauptwohngebäude der Burg, oft als mehrgeschossiger Repräsentativbau mit beheizbarem Saal.
Palisade	– Schutzwand aus aneinandergereihten, oben zugespitzten und in den Boden gerammten Holzpfählen.
Pechnase	– siehe Gießerker
Pilaster	– Wandvorlage, flach, pfeilerartig mit Basis und Kapitell.
Poterne	– Ausfall- oder Fluchtpforte zum Zwinger oder Graben.
Pultdach	– Dach, einseitig abgeschrägt.
Randhausburg	– Burg, deren Umfassungsmauer von Gebäuden gebildet wird, die einen Hof umschließen.
Randschlag	– siehe Buckelquader
Ringmauer	– Bering, die ganze Burg umgebende wehrhafte Mauer.
Risalit	– Gebäudeteil zur Fassadengliederung, schwach vorspringend – Mittel-, Seiten- und Eckrisalit.
Rocaillestuck	– Muschelartiges Stuckornament des Rokokos.
Satellitenburg	– Schutzburg im näheren Bereich einer Stammburg des Hochadels mit rechtlicher Zuordnung. Meist kleinere Wohnburg eines Ministerialen.
Schalenturm	– Halbturm, zur Burgseite offener Mauerturm.

Scharte (Schießscharte)	– Schmaler Mauerschlitz zur Belichtung dahinterliegender Räume, vor allem aber für den Einsatz von Schußwaffen.
Scharwachtturm	– Pfefferbüchse, erkerartiges Türmchen an Wehrmauern, Türmen und Gebäuden.
Schenkelmauer	– Verbindungsmauer, z. B. von einer Stadtmauer zu einer höhergelegenen Burg.
Schildmauer	– Verstärkte Mauer auf der Angriffseite bei Burgen in Spornlage.
Schlangen	– Mittlere Feldgeschütze.
Schleppgauben	– Kleiner Dachaufbau mit abgeschlepptem Dach.
Schwungrute	– Hebebaum einer Zugbrücke.
Söller	– siehe Altan
Spornlage	– Spornburg, bevorzugte Lage für Burgen der Schwäbischen Alb auf einem Bergsporn.
Steinmetzzeichen	– Kennzeichen von Steinmetzen auf den von ihnen behauenen Steinen.
Torre del homenaje	– Hauptturm der spanischen Burgen, entspricht dem Donjon oder Keep.
Turmburg	– Einfache Burg, bestehend aus einem wehrhaften Wohnturm, Ringmauer und Graben. Sonderform: Turmhügelburg.
Türnitz	– Dirnitz, Dürnitz, großer, beheizbarer Aufenthaltsraum im Erd- oder Untergeschoß des Hauptgebäudes der Burg.
Tympanon	– Bogenfeld über dem Türsturz eines Portals.
Verlies	– Burggefängnis
Veste	– Feste, im 14. Jahrhundert Begriff für Burg, seit dem 16. Jahrhundert ist Schloß die alleinige Bezeichnung für Burg.
Vestibül	– Vorraum oder Eingangshalle.
Vorburg	– Der Hauptburg vorgelagerter, eigenständiger Burgbereich, meist mit Unterkünften für das Gesinde, Stallungen, Wirtschaftsgebäuden etc.
Warte	– Wartturm, Luginsland, meist einzelstehender Beobachtungsturm innerhalb der Burg oder im Vorgelände.
Wehrgang	– Verteidigungsgang auf einer Wehrmauer, oft überdacht.
Wellenbaum	– Seilwinde
Welsche Haube	– siehe Haubendach
Zinnen	– Schild- oder zahnförmiger Mauerteil auf der Brustwehr von Wehrgängen.
Zisterne	– Sammelbecken für Regenwasser, aus dem Fels gehauen oder gemauert.
Zwinger	– Raum zwischen äußeren und inneren Wehrmauern.

	Typologie nach geographischer Lage	Erhaltungszustand	Mauerwerksmerkmale an Burgen	Bauteile des 12. und 13. Jahrhunderts – deutlich
1. Altenberg	Gipfelburg	erhalten	Bruchstein verputzt	Umfassungsmauer
2. Bloßenstaufen	Gipfelburg	Ruine	Quader	Bergfried
Staufen	Tallage	erhalten	–	–
3. Oggenhausen Unteres Schloß	Ortslage	erhalten stark verändert	–	–
Oberes Schloß	Ortslage	erhalten verändert	–	–
4. Auernheim	Talrandburg	Geländespuren	–	–
5. Zöschingen	Talrandburg	Geländespuren geringe Mauerreste	Quader	–
6. Dischingen Eisbühl	Spornburg	Geländespuren	–	–
Knollenburg	Talrandburg	Geländespuren	–	–
7. Taxis	Hochfläche	erhalten	–	–
8. Ballmertshofen	Ortslage	erhalten	–	–
Dattenhausen	Tallage	Geländespuren	–	–
9. Demmingen	Gipfelburg	Geländespuren Mauerreste	Bruchstein	Wohnturm
10. Duttenstein	Gipfelburg/ Schloß	erhalten	Buckelquader	–
11. Katzenstein	Spornburg	erhalten	Buckelquader Quader Bruchstein	Bergfried Palas Ringmauer
12. Eglingen	Ortslage	teilweise erhalten	–	–
13. Amerdingen	Ortslage	erhalten	–	–
Bollstadt	Ortslage	Geländespuren	–	–
14. Diemantstein	Gipfellage	Mauerreste Schloßökonomie erhalten	Buckelquader Quader	–
15. Hohenburg	Gipfelburg	Ruine	Quader Kleinquader Bruchstein	–
Fronhofen	Gipfelburg	Geländespuren	–	–
16. Hochstein	Talrandburg	Geländespuren Kapelle	–	–
17. Bissingen	Talrandlage	erhalten	–	–
18. Thurneck	Spornburg	Geländespuren geringe Mauerreste	Quader Kleinquader Bruchstein	–
19. Harburg	Talrandburg	erhalten	Buckelquader Quader Bruchstein	2 Bergfriede Palas Ringmauer

	Typologie nach geographischer Lage	Erhaltungszustand	Mauerwerksmerkmale an Burgen	Bauteile des 12. und 13. Jahrhunderts – deutlich
20. Niederhaus	Spornburg	Ruine	Buckelquader Quader Bruchstein	Bergfried Palas
21. Hochhaus	Spornburg	Ruine	Buckelquader Quader Bruchstein	Palas Umfassungsmauer
22. Rauhaus	Spornburg	Geländespuren	–	–
23. Weiherberg	Talrandburg	Geländespuren	–	–
Mühlberg	Talrandburg	Geländespuren	–	–
24. Holheim (Alte Bürg)	Gipfelburg	Geländespuren Burgkapelle	–	–
25. Flochberg	Gipfelburg	Ruine	Quader	Umfassungsmauer
26. Schenkenstein	Spornburg	Ruine	Quader	Bergfried
Burgstall Schlößle	Spornburg	Geländespuren	–	–
27. Kapfenburg	Talrandburg	erhalten	Bruchstein	–
28. Agnesburg	Talrandburg	Geländespuren	–	–
Reichenbach	Spornburg	Geländespuren geringe Mauerreste	Kleinquader	–
29. Winken	Talhangburg	Geländespuren	–	–
30. Kochenburg	Spornburg	Geländespuren Mauerreste	Buckelquader Quader Bruchstein	–
31. Essingen	Spornburg	Geländespuren	–	–
Irmannsweiler	Ortslage	Geländespuren	–	–
32. Herwartstein	Spornburg	Ruine	Buckelquader Quader Kleinquader Bruchstein	Bergfried
33. Schnaitheim (Snaiten)	Tallage ehemalige Wasserburg	erhalten	–	–
Aufhausen	Tallage ehemalige Wasserburg	geringe Mauerreste	–	Quader Bruchstein
34. Hellenstein	Talrandburg/ Schloß	Burgruine erhaltenes Schloß	Buckelquader Quader Bruchstein	Palas Umfassungsmauer
35. Michelstein	Gipfelburg	Geländespuren geringe Mauerreste	Quader	–
36. Furtheim	Spornburg	Mauerreste	Quader	–
37. Bindstein	Felsenburg Spornlage	geringe Mauerreste	–	–
38. Hürgerstein	Spornburg	Geländespuren geringe Mauerreste	Quader	–

440

	Typologie nach geographischer Lage	Erhaltungszustand	Mauerwerks- merkmale an Burgen	Bauteile des 12. und 13. Jahrhunderts – deutlich
39. Falkenstein an der Brenz	Spornburg	Vorburgteile erhalten Kernburg geringe Mauerreste Brunnenschacht	Buckelquader Bruchstein	–
40. Eselsburg	Talrandburg	Geländespuren Mauerreste	Buckelquader Quader Kleinquader Bruchstein	–
41. Hürben	Gipfelburg	Geländespuren geringe Mauerreste	Buckelquader Quader	–
42. Kaltenburg	Talrandburg	Ruine	Buckelquader Quader Kleinquader Bruchstein	Schildmauer
43. Burgberg (Burg Berg)	Talrandburg	erhalten Schloß	–	–
Ravensburg	Talrandburg	Geländespuren	–	–
44. Güssenberg (Güssenburg)	Spornburg	Ruine	Quader Kleinquader Bruchstein	Schildmauer
45. Stronburg	Talrandburg	Geländespuren	–	–
46. Stetten	Talrandlage	erhalten Schloß	Buckelquader	–
47. Oberstotzingen	Ortslage	erhalten Schloß	–	–
Nieder- stotzingen	Ortslage	erhalten Schloß	–	–
48. Rammingen	Ortslage	Ruine	Quader	–
49. Albeck	Talrandlage	Bauteile in neueren Bauten Geländespuren	Buckelquader Quader Bruchstein	Turm
50. Ufenloch (Aufenloh)	Talrandburg	Geländespuren	–	–
51. Bernstadt	Ortslage	erhalten Schloß	–	–
52. Bernstadter Burgen Salzbühl	Spornburg	Geländespuren geringe Mauerreste	Quader Kleinquader	–
„Schlößle" beim Fohlenhaus	Spornburg	Geländespuren	–	–
Breitenbühl	Talrandburg	Geländespuren	–	–
Holzkirch	Talrandburg	Geländespuren geringe Mauerreste	Bruchstein	–
53. Westerstetten	Spornburg	Geländespuren	Quader	–
54. Zähringen	Gipfelburg	Geländespuren	–	–
Weidenstetten	Ortslage	Geländespuren	–	–

441

442

443

Historische Burgenkarte

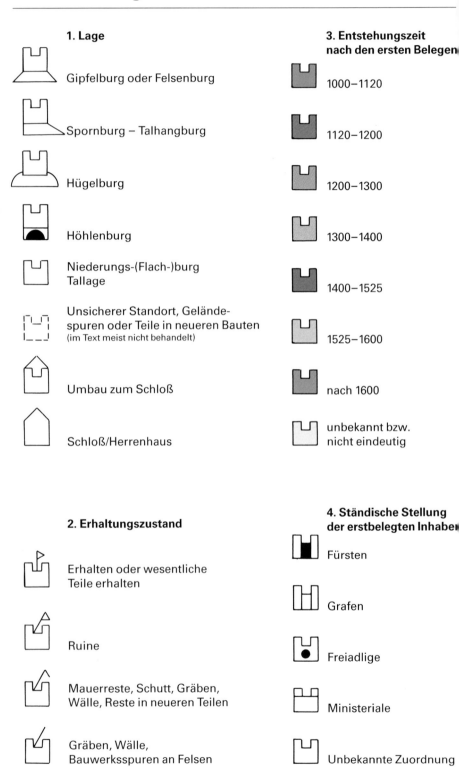

1. Lage

Gipfelburg oder Felsenburg

Spornburg – Talhangburg

Hügelburg

Höhlenburg

Niederungs-(Flach-)burg
Tallage

Unsicherer Standort, Geländespuren oder Teile in neueren Bauten
(im Text meist nicht behandelt)

Umbau zum Schloß

Schloß/Herrenhaus

2. Erhaltungszustand

Erhalten oder wesentliche
Teile erhalten

Ruine

Mauerreste, Schutt, Gräben,
Wälle, Reste in neueren Teilen

Gräben, Wälle,
Bauwerksspuren an Felsen

3. Entstehungszeit
nach den ersten Belegen

1000–1120

1120–1200

1200–1300

1300–1400

1400–1525

1525–1600

nach 1600

unbekannt bzw.
nicht eindeutig

4. Ständische Stellung
der erstbelegten Inhaber

Fürsten

Grafen

Freiadlige

Ministeriale

Unbekannte Zuordnung

444